高等职业教育汽车运用与维修技术专业教材

Qiche Gailun

# 汽车概论

## （第2版）

巩航军　李亚鹏　**主编**

人民交通出版社股份有限公司
China Communications Press Co.,Ltd.

# 内 容 提 要

本书是高等职业教育汽车运用与维修技术专业教材。主要内容包括：汽车发展概况、汽车基本构造、汽车性能、现代汽车工业、新能源汽车、汽车商务、汽车使用和汽车驾驶及安全。

本书主要供高等职业院校汽车运用与维修技术专业的学生使用，也可供制造大类、交通运输大类中的非汽车专业学生选修汽车概论课程使用。

## 图书在版编目（CIP）数据

汽车概论/巩航军,李亚鹏主编. —2 版. —北京：
人民交通出版社股份有限公司,2018.7
ISBN 978-7-114-14789-0

Ⅰ．①汽⋯ Ⅱ．①巩⋯ ②李⋯ Ⅲ．①汽车—高等职业教育—教材 Ⅳ．①U46

中国版本图书馆 CIP 数据核字（2018）第 124320 号

书　　　名：汽车概论（第 2 版）
著 作 者：巩航军　李亚鹏
责任编辑：时　旭
责任校对：宿秀英
责任印制：刘高彤
出版发行：人民交通出版社股份有限公司
地　　　址：(100011)北京市朝阳区安定门外外馆斜街 3 号
网　　　址：http://www.ccpcl.com.cn
销售电话：(010)59757973
总 经 销：人民交通出版社股份有限公司发行部
经　　　销：各地新华书店
印　　　刷：北京虎彩文化传播有限公司
开　　　本：787×1092　1/16
印　　　张：12.75
字　　　数：305 千
版　　　次：2013 年 5 月　第 1 版
　　　　　　2018 年 7 月　第 2 版
印　　　次：2024 年 1 月　第 2 版　第 2 次印刷　总第 4 次印刷
书　　　号：ISBN 978-7-114-14789-0
定　　　价：30.00 元

# 第2版前言

具有高速、机动、舒适和使用便捷等优点的汽车,极大地方便了人们的工作和生活,因此受到大家的特别欢迎。2016年,从全世界范围来看,千人汽车保有量为176辆,而我国千人汽车保有量达到140辆,已接近世界平均水平。在发达国家,如美国每千人已拥有800余辆汽车。我国2017年汽车产量为2901.54万辆,销售汽车2887.89万辆,连续九年居世界第一位。截至2017年底,我国机动车保有量达3.10亿辆,其中汽车2.17亿辆;机动车驾驶人达3.85亿人,其中汽车驾驶人达3.42亿人。

作为当代大学生,了解汽车的发展历史和汽车工业的基本概况,熟悉汽车基本构造、汽车性能、新能源汽车及汽车商务等内容,了解汽车驾驶和维护等方面的知识,已成为时代的要求。许多普通高校、高职高专,乃至中职院校的非汽车专业,都已经开设"汽车概论"选修课程。它有利于提高学生的综合素质,有利于学生的就业。对于汽车专业的学生,在一年级就开始学习汽车概论课程,可以有效激励学生的学习热情,关心汽车产业的发展动态,也能促进其他专业课程的学习,这已经被我们多年的教学改革实践所证明。

本书是作者在经过多年的教学改革实践并广泛征求学生意见的基础上编写而成的,书中系统地介绍了汽车发展概况、汽车基本构造、汽车性能、汽车设计、制造和生产等内容,还介绍了新能源汽车、汽车选购、二手车交易、汽车维护、汽车驾驶及安全等知识。在第2版修订过程中,修改了上一版中的一些错误,采用了最新的国际标准和我国的国家、行业标准,对新能源汽车部分内容作了补充和完善。

教材附带PPT课件,提供了大量的文本、彩图、动画和资料,形象、生动地展示了现代汽车的基本构造、工作原理与驾驶维护等知识,方便了教师授课和学生课外学习。

本书由东莞职业技术学院的巩航军和李亚鹏担任主编,惠州经济职业技术学院徐春担任副主编,深圳职业技术学院的李兆民和陕西交通技师学院的周静参与了编写。

本书在编写过程中,得到了广东省教育厅、人民交通出版社股份有限公司和东莞职业技术学院等单位的有关领导、同事的大力支持与帮助,在此深表感谢。书中检索了汽车网站、汽车教材及相关的论文资料,在此对相关作者谨表深深的谢意。

由于本书涉及知识面广,限于编者的水平和能力,书中错漏之处在所难免,诚恳期望得到同行专家和广大读者的批评指正。

编　者
2018 年 5 月

# 目　　录

# 第一章　汽车发展概况

**学习目标**

1. 了解汽车发展史；
2. 了解汽车发展面临的问题；
3. 知道未来汽车的发展趋势。

**学习时间**

6 学时

从瓦特发明蒸汽机开始，汽车在不断地改变着世界。汽车是人类重要的发明之一，是现代文明的重要标志。汽车是指由动力驱动，具有 4 个或 4 个以上车轮的非轨道承载的车辆，主要用于载运人员或货物、牵引载运人员或货物的车辆以及特殊用途的车辆。自卡尔·本茨发明了世界上第一辆汽车开始，汽车的发展历经百年，汽车的款式不断翻新，功能不断完善。人们的生活也变得越来越依赖汽车，生活节奏越来越快，世界越来越小，成为地球村。

## 第一节　汽车的发展历史

汽车诞生于德国，成长于法国，成熟于美国，兴旺于欧洲，挑战于日本。1886 年，德国人卡尔·本茨和戈特利布·戴姆勒发明了内燃机汽车；法国人阿尔芒·标致、路易斯·雷诺等人大幅改进了汽车的结构和性能，因此，欧洲是世界汽车工业发展的摇篮。1913 年，美国人亨利·福特建立了世界上第一条汽车装配流水线，福特 T 型汽车使家庭轿车的神话变成了现实，产生了世界汽车工业的第一次变革。

1934 年，法国人安德烈·雪铁龙发明了发动机前置、前轮驱动的汽车；1939 年，德国人费尔南德·波尔舍主持设计的"甲壳虫"汽车投产下线并风靡全球。至此，多样化的汽车产品使世界汽车工业产生了第二次变革。汽车工业的第三次变革产生于日本精工制造的生产背景下。

汽车发明一百多年来，机械工程学、人体工程学、空气动力学在汽车上得到了广泛的应用，同时也使得汽车外形经历了马车型、箱型、甲壳虫型、船型、鱼型和楔型一系列的演变，汽车外形款式的变化是人类个性和科学进步的统一。

### 一、人力车、畜力车的出现

很早以前，人们无论是狩猎、耕种，还是搬运东西，只能靠手拉肩扛、众人搬抬。在公元前

4000 年左右,北欧国家发明了橇,人们用滑动实现了运输方式的第一次飞跃。在公元前 3000 年左右,中亚地区发明了车轮,最早的车轮是从粗圆木上锯下的圆木头,后来才发展为用辐条支承轮辋的车轮。轮子的发明,不仅创造了一种器具,它还带给人类一种新的运动方式,也实现了从滑动到滚动的第二次飞跃。

到了罗马帝国时代,西欧的塞尔人制造出了第一辆前轴可以旋转的车,但是,最初的车都是人力车,后来才逐渐出现了畜力车。

### 1. 人力车

人们发明了轮子之后,就把雪橇改制成简单的拉车。有记载称早在公元前 1600 年的商代,我国的车工技术已达到了相当高的水平,能制造出相当高级的两轮车,采用辐条做车轮,做工虽不十分复杂,但外形结构精美。公元 200 年左右,我国出现了中式手推车,如图 1-1 所示。这种车有别于今天的园圃用推车,前者所载货物放在轮子上方,而后者所载货物则放在轮子后边。有些手推车还装有帆,以便于推行。

指南车(图 1-2)和记里鼓车(图 1-3)是我国古代的伟大发明,它们是世界上最早带有齿轮的车辆。指南车和记里鼓车都是单辕车辆,指南车上有一个木人,无论车子怎样转弯,木人的手始终指向南方。记里鼓车上有两个木人,每行驶 500m,木人就用木槌在鼓上敲一下。据历史记载,三国时代有一位名叫马钧的巧匠,制造出了指南车(约在公元 230 年),可惜我国制造指南车和记里鼓车的资料未能保存下来。现在我们看到的指南车和记里鼓车,基本上是根据宋代一位精通机械的进士燕肃制造的式样。当时,燕肃为了整理和说明指南车和记里鼓车的原理,于宋仁宗天圣二年(1024 年)重新制造了这两种车。

图 1-1 中式手推车

图 1-2 指南车

另外,诸葛亮六出祁山时(公元 230 年前后)所使用的"木牛流马",据史学家分析,极有可能是跨越峡谷和河流的绞盘缆车,"木牛"可能是人力或畜力驱动的绞盘,"流马"可能是绳索下方滑行的装载工具。在距今 1000 年前的宋代,军队已广泛使用结构精良的攻城车辆,如云梯车、巢车和撞车等人力车。

14—16 世纪的欧洲文艺复兴,使欧洲的思想文化和科技走向了繁荣。欧洲的车辆制造技术就在那时赶上并超越了我国,马车的式样和种类开始逐渐增多。1420 年,英国人发明了滑轮车(图 1-4);1465 年,意大利人罗伯特·巴尔丘里奥设计了风力推进车;1600 年,荷兰人西蒙·斯蒂芬发明了双桅风帆车(图 1-5);1630 年,法国人汉斯·赫丘发明了发条车(图 1-6)。

图 1-3　记里鼓车

图 1-4　英国人发明的滑轮车

图 1-5　西蒙·斯蒂芬发明的双桅风帆车

图 1-6　汉斯·赫丘发明的发条车

## 2. 畜力车

公元前 1100 年左右,我国开始出现农用牛车(图 1-7)。这种车可用于耕作和运输,每辆车单次运载量也大幅度提高。到西周时期,马车逐渐盛行。春秋战国时期,各诸侯国之间由于频繁的战争,马车被纳入了战争的行列。

公元前 1046 年,周武王出兵伐纣,据记载,他出动了 300 辆兵车。当时我国的车辆制造技术已有较高的水平。又据记载,周穆王(公元前 975 年即位)曾经有一辆"八骏车",即 8 匹骏马牵引的豪华专车。春秋和战国时代,马拉的兵车是军队的主

图 1-7　农用牛车

要作战工具,各国诸侯大量制造兵车,像秦、楚之类的强国,兵车数量超过 1000 辆,有"千乘之国"之称,是代表一个国家强盛与否的极明显标志。

秦始皇于公元前 221 年统一了我国之后,为了提高国家对地方控制的应变能力,大力修筑"驰道",以保证运输畅通,还实施"车同辙",就是统一车辆的轮距(规定为 6 尺),这可以说是世界上最早的车辆标准化法规。在陕西临潼秦始皇陵出土的铜车马模型(图 1-8),前面由四匹马牵引,马匹后面有一个与车辕相接的牵引横杆,由一人驾驭,车子造得十分精美,铜车马模型由 2000 多个零件组成,反映了我国 2000 多年前制造车辆的先进技术。

图 1-8　秦始皇陵出土的铜车马模型

公元 13 世纪左右，我国的马车制造技术通过丝绸之路和海路传到了欧洲。16 世纪，欧洲的马车制造商风起云涌，马车的制造技术有了相当大的提高。中世纪的欧洲，大量地发展了双轴四轮马车，这种马车安置有转向盘。车身方面，出现了活动车门和封闭式结构，并且在车身和车轴之间，实现了弹簧连接，使乘坐人感觉极为舒适。

19 世纪，英国的约翰·汉森发明了双轮双座马车（图 1-9）。这种轻型、高雅的马车曾经是维多利亚时期伦敦街上一道亮丽的风景。

图 1-9　双轮双座马车

由于没有其他合适的动力来取代牛和马，畜力车时代一直延续了约 3000 年。然而畜力车孕育了汽车的诞生，它具备了早期汽车的基本结构：车轮、车厢、悬架和制动系统。随着机械化大生产和殖民地贸易的迅速扩张，畜力车越来越无法适应日益繁重的交通运输任务。牛、马是有生命的动物，它们的速度和"动力"有限，于是人们开始了对自行驱动车辆的探索和研究。

## 二、蒸汽机的问世

### 1. 蒸汽机的发明

任何一项伟大的发明都是集体智慧的结晶。进入 17 世纪，意大利、英国、法国都开始了蒸汽机的研究。例如，意大利的布兰卡，英国撒马泽特和赛维利、纽科门和瓦特，法国的巴本都进行了蒸汽机研究。1669 年，英国的赛维利制造出了一台利用蒸汽推动的抽水机，这是较早的蒸汽机,人们称作赛维利蒸汽机。1712 年,英国的托马斯·纽科门制造出了活塞式蒸汽机,人们称作纽科门蒸汽机。

瓦特(1736—1819 年),出生于英国港口城镇哥利诺克的造船工人家庭。他在年轻时就喜欢机械,后来到格拉斯哥上大学。1763 年,瓦特针对纽科门蒸汽机的缺点,开始研究新的蒸汽机。1765 年,他制造出了第一台蒸汽机(图 1-10)。1768 年,试制成功第一台装有冷却器的蒸汽机样机(图 1-11),并于 1769 年取得了专利。1774 年,瓦特和博尔顿制造出了具有真正意义的蒸汽机。瓦特为了扩大蒸汽机的应用范围花费了 30 多年的心血。

图 1-10  瓦特的第一台蒸汽机

图 1-11  瓦特制造的装有冷却器的蒸汽机样机

**2.蒸汽汽车的发明**

早在 1769 年,法国陆军技术军官古诺就在政府的支持下试制成功了世界上第一辆具有实用价值的蒸汽汽车,从而引发了世界性的研究和制造汽车的热潮。1763 年,法国陆军的技术军官古诺所在的兵工厂生产一种炮身由生铁铸成的大炮,需要几匹强壮的马才能拉动。古诺希望将蒸汽力作为牵引大炮车辆的动力,并且向陆军部提出了制造一台样机的建议。他很快得到了法国陆军大臣肖瓦兹尔公爵的支持,拨给他 20000 英镑进行试制。经过 6 年努力,1769 年,古诺制成了他设想中的蒸汽汽车。这是世界上第一辆蒸汽汽车(图 1-12),被命名为卡布奥雷号,这是汽车发展史上的第一个里程碑,标志着人类以机械力驱动车辆时代的开始。蒸汽汽车车身是很重的木制框架,由三个一人多高的铁轮支承,前轮直径为1.28m,后轮直径为 1.5m,前轮用作驱动兼转向。车长 7.3m,车高 2.2m,车的前面放着容积为 50L 的直径为 1.3m 的梨形大锅炉,锅炉后边有两个容

图 1-12  法国古诺研制的第一辆蒸汽汽车

积约为 42L 的汽缸。锅炉产生的蒸汽送进汽缸,推动着装在里面的活塞上下运动,再通过曲柄把活塞的运动传给装在车框架下面的前轮,操纵前轮转动前进。同时前轮还是转向轮,由于前轮上压着很重的锅炉,所以操纵转向杆很费力。

这辆蒸汽车存在一个致命的缺点,每走 15min 后,锅炉的压力就损耗尽了,只得停下来再

加上水烧开产生蒸汽,而它的最高时速也只有4km/h。这辆车由于方向杆操纵困难,试车中不断发生事故。有一次在般圣奴兵工厂附近下坡试车时,因转弯不及时而撞到了兵工厂的墙上,值得纪念的世界第一辆汽车,被撞得七零八落,面目全非,这也被认为是世界上第一起机动车事故。

1801年,英国工程师里查德·特雷蒂克(1771—1833年)制成了能够乘坐8人、车速为9.6km/h的世界上第一辆载客蒸汽汽车(图1-13)。1825年,英国哥尔斯瓦底·嘉内(1793—1873年)制成了第一辆蒸汽公共汽车(18座)车速为19km/h,这是世界上第一辆营运性质的公共汽车(图1-14)。自19世纪初,英、法等国已利用蒸汽汽车进行客运和货运。随着蒸汽汽车运输的兴旺,出现了马车与汽车之争。

图1-13 特雷蒂克制造的第一辆载人蒸汽汽车

图1-14 嘉内制造的第一辆蒸汽公共汽车

蒸汽汽车行驶起来浓烟滚滚、噪声隆隆,吓得鸡飞狗跳,简直就是怪物,美国人称其为"魔鬼之车"。蒸汽汽车的出现还引起马车商的不满。那时,欧洲各国马车公司的势力都很大,对政府政策的制定起着举足轻重的作用。因此,政府官员也不支持蒸汽汽车。英国于1861年颁布了"红旗法",不仅规定了在市区、郊区行驶的蒸汽汽车时速,还规定在蒸汽汽车前方的55m处要有一个车务员手持红旗,以使行人知道将有"危险之物"接近他们,还严禁驾驶员鸣笛,以免惊吓马匹。当汽车与马车狭路相逢时,汽车要为马车让路。

不久,蒸汽汽车就开始衰落并逐渐销声匿迹,但蒸汽汽车在汽车发展史上留下了不可磨灭的印迹。

### 三、现代汽车的发明

#### 1. 内燃机的发明

17世纪末有人开始提出制造内燃机的想法,但是经过多次研究均告失败,甚至到了19世纪中叶,内燃机的发明仍未成功。1860年,法国的勒诺巴赫(1822—1900年)制成了煤气内燃机(图1-15),该内燃机主要问题是功率小,消耗的煤气太多。1861年,法国的铁路工程师罗夏发表了进气、压缩、膨胀、排气的四冲程内燃机理论,1866年,德国工程师尼古拉斯·奥托(1832—1891年)成功地试制出立式四冲程煤气内燃机。1876年,奥托又试制成一

图1-15 勒诺巴赫制成的煤气内燃机

台卧式四冲程煤气内燃机,这台内燃机被称作奥托内燃机而闻名于世。奥托于 1877 年 8 月 4 日取得四冲程内燃机的专利。后来,人们一直将四冲程循环称为奥托循环,奥托作为内燃机奠基人被载入史册。

### 2.本茨的第一辆汽车

1879 年,在新年的钟声响起时,也响起了汽油机运转的声音。本茨在德国曼海姆制成了火花塞点火汽油机,这台汽油机被用在世界上第一辆汽车上(图 1-16)。1886 年 1 月 29 日,这辆汽车在德国注册了世界上第一项汽车发明专利,专利人为本茨。正是这一日期,被确认为汽车的诞生日,本茨也被称为"汽车之父"。

图 1-16　本茨的第一辆三轮汽车

本茨的第一辆三轮汽车是单缸四冲程汽油机,自身质量为 254kg,排量为 0.785L,功率为 0.654kW,最高车速为 18km/h。装有三个实心橡胶轮胎的车轮,具备了现代汽车的基本特点,如火花点火、水冷循环、前轮转向、钢管车架、后轮驱动、带制动手柄,而且是世界上最早装备差动齿轮装置的汽车。

仔细观察世界第一辆汽车的构造,会发现它的外形与当时的马车差不多,比较车速和装载质量,也不比马车优越。但是,它的贡献不在于其本身所达到的性能,而在于观念的变化,就是自动化的实现和内燃机的采用。本茨最初制造的汽车,经常熄火抛锚而遭到众人的耻笑,几度濒临夭折。由于他的妻子贝尔塔的鼓励和支持,终于使本茨名贯全球,最值得称道的是贝尔塔和两个儿子的试车壮举。

1888 年 8 月,贝尔塔和两个儿子,即 15 岁的欧根和 13 岁的理查德,驾驶着本茨的第一辆三轮汽车,从曼海姆到福茨海姆(贝尔塔的娘家)往返 144km,进行了试车。这次试车坚定了本茨坚持汽车试制的信心。当时汽车被视为恶魔,贝尔塔有勇气征服恶魔,不得不使人敬仰这种敢闯的开拓精神和为汽车事业的奉献精神。百年以来,汽车不断推陈出新,正是这种精神的结果。

### 3.戴姆勒的第一辆汽车

1886 年,在德国坎斯塔特,戈特利布·戴姆勒将 0.82kW 的汽油机装在一辆四轮马车上,并增加了转向传动装置。该车采用单缸四冲程水冷发动机,排量为 0.46L,转速为 650r/min,功率为 0.82kW,最高车速为 14.4km/h,这是世界上第一辆装有汽油机的四轮汽车,如图 1-17 所示。

卡尔·本茨和戈特利布·戴姆勒是世界上公认的以内燃机为动力的现代汽车的发明者,有人将他们誉为"现代汽车之父"。其实,在本茨和戴姆勒研制汽车前后,还有一些人也在研制汽车发动机和汽车。法国报刊早在 1863 年就报道过:"定居在巴黎的里诺发明了一种用液体燃料并有

图 1-17　戴姆勒的第一辆四轮汽车

原始化油器的二冲程内燃机，而且于 1863 年安装在一辆简陋的马车上，车速不到 7km/h。1884 年，法国人戴波梯维尔用内燃机作动力源，制造了一辆装有单缸内燃机的三轮汽车和装有两缸内燃机的四轮汽车。"里诺和戴波梯维尔放弃了进一步在汽车方面的研究，而本茨和戴姆勒在汽车研制时屡遭挫折而毫不动摇，成功地制造出了内燃机汽车。客观地说，汽车不是哪个人发明的，它是科技进步到一定阶段的必然结果。

### 4. 柴油机的发明及柴油汽车的诞生

1897 年，德国人鲁道夫·狄塞尔经过多年的潜心研究，成功地制造出世界上第一台柴油机（图 1-18），并获得了发明专利。狄塞尔于 1858 年 3 月 18 日出生于巴黎，由于父母是德国移民而遭到法国当局的驱逐，家中生活窘迫。他在慕尼黑高等技术学校毕业后当了一名冷藏工程师。

1892 年，狄塞尔提出了压燃式柴油机的理论，在一次用氨气试验时发生爆炸，险些丧命。他冒着机毁人亡的危险，在一片指责、嘲笑声中试制了三台柴油机的样机。第三台样机于 1897 年试验成功，这一年，狄塞尔柴油机被正式承认并公布。柴油机是动力工程方面又一项伟大的发明，狄塞尔以其改变整个世界的发明——压燃式发动机而青史留名，人们为了纪念他，将柴油机称为狄塞尔（Diesel）。

图 1-18　狄塞尔发明的第一台柴油机

1936 年，由奥格斯堡机器制造厂生产的柴油机被戴姆勒—奔驰汽车公司所认可并安装在梅赛德斯—奔驰牌 260D 型轿车上，这是世界上第一辆柴油机轿车。随着设计、工艺和材料水平的不断提高，废气涡轮增压和中冷等技术的广泛采用，柴油机结构性能有了重大的改进。汽车动力正在朝着"柴油化"的方向发展，大多数载货汽车都采用了柴油机，部分轿车也开始采用柴油机。

# 第二节　汽车发展面临的问题

## 一、汽车安全

汽车安全性是汽车结构性能的综合体现。汽车预防交通事故、保证乘员安全的结构性能主要有：操纵稳定性、制动性、驾驶员座位视野的良好性、信号装置的效能、发生事故时的安全性、防火安全性和防公害的安全性（无害性）。现代汽车工业随着科学技术的飞速发展而日新月异，新工艺、新材料和新技术广泛运用，汽车的安全性能有了大幅的提高。汽车厂商采取改善汽车安全性能的措施主要有以下几个方面。

### 1. 主动性安全技术

现代汽车主动安全性技术有代表性的电控装置有汽车防抱死制动系统（ABS）、电子制动力分配装置（EBD）、驱动防滑系统（ASR）、电子稳定系统（ESP）、电控悬架系统、电控动力转向系统、主动避撞系统、车辆动力学控制系统（VDC）、信息显示系统等。这里主要介绍一些相对比较新的系统。

1)汽车电控悬架

汽车不同的行驶状态对悬架有不同的要求。一般行驶时需要柔软一点的悬架以求舒适感,当急转弯及制动时又需要硬一点的悬架以求稳定性,两者之间是有矛盾的。另外,汽车行驶的不同环境对车身高度的要求也是不一样的,刚度不变的悬架无法满足这种矛盾的需求。

随着电子技术的发展,人们设计出了一种刚度和阻尼可以在一定范围内调整的悬架,这种悬架称为电控悬架。目前比较常见的是电控空气悬架系统,由电子控制元件(ECU)、空气压缩机、车高传感器、转向角度传感器、速度传感器、制动传感器、空气弹簧元件等组成。该系统能够根据汽车的瞬时驾驶条件自动调节悬架组件的性能,即通过各种传感器对汽车的运行状况进行检测,当悬架电子控制元件接收到传感器检测到的转向和制动状况信号后,能自适应地处理车辆的侧倾、前后仰,并自动调整减振器阻尼,能防止车体倾斜并提高车轮的地面附着力。该系统使汽车更易于控制,具有更好的操纵稳定性。

2)电控动力转向系统

电控动力转向系统(EPS)是为了实现在各种行驶条件下转向盘上所需要的力都是最佳值。该系统可在各种不同的速度状况下通过电控转向微处理器自动调整转向盘的操纵力,在低速时和车辆停放时,驾驶员只需较小的力就能灵活地进行转向,在高速时,能自动使操纵转向盘的力加大。

3)汽车主动避撞系统

该系统是辅助汽车驾驶员对影响道路交通安全的人、车、路和环境进行实时监控,在危急情况下由系统主动干涉驾驶操纵、辅助驾驶员进行应急处理、防止汽车碰撞事故的发生,保障了汽车行车安全。

4)汽车一体化底盘控制系统

汽车一体化底盘控制系统(UCC)是一种先进的集成系统,它通过底盘中央微处理器,将制动、悬架、转向和传动等系统连接起来,底盘微处理器能够接受每个子系统传感器发来的数据,对各子系统进行协调控制,使车辆的整体水平达到最佳,保证车辆行驶的安全性。

5)胎压监测系统

汽车轮胎是汽车与地面的接触部分,影响汽车的驱动力和制动力,在安全性方面起着非常大的作用。汽车行驶中若轮胎气压不足,将导致轮胎磨损不均匀,燃油消耗增加,并使稳定性和操纵性变坏,极易发生轮胎爆裂,引发交通事故。汽车轮胎压力监测系统(TMPS)能够实现对汽车轮胎压力的实时监测,当压力低于安全范围时会给予报警。

**2.被动性安全技术**

汽车被动性安全技术能保障乘员在事故后及时被救助和减少事故后损失,避免再次伤害。有代表性的电子装置有门锁紧急施放系统、GPS 救援系统等。

1)门锁紧急施放系统

门锁紧急施放系统在车辆发生碰撞事故后,为了使乘员能迅速地从被撞车辆中救出,车门应能容易打开。其工作原理是当碰撞传感器确认已发生碰撞,系统立即施放门锁。

2)GPS 救援系统

车辆发生碰撞后,为了快速救助伤者,必须准确确定事故车辆地点。GPS 救援系统利用卫星导航定位,能很快确定车辆方位,缩短了救助时间,降低了乘员的伤害程度。

### 3. 新型安全材料的使用

轿车车身材料主要是金属薄钢板,一般厚度在 0.6~2.0mm。随着现代轿车技术的发展,轿车材料要求既有相当的强度也具有质量轻的特点。为了使钢材能尽量减少质量又能保持一定的强度,工程师经过多次试验发现在低碳钢内加微量元素如铌(Nb)或者钛(Ti),生成这些微量元素的碳化物,经处理可使轧制钢板的抗拉强度达 420MPa,塑性好且能够抗拉延,可制成很薄的钢板,钢板厚度可小到 0.5mm 以下。

除了高强度薄钢板外,现在还出现一种新型材料"泡沫金属"。"泡沫金属"是 20 世纪 90 年代末才出现的新型材料,且应用速度很快。"泡沫金属"主要指泡沫铝合金,它由粉末合金制成。通常的粉末合金是用粉末压制成形,或用金属粉末及塑料的混合物注射模具成型。

专家认为,若外来总能量假定为 100%,泡沫铝合金变形量为它的 60% 时,可承受外来总能量的 60%。由于它本身具有一定的强度,可以经过多次变形循环而不会损坏。"泡沫金属"的质量很小,密度只是铝合金材料的 1/4 以下,热膨胀系数与铝合金材料一样,热导率又相当低,加上它的变形恢复性能极佳,又有一定的强度,因此受到汽车业的重视,在汽车轻量化及安全性方面显示出相当的优势。

随着汽车技术和电子技术的发展,汽车安全技术经历了从碰撞后易于救助到减少损伤,再到事故预防和避免的发展过程,逐渐由被动安全到主动安全,向更加人性化和智能化的方向发展。未来的汽车将会成为电子产品的综合平台,电子技术将会使汽车变得更加安全、舒适和方便。随着《中国制造 2025》和"互联网 +"行动计划的相继出台,国家为智能网联汽车的发展提供了良好的环境。智能网联汽车将大大降低交通事故的发生。

## 二、汽车节能

目前,汽车产业在各地蓬勃发展,同时也带来环境污染及能源短缺的弊病。由于人类可持续发展的需要,使节能减排成为当今汽车制造商面临的新使命,除了整车制造商不断研发出混合动力、氢动力、生物燃料等新能源汽车外,还向轻量、节能、环保方向发展。另外,作为汽车用品、配件(如轮胎)、内饰厂家,也纷纷从生产材料方面入手,提出了节能减排的新观念。

### 1. 造车环节

目前,一些厂家正在研发节能减排的车内部件,对节能减排将产生积极影响,但这些技术尚未达到家喻户晓的程度,只是反映了相关汽车部件的发展趋势。例如,"轻量化"大轮毂,为了适应汽车更安全、更节能、降低噪声、减少污染物排放的要求,铝合金轮毂已经全面向大直径、轻量化、高强度、更美观等方向发展。为了减小轮毂质量、提高强度,一般采用锻造工艺、组装式工艺生产轮毂,可减轻质量 20% 左右。同时,在表面处理工艺上,真空电镀已经成为环保新趋势。与一般的电镀不同,真空电镀更加环保,不会用到镍和铜。同时,真空电镀可以实现普通电镀无法达到的光泽度很好的黑色效果。

### 2. 顶盖内饰

在 2011 年初北美车展上,江森自控推出了研发中的新型 EcoCore 顶盖内饰。产品原料中 50% 是生物材料,质量较轻,却能满足人们对强度、性能和抗噪的要求。EcoCore 顶盖内饰是由天然纤维代替玻璃,使最终产品具有轻便、天然的特点,有助于提高燃油经济性和减少二氧化碳的排放,并在车的使用寿命结束后尚有回收再利用的价值。

生产过程中,EcoCore 顶盖内饰选用豆类黏合剂(一种豆类聚氨酯核心泡沫)和天然纤维,减少了对不可再生资源的需求。此款 EcoCore 顶盖内饰满足了客户在设计上对刚性、韧性和抗噪的要求,同时也比标准热塑性顶盖内饰更轻。另外,利用大豆和其他丰富的可再生植物原料产品制成的还有 EcoCore 天然纤维门板和豆类座椅垫等。

### 3. 用车环节

目前在市场上,越来越多的产品向节能环保方向靠拢,即使是一些传统用品、配件,也刮来了一阵环保之风。其中,有的是在产品制作原理方面予以改进,有的则是在原材料选择上使用了环保型可代替原料。

### 4. 绿色轮胎

在行业领先的绿色轮胎产品,如米其林采用特殊配方——加入含硅成分的橡胶,可以减少能量损失,使轮胎具有节省燃油性能和环保性能。由于它有效地降低了轮胎滚动阻力,提高燃油利用率,减少废气排放,从而减少了对环境的污染。正因为拥有比较先进的低滚动阻力技术,所以,它可以在不牺牲轮胎基本品质的情况下,提高燃料效率。

如固特异公司已经研发出"生物"环保轮胎,采用玉米提取物发明了具有环保功能的轮胎配方,开发出的新型"生物"轮胎填充物,可用来代替传统的轮胎填充物。这种新型的轮胎填充物采用再生资源(如玉米淀粉)制成,将对环保产生积极影响,并可显著降低轮胎生产过程中二氧化碳的排放。

### 5. 环保型制冷剂

目前,汽车空调用制冷剂有 CFC-12(简称 R-12 普通制冷剂)和 HFC-134a(简称 R-134a 环保制冷剂)。R-12 制冷剂含臭氧层破坏物质,已经逐步被市场淘汰;R-134a 则是新型环保制冷剂,具有无毒、无色、不燃不爆、热稳定性好等性质,而且不损害臭氧层。这两种制冷剂在化学结构上完全不同,所以在汽车上是不通用的,而且它们配套使用的冷冻机油(空调压缩机润滑油)也不能溶于不同的制冷剂。只是,在现在的配件用品市场,仍然有些不法厂商会采取"挂羊头卖狗肉"的做法,出售一些包装罐上印着 R-134a 而实际上却是 R-12 的产品。

### 6. 天然植物颈枕

如今,在车内起到安全保护作用的颈枕,在填充材料上也有所改进。如一些茶香颈枕,以茶叶、决明子为填充物,不但起到保健效果,而且其散发出天然植物的清香,还能够很好地净化车室,减少晕车状况发生。只不过其价格不菲。

### 7. 无水清洗剂

众所周知,洗车离不开水,与传统的水洗清洁车辆相比,近年来,一些新型的蒸汽洗车、无水洗车,都以节约用水作为各自卖点。近年出现了一种无水清洗剂,原料提炼自植物精华,它对去除原车污渍甚至沙粒可起到明显效果。其最大的特点就在于去沙不留痕迹,使用一般毛巾即可,并不需要使用常见的鹿皮作为洗车工具。只是,这种产品虽对车身各部位清洁效果显著,但对轮胎、轮毂就帮助不大,其清洗效果一般。

### 8. 燃料环节

据资料显示,到 2025 年前后,我国的二氧化碳总排放量将超越美国,成为二氧化碳排放量"世界第一"。因此,各种汽车环保新技术的应用,将有望减少这些威胁。各大汽车制造商于近年研发出各种节能环保新车型,为人类重建一片蓝天。其中,在技术上,人们积极寻求替代能源,以取代对汽油的依赖。同时,在有限的条件下,厂商也在尽最大可能改善用车环境,如设计出各类监控装置,以控制车辆尾气排放,就足以彰显其苦心。

**9.可代替燃料**

1)混合动力

拥有两种不同动力源,这两种动力源在汽车不同的行驶状态(如起步、低中速、匀速、加速、高速、减速或者制动等)下分别工作,或者同时工作,通过这种组合达到最少的燃油消耗和尾气排放,从而实现节油和环保的目的。不过,尽管混合动力汽车在节油和环保方面表现突出,但是由于无法从根本上摆脱对石油的依赖和彻底解决环保问题,而且成本过高,使它的市场号召力在近年来不容乐观。

2)氢动力

以氢气代替燃油作为燃料。通过氢气与氧气进行化学反应,产生电力推动汽车,并排放出纯水,对空气不会造成任何污染。氢气可从多种途径取得,这种工作原理便可从根本上解决能源危机和污染问题。不过,以氢气作为燃料也存在一定的不安全因素。因为氢与氧如果以固定比例混合就会爆炸,为了避免这种危险,车内储备氢气装置的防护设计必须达到严格的标准规格,而且车体的安全装置也要相当稳固可靠。同时,加氢站有待大规模地完善建设,也是目前面临的一个问题。

3)生物燃料

生物燃料是用谷物、甜菜、油菜等植物提炼出乙醇,用85%的乙醇与15%的汽油混合作为燃料。汽车制造厂商用现有技术和设备转产生物燃料汽车比较容易,而且生物燃料供应网络可用现有的加油站。生物燃料虽然可从植物中提炼,但生产成本较高。价格偏高、加油不便等原因,目前也令广大消费者在购买和使用上仍然有一定的局限性。

4)纯电动汽车

完全用电来驱动的汽车,排放为零,但目前蓄电池单位质量储存的能量太少,长途行驶时难以保证充足的电量。而且,其成本居高不下,对于消费者来说,也可能觉得性价比不高。

**10.排放控制**

1)三元催化器

三元催化器是安装在汽车排气系统中最重要的机外净化装置。它可将汽车尾气排出的$CO$、$HC$ 和 $NO_x$ 等有害气体通过氧化和还原作用转变为无害的二氧化碳、水和氮气。它的工作原理是:当高温的汽车尾气通过净化装置时,三元催化器中的净化剂将增强 $CO$、$HC$ 和 $NO_x$ 三种气体的活性,促使其进行一定的氧化—还原化学反应,其中 $CO$ 在高温下氧化为无色、无毒的 $CO_2$ 气体;$HC$ 化合物在高温下氧化成水($H_2O$)和二氧化碳($CO_2$);$NO_x$ 还原成氮气($N_2$)和氧气($O_2$)。三种有害气体变成无害气体,使汽车尾气得以净化。

2)OBD(车载自动诊断系统)尾气排放警示系统

OBD 系统将根据发动机的运行状况随时监控汽车尾气是否超标,一旦超标会马上发出警示。其中,新一代的 OBD 车辆诊断系统,有更严格的排放针对性,当汽车排放的 $HC$、$CO$ 和 $NO_x$ 或燃油蒸发污染量超过设定的标准,系统不仅能对车辆排放问题向驾驶员发出警告,而且还能对违规者进行惩罚。例如可以通过 GPS 导航系统或其他无线通信方式将车辆的身份代码、故障码及所在位置等信息自动通告管理部门,管理部门根据该车辆排放问题的等级对其发出指令,包括去哪里维修的建议、解决排放问题的时限等,还可对超出时限的违规者的车辆发出禁行指令。

### 三、汽车环保

根据有关资料显示,汽车的尾气是一种非常复杂的物质,其中有许多有害的成分,比如:固体悬浮颗粒、未燃烧或燃烧不完全的碳氢化合物(HC)、氮氧化物($NO_x$)、一氧化碳(CO)、二氧化碳($CO_2$)、二氧化硫($SO_2$)、硫化氢($H_2S$)以及微量的醛、酚、过氧化物、有机酸和含铅、磷汽油所形成的铅、磷污染等。英国空气洁净和环境保护协会曾发表研究报告称,与交通事故遇难者相比,英国每年死于空气污染的人要多出10倍。汽车尾气在直接危害人体健康的同时,还会对人类生活的环境产生深远影响。汽车尾气含有二氧化硫、二氧化氮,这些气体会使大气形成酸雨;汽车排放尾气中大量的二氧化碳,是造成全球气候变暖、温室效应的主要原因;汽车排气污染最严重的危害是生成"光化学烟雾",尾气中的二氧化氮是造成光化学烟雾的主要因素。

为了抑制这些有害气体的产生,世界各国都制定了相关的汽车排放标准,促使汽车生产厂家改进产品以降低这些有害气体的产生。世界汽车排放标准并立,分为欧洲、美国、日本标准体系。

#### 1.欧洲汽车排放标准

在欧洲,汽车废气排放的标准一般每四年更新一次。相对于美国和日本的汽车废气排放标准来说,测试要求比较宽泛(表1-1),因此,欧洲标准也是发展中国家大多沿用的汽车废气排放体系。

欧洲汽车排放标准　　　　　　　　　　　　　　表1-1

| 标准等级 | 开始实施日期 | CO(g/kWh) | HC(g/kWh) | $NO_x$(g/kWh) | PM(g/kWh) | 烟雾($m^{-1}$) |
|---|---|---|---|---|---|---|
| 欧洲Ⅰ号 | 1992年,<85kW | 4.5 | 1.1 | 8.0 | 0.612 | 无标准 |
| | 1992年,>85kW | 4.5 | 1.1 | 8.0 | 0.36 | 无标准 |
| 欧洲Ⅱ号 | 1996年10月 | 4.0 | 1.1 | 7.0 | 0.25 | 无标准 |
| | 1998年10月 | 4.0 | 1.1 | 7.0 | 0.15 | 无标准 |
| 欧洲Ⅲ号 | 1999年10月(EEV) | 1.0 | 0.25 | 2.0 | 0.02 | 0.15 |
| | 2000年10月 | 2.1 | 0.66 | 5.0 | 0.1 | 0.8 |
| 欧洲Ⅳ号 | 2005年10月 | 1.5 | 0.46 | 3.5 | 0.02 | 0.5 |
| 欧洲Ⅴ号 | 2008年10月 | 1.5 | 0.46 | 2.0 | 0.02 | 0.5 |
| 欧洲Ⅵ号 | 2013年1月 | 1.5 | 0.13 | 0.5 | 0.01 | 不得检出 |

#### 2.我国汽车排放标准

由于我国的轿车车型大多从欧洲引进生产技术,大体上采用欧洲标准体系,但两者仍存有一定的技术差异。与国外先进国家相比,我国汽车尾气排放法规起步较晚、水平较低。根据我国的实际情况,从20世纪80年代初期开始采取了先易后难分阶段实施的具体方案,其具体实施至今主要分为四个阶段。

第一阶段:1983年,我国颁布了第一批机动车尾气污染控制排放标准,这一批标准的制定和实施,标志着我国汽车尾气法规从无到有,并逐步走向法制治理汽车尾气污染的道路。在这批标准中,包括了《汽油车怠速污染排放标准》《柴油车自由加速烟度排放标准》《汽车柴油机全负荷烟度排放标准》三个限值标准和《汽油车怠速污染物测量方法》《柴油车自由加速烟度测量方法》《汽车柴油机全负荷烟度测量方法》三个测量方法标准。

第二阶段:在第一批机动车尾气污染控制排放标准的基础上,在1989—1993年又相继颁布了《轻型汽车排气污染物排放标准》《车用汽油机排气污染物排放标准》两个限值标准和《轻型汽车排气污染物测量方法》《车用汽油机排气污染物测量方法》两个工况法测量方法标准。至此,我国已形成了一套较为完整的汽车尾气排放标准体系。值得一提的是,我国1993年颁布的《轻型汽车排气污染物测量方法》采用了 ECE R15—04 的测量方法,而测量限值《轻型汽车排气污染物排放标准》则采用了 ECE R15—03 限值标准,该限值标准只相当于欧洲20世纪70年代的水平(欧洲在1979年实施 ECE R15—03 标准)。

第三阶段:以北京市《轻型汽车排气污染物排放标准》(DB11/105—1998)的出台和实施,拉开了我国新一轮尾气排放法规制定和实施的序曲。从1999年起北京实施 DB11/105—1998地方法规,2000年起全国实施《汽车排放污染物限值及测试方法》(GB 14761—1999)(等效于91/441/1 EEC标准),同时《压燃式发动机和装用压燃式发动机的车辆排气污染物限值及测试方法》也制定出台;与此同时,北京、上海、福建等省市还参照 ISO 3929 中双怠速排放测量方法制定了《汽油车双怠速污染物排放标准》地方法规,这一标准的制定和出台,使我国汽车尾气排放标准达到国外20世纪90年代初的水平。

第四阶段:2012年1月10日,我国环境保护部公布了实施国家第四阶段车用压燃式发动机与汽车污染物排放标准的时间表。《车用压燃式、气体燃料点燃式发动机与汽车排气污染物排放限值及测量方法(我国Ⅲ、Ⅳ、Ⅴ阶段)》(GB 17691—2005)第四阶段排放限值(下称"国Ⅳ标准")分步实施。

对在北京市、上海市销售和注册的、用于公交、环卫和邮政用途的装用压燃式发动机汽车,实施国Ⅳ标准,停止销售和注册登记不符合国Ⅳ标准要求的相关车辆。自2013年7月1日起,我国将全面实行乘用车第四阶段排放标准,所有生产、进口、销售和注册登记的车用压燃式发动机与汽车必须符合国Ⅳ标准的要求。对于使用压燃式发动机的汽车,其国Ⅲ标准形式核准截止时间延长至2012年6月30日。

国家第五阶段机动车污染物排放标准,即"国五标准",其排放控制水平相当于欧洲实施的第5阶段排放标准。欧盟已经从2009年起开始执行欧Ⅴ标准,其对氮氧化物、碳氢化合物、一氧化碳和悬浮粒子等机动车排放物的限制更为严苛。从国Ⅰ提高至国Ⅳ,每提高一次标准,单车污染减少30%~50%。

国五标准已于2017年1月1日起在全国实施。北京、上海、南京等城市及广东部分城市已经开始执行国五标准。

2016年4月1日起,京津冀三地所有进口、销售和注册登记的轻型汽油车、轻型柴油客车、重型柴油车(仅公交、环卫、邮政用途),须符合机动车排放国五标准。

## 第三节　未来汽车的发展趋势

随着低碳经济的提出和节能减排的号召,绿色汽车、节能减排已经成为当今汽车工业发展的主旋律。然而,面对因汽车增多而日益突出的交通拥堵问题、安全问题,专家称仅有"绿色"是不够的,未来的新能源汽车还应与车辆"智能化"相结合,这将成为汽车工业的发展方向。

## 一、智能化

随着汽车电子技术的飞速发展,汽车智能化技术正逐步得到应用。汽车智能化技术使汽车的操纵越来越简单,动力性和经济性越来越高,行驶安全性越来越好,这是未来汽车的发展趋势。目前正逐步应用于汽车的智能控制技术主要有以下几种。

### 1. 车辆动力学控制

车辆动力学控制(Vehicle Dynamics Control,VDC)的作用是保持汽车在行驶(包括制动和驱动)时的稳定性。

传统的 ABS(防抱死制动系统)和 TCS(牵引控制系统)主要是对车轮上的制动力和驱动力进行控制,防止车轮出现过大的纵向滑移率,以获得最大的附着力,既可产生最大的减(加)速度,又可防止出现侧滑。

车辆动力学控制系统虽然也是控制车轮的制动力和驱动力,但它与 ABS/TCS 有很大的不同。其主要表现是可实现左右纵向力的差动控制,以直接对汽车提供横摆力矩,抵消汽车的不稳定运动(如在滑路上甩尾时的矫正作用)。该系统通过在汽车上安装的各种传感器,检测到汽车的速度、角速度、转向盘转角以及其他的汽车运动姿态,根据需要主动地对某侧车轮进行制动,来改变汽车的运动状态,使汽车达到最佳的行驶状态和操纵性能,增加了车轮的附着性及汽车的操纵性和稳定性。

### 2. 智能速度控制系统

汽车智能速度控制系统的功用是在某些特殊路段或特殊行驶条件下对车速进行强制限制。汽车智能速度控制系统主要由电子控制单元和执行器组成。该控制系统工作时,需首先设定限制速度。例如某区域的限速为 80km/h,我们可以将该速度设定为限速值。当车速未达到 80km/h 时,汽车智能速度控制系统不起作用。当车速接近 80km/h 时,电子控制单元启动执行器,限制加速踏板的行程,使汽车不能继续加速。当车速低于 80km/h 时,电子控制单元解除对执行器的控制,驾驶员又可以自由地踩下加速踏板使汽车加速。

智能速度控制系统限速值的设定,可以用选择开关设定,也可以通过接收无线信号设定(即接收道路速度无线信号切换或电子地图信号切换)。可以只设定一个值,也可以根据不同的路况,有多个挡位供设定。智能速度控制系统为智能化交通奠定了基础。例如在高速公路上设置限速无线信号发射系统,交通管理部门就可以根据气候条件和路面情况及时调整限制车速,让道路更加安全畅通。

### 3. 智能轮胎

汽车智能轮胎的功能是在汽车正常行驶时,如果出现轮胎温度过高或轮胎气压太低的状况,能及时向驾驶员发出警报,防止车辆发生事故,这就可以使轮胎在不同行驶条件下保持最佳运行状况,提高安全系数。智能轮胎一般都是通过在外胎内嵌入特殊的带有计算机芯片的传感器实现的。传感器由车内的收发器控制,收发器利用无线电天线将无线电信号发射至传感器芯片,传感器芯片再将承载着温度和压力数据的电子信号发射至车内的收发器,收发器接收到该信号后便可取得温度和压力等数据,若出现异常情况能及时报警。更为先进的智能轮胎还能感知光滑的冰面,探测出结冰路面后使轮胎自动变软,增大轮胎与路面的附着力;在探测出路面潮湿后,甚至还能自动改变轮胎的花纹,以防打滑。

**4.智能玻璃**

智能化汽车玻璃有很多种类:包括防光防雨玻璃、电热融雪玻璃、影像显示玻璃、防碎裂安全玻璃、调光玻璃以及光电遮阳顶篷玻璃等。防光防雨玻璃采用新材料及新表面处理方法制造,雨水落到玻璃上会很快流走且不留水珠,无需刮水器刮水。玻璃内表面反射性低,仪表板及其他饰物不会反射到风窗玻璃上,驾驶员视线不受干扰。具有影像显示功能的玻璃,是在风窗玻璃上的某一部分涂上透明反射膜,在膜片上可根据需要显示从投影仪传来的仪表板上的图像和数据,便于驾驶员观察,驾驶员在行车时无需低头察看仪表。影像显示智能玻璃如果与红外线影像显示系统配合,可使驾驶员在雾天看清前方2km左右的物体。光电遮阳顶篷玻璃则是在轿车行驶或停车时,能自动吸收、积聚、利用太阳能来驱动车内风扇,还可对轿车蓄电池进行补充充电。

**5.智能安全气囊**

汽车智能安全气囊是在普通安全气囊的基础上增加某些传感器,并改进安全气囊电子控制单元的程序来实现。例如,增加的乘员质量传感器能感知座位上的乘员是大人还是儿童;红外线传感器能探测出座椅上是人还是物体;超声波传感器能探明乘员的存在和位置等。安全气囊电子控制单元能根据乘员的身高、体重、所处的位置和是否系安全带以及汽车碰撞的速度、程度等,及时调整气囊的膨胀时机、膨胀方向、膨胀速度和膨胀程度,以便安全气囊对乘客提供最合理和最有效的保护。

**6.智能化汽车还应拥有的功能**

1)夜视功能

这种技术源于军用装备,于20世纪80年代中期出现,至少已有30年以上的实际应用历史。车上装有一个红外线摄像机,它可帮助驾驶员看清在车前灯光照射范围外的物体。该装置以汽车、动物、行人所发出的热量进行电脑识别和图像信号还原。

2)声控技术

这种技术可以让驾驶员对汽车发出语音指令,控制车内的汽车起动、车灯、收音机、电话和车内温度。声控技术将成为接入网络和其他各种自动服务的关键。

3)卫星电话系统

驾驶员按一个键,就可以与他人通话。这一系统主要用于紧急救援服务。它与现在的导航系统的差别是,可以通过一个车内手机连接到24h报警中心,由于有全球定位系统的辅助,接线员知道车辆目前所处的确切位置。据统计,该系统将成为汽车的标准配置。

4)可调踏板

驾驶员可根据自己的身高和最合适的坐姿来调整加速踏板。福特汽车公司已经开始在几种车型中提供可调踏板。

5)车载网络系统

美国通用汽车公司已经在车上试用其On Star系统。只要按一个键,说一声On Star(启动),系统便将一个手机拨号连接到服务器上,然后驾驶员可以用语音指令要求播放天气预报、新闻、体育和交通状况,或者发电子邮件。更令人高兴的是,由于网络家电的大量普及,驾驶员可在车上指示家中的微波炉开始工作,一回到家便可饱餐一顿。

6)自动车门

如果你丢了钥匙,没关系,钥匙也许很快就会过时。戴姆勒—奔驰公司开发的一种电子开锁系统,它能够在车主靠近车门的时候,自动辨认对方。车主只要随身携带一个电子装置,将这一系统激活即可,当车主接触把手时,门可以自动开锁。

7)自动导航

当你长途开车和外出旅行时,不必担心方向和路线,预先输入的指令将保证车子按最佳路线行驶。该系统还通过雷达使汽车同前面的车辆保持安全距离,即使是雾天也不会发生追尾事故。

8)绿色能源

未来的智能汽车将启用绿色能源。通用、福特、大众、戴姆勒—奔驰、丰田、本田等汽车制造商都在积极研制可以利用无线电技术充电的小型电动汽车。电能将被转化成特殊的激光束或微波束,通过天线接收,人们不必停车补充能源就可以开车环游世界。

## 二、车联网

车联网是物联网在汽车领域的具体应用。它借助装载在车辆上的传感设备和短距离通信模块,收集车与人、车与车、车与道路的属性信息和静、动态信息,利用移动通信网络、卫星通信网络,以及导航、智能信息处理等技术和业务平台,为汽车用户提供更加丰富的业务和服务,并对车辆进行有效的监管和调度,实现更加高效、安全、舒适的车辆管理和用户体验。车联网是以"车"为节点和信息源,通过无线通信等技术手段将获取的信息连接到业务应用平台加以管理、分析和深度挖掘并提供包括交通管理、用户安全以及娱乐等综合性服务的信息系统。其核心就是信息获取和反馈控制,从而实现"人—车—路"的互联互通(图1-19)。

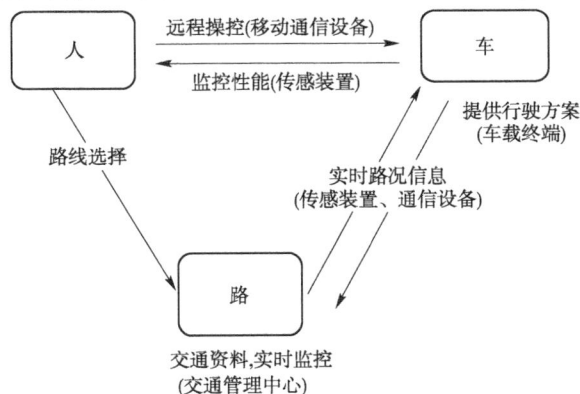

图1-19　车联网(人—车—路相互沟通)

"车联网"就像互联网把每个单台的计算机连接起来一样,它是将独立的车连接在一起。车联网实现了车与车之间、车与建筑物之间以及车与基础设施之间的信息交换,达到了汽车与行人、汽车与非机动车之间沟通对话的目的。

车联网是在互联网基础上演变而来的网络,主要特征是以装有电子传感装置的车辆为终端,通过 RFID 和无线数据通信等技术,将车辆的静态或动态信息与信息网络平台连接起来,从而形成具有对所有车辆提供有效监管和综合服务功能的网络。其最重要的支承技术为射频识别技术(Radio Frequency Identification,RFID),即通过射频信号自动识别目标对象并获取相关数据。识别工作无须人工干预,可工作于各种恶劣环境。RFID 技术可识别高速运动物体并可同时识别多个标签,操作快捷方便。基本的 RFID 系统由标签、阅读器和天线组成。

物联网技术,是通过射频识别(RFID)、红外感应器、全球定位系统、激光扫描器等信息传感设备,按约定的协议,将所有的物品与互联网相连接,进行信息交换和通信,以实现智能化识别、定位、追踪、监控和管理的一种网络技术,其核心和基础仍然是"互联网技术",是互联网技术的延伸和扩展,其用户端可延伸扩展到任何物品和物品之间的信息交换和通信。

全球定位系统(Global Positioning System,GPS),是由一系列卫星组成的,它们 24h 提供高精度的世界范围内的定位和导航信息。GPS 是一种先进的导航技术,它由发射装置和接收装置组成,发射装置由若干颗位于地球静止轨迹、不同方位的导航卫星组成,不断向地球表面发射无线电波。

第五代移动电话行动通信标准,也称第五代移动通信技术(外语缩写为 5G),也是 4G 之后的延伸。5G 网络的理论下行速度为 10Gbit/s(相当于下载速度 1.25Gbit/s)。

2018 年 2 月 23 日,在世界移动通信大会召开前夕,沃达丰和华为宣布,两公司在西班牙合作采用非独立的 3GPP 5G 新无线标准和 Sub6 GHz 频段完成了全球首个 5G 通话测试。

2018 年 2 月 27 日,华为在 MWC2018 大展上发布了首款 3GPP 标准 5G 商用芯片巴龙 5G01 和 5G 商用终端,支持全球主流 5G 频段,包括 Sub6GHz(低频)、mm Wave(高频),理论上可实现最高 2.3Gbit/s 的数据下载速率。

Telematics 是远距离通信的电信与信息科学的合成词,按字面可定义为通过内置在汽车、飞机、船舶、火车等运输工具上的计算机系统、无线通信技术、卫星导航装置、交换文字、语音等信息通过互联网技术而提供信息的服务系统。也就是说通过无线网络,随时给行车中的人们提供驾驶、生活所必需的各种信息。

ITS 即智能交通,是将先进的传感器技术、通信技术、数据处理技术、网络技术、自动控制技术、信息发布技术等有机地运用于整个交通运输管理体系而建立起的一种实时、准确、高效的交通运输综合管理和控制系统。

**1. 车联网在我国的发展**

3G 网络为车联网提供了完备的网络基础。车联网需要汽车与网络连接,还要求以全国性网络为基础,覆盖所有汽车能到达的地方,保持 24h 在线服务,实现语音、图像、数据等多种信息的传输。目前,我国三大运营商都已经建成覆盖全国的基础通信网,网络覆盖广、性能优、可靠性高。特别是三大 3G 网络的建设,已完成全国地市级城市的网络覆盖,未来几年将对乡村实现基本覆盖。以上技术的突破和发展为车联网奠定了技术基础。

RFID 电子标签技术发展迅猛,通过射频识别、红外感应器、全球定位系统、激光扫描器等信息传感设备,可以把任何物品与通信网络连接起来,进行信息交换,实现智能化的识别、定位、跟踪、监控和管理。

**2.智能交通中的车联网**

早期的智能交通主要是围绕高速公路而展开的,其中最主要的一项就是建立了全面的高速公路收费系统,对全国的高速公路收费进行信息化管理。目前交通问题的重点和主要压力来自于城市道路拥堵。在道路建设跟不上汽车增长的情况下,解决拥堵问题,主要靠对车辆进行管理和调配。新加坡把管理的重点转移到热点区域,对进入热点区域的车辆都实行收费,调节热点区域的车流量。未来,智能交通的发展将向以热点区域的车辆管理为主、以车为对象的管理模式转变。因此,智能交通亟待建立以车为节点的信息系统——车联网。车联网就是综合现有的电子信息技术,将每辆汽车作为一个信息源,通过无线通信手段连接到网络中,进而实现对全国范围内车辆的统一管理。车联网可以达到以下效果:

(1)管理部门不再以各城市、各高速公路建设小范围单一监控网为中心,而是以极低的成本真正实现车辆、道路的全国统一管理。所有车辆实时在线,无论是本地汽车行驶到外地,还是外地汽车驶来本地,管理部门都可以在网络上获得所需的车辆信息。

(2)对于车辆定期检验、排放控制、走私车及套牌车查处、盗抢车追踪等,都有了简单快速高效的手段。

(3)通过对路口路段汽车数量、车速等数据的分析,可以实时掌握全国各城市及各条公路的交通状况,实现真正的智能交通指挥。必要时,管理部门还可以通过汽车电子信息网络,将指令或通告发送给汽车终端或现场指挥人员。

(4)可以设定热点区域,对驶入热点区域的汽车进行差别计价收费。

(5)汽车电子信息网络还可以实现全国高速公路的自动收费,无论是在城市内的高速公路,还是贯穿多个城市的长途高速公路,根据汽车在高速公路出入口经过的信息,直接实现不停车计费,准确快捷。

(6)可以实时收集反馈的车辆车况信息,对有问题的车辆提前干预。

**3.由车联网走向智慧城市**

未来的城市交通可能会是什么样? 城市与交通将趋于全球信息化,数字化城市与交通将促进城市与交通的一体化,交通系统中的人、货物、汽车、基础设施、环境、信息、法律法规等要素将会真正地变成一个有机体。我们有理由相信,未来是真正能够实现交通系统的安全、顺畅、便利以及环保等美好愿望的。通用汽车中国公司总裁甘文维在"信息化与城市发展"主题论坛上介绍了车联网的前景。他表示,汽车的 DNA 将在未来几十年发生改变,我国有潜力率先进入"车联网时代"。据介绍,电气化汽车由电动机驱动,可以由锂电池提供能源,它们不燃烧汽油,因此不会排放污染气体。电动汽车可以像家电那样,被用户插在 220V 电源上进行充电,也可以在行驶过程中进入路边的充电站,补充能量。它们还能与未来的"智能电网"相连,在用电低谷时,会从电网上吸收、存储电能;而到了用电高峰时,它们则会向电网释放电能,从而成为调节城市用电的"电力存储器"。此外,所有电动车都会接入车联网。这个网络可以收集并分享即时的信息数据,让所有汽车"感应"彼此的存在,并做出预先判断。"有了车联网,汽车就像深海中的鱼群一样自由移动,不需要红绿灯就可以安全地穿过十字路口。"甘文维说,"汽车甚至还能实现自动驾驶,让老人、残疾人也可以单独坐车出行。"甘文维解释说,在自动驾驶模式下,电动汽车能利用车联网提供的实时交通信息分析,自动选择路况最佳的行驶路线。它还能利用车联网"感知"周围环境,例如,如果行人突然出现,它会自动减速至安全速度或停车。因此汽车进入自动驾驶状态后，驾驶者就可以时不时放开双手，在车内上网、聊天、看电视。对于城市交通而言，推进车联网对智慧城市的发展有着许多重要的意义。

首先提高了道路交通效率。智能交通技术可使交通堵塞减少约 60%，使短途运输效率提高近 70%，使现有道路网的通行能力提高 2～3 倍。车辆在智能交通体系内行驶，停车次数可以减少 30%，行车时间减少 13%～45%，车辆的使用效率能够提高 50% 以上。其次是降低能耗。我国的石油消耗量仅次于美国，居全球第二，石油进口依赖度高达 56%。交通运输业的汽车耗油量占到石油消耗的 40%。通过智能交通控制，由于平均车速的提高带来了燃料消耗量的减少和排出废气量的减少，汽车油耗也可由此降低 15%。最后是降低交通事故。国内每年仅交通事故一项造成的伤、亡人数就达 50 多万人，其中死亡人数十多万人，智能交通技术将大大地提高交通道路管理水平，有效减少交通事故的发生，可使车辆安全事故率比现在降低 20%，每年因交通事故造成的死亡人数下降 30%～70%。

**4. 车联网应用与发展模式**

车联网具体应用的核心是车载信息服务平台提供商。产业链上各方，包括汽车厂商、电信运营商等，均在努力争取主导车联网应用，即成为车载信息服务平台提供商。总体来说，车联网应用除政府主管部门政策引导外，在产业链上的主要环节还有以下两种主导力量。

1）汽车厂商作为主导力量

此种情况又分为以下两种模式：一种模式是汽车厂商独资成立车载信息服务平台提供商，另一种模式是汽车厂商与电信运营商合资成立车载信息服务平台提供商，如奔驰与德国电信的合作项目。其中，合资模式属强强联手，综合了汽车制造与电信运营商在整车制造、客户管理、网络运营等方面的优势。但由于合资模式多集中于前装市场，汽车厂商的烙印较深，故实为汽车厂商主导。

国外市场以汽车厂商为主导的产业格局已经形成，且车联网业务用户数已初具规模。国外汽车厂商，如通用、福特、丰田、宝马及奔驰，已从单纯销售车内汽车消费类电子产品，逐步发展为接入卫星、无线通信网和车载信息服务平台的可提供娱乐类、导航类、驾驶员服务类业务的车联网应用提供商。此时，汽车厂商的角色与苹果公司类似，车联网业务的投放和执行必须通过汽车厂商提供的车载信息服务平台，这与苹果终端、应用商店和应用开发者的垂直关系十分相似。

2）电信运营商作为主导力量

此种情况下，运营商直接扮演车载信息服务平台提供商的角色，如韩国的 SK 电讯。该模式不受汽车品牌的影响，车载信息服务终端可拆可卸，多用于后装市场。其缺点是许多车载信息服务终端无法与汽车电子系统相连，其功能受到了限制。

车联网所带来的社会及经济效益必将在我国经济转型、培育新型产业的过程中扮演重要角色。故车联网是我国物联网未来发展的重要方向。车联网的发展将串起一条长长的产业链，涵盖车载设备生产厂家、电信运营商、业务应用提供商等多个产业角色。

## 三、车用材料轻量化

汽车的轻量化，就是在保证汽车的强度和安全性能的前提下，尽可能地降低汽车的整备质量，从而提高汽车的动力性，减少燃料消耗，降低排气污染。实验证明，若汽车整车质量降低

10%,燃油效率可提高6%～8%;汽车整备质量每减少100kg,百公里油耗可降低0.3～0.6L。当前,由于环保和节能的需要,汽车的轻量化已经成为世界汽车发展的潮流。

自20世纪70年代以来,随着材料技术和设计制造技术的进步,汽车自身质量逐年减少。以美国为例,20世纪80年代初,中型轿车的平均质量为1520kg;90年代初下降至1475kg;90年代末下降至1230kg;1985—1995年期间,轿车质量平均每年减少0.9%。20世纪末和21世纪初世界各国先后出现了百公里油耗3L的汽车,这类汽车的质量基本上处在750～850kg,比现今同类车轻50%。1998年德国大众推出的路波3LTDI,汽车自身质量只有800kg。奥迪公司开发的紧凑型全铝轿车Audi A2,汽车自身质量只有895～990kg。商用车的自身质量也在逐年减少。

**1.汽车轻量化的主要途径**

汽车轻量化技术不断发展,主要表现在:

(1)轻质材料的密度不断攀升,铝合金、镁合金、钛合金、高强度钢、塑料、粉末冶金、生态复合材料及陶瓷等的应用越来越多。

(2)结构优化和零部件的模块化设计水平不断提高,如采用前轮驱动、高刚性结构和超轻悬架结构等来达到轻量化的目的,计算机辅助集成技术(CAX)(包括CAD/CAE/CAO……)和结构分析等技术也有所发展。

(3)汽车轻量化促使汽车制造业在成型方法和连接技术上不断创新。

**2.镁合金的应用**

传统观念总是认为,汽车越重,安全性越高,汽车质量减轻,在驾驶时则会有"飘"的感觉。而实际上,汽车的安全性主要取决于汽车的综合设计。但是,汽车的油耗则与质量密切相关。据测算,汽车所用燃料的60%消耗于汽车自重,自1970年中东石油危机以来,为减轻汽车质量以降低油耗和污染,提高安全性能,镁合金材料在汽车工业中的应用与日俱增。目前,汽车工业中镁合金用量较多的地区和国家主要是北美、欧洲、日本和韩国。综合部分厂家的使用情况,目前镁合金材料主要用来制造以下汽车零部件:

(1)车内构件:仪表板、座椅架、座位升降器、操纵台架、气囊外罩、转向盘、锁合装置罩、转向柱、转向柱支架、收音机壳、小工具箱门、车窗电动机罩、制动与离合器踏板托架、气动托架踏板等。

(2)车体构件:门框、尾板、车顶框、车顶板、IP横梁等。

(3)发动机及传动系统:阀盖、凸轮盖、四轮驱动变速器壳体、手动换挡变速器、离合器外壳、活塞、进气管、机油盘、交流发电机支架、变速器壳体、齿轮箱壳体、机油滤清器接头、电动机罩盖、汽缸头盖、分配盘支架、油泵壳体、油箱、滤油器支架、左侧半曲轴箱、右侧半曲轴箱、空调压缩机罩、左抽气管、右抽气管等。

(4)底盘:轮毂、发动机托架、前后吊杆、尾盘支架。

传统的汽车材料主要是钢铁、塑料和铝合金,但是这些材料都各有不足。即使是最轻的塑料,也不能用于汽车的所有部位。镁合金比铝合金轻1/3左右,而我国又是世界镁资源大国(全球市场的镁有80%以上从我国出口),发展镁合金很具优势。但是,目前国内生产的镁大部分只应用于合金制备等一般用途。

据研究,镁致命的弱点就是燃点太低,而用于汽车上的镁合金对燃点的要求则更高。通过同时加入几种金属元素,得到一种阻燃性能和力学性能均良好的车用阻燃镁合金,使镁合金的燃点达到了700℃以上。

随着这一新型材料更广泛地应用于汽车制造,相信燃油的经济效率以及废气排放量都会有不同程度的优化。不过其强度与耐用性还有待汽车制造厂家的进一步观察。

### 3. 聚丙烯的应用

汽车在现代社会中已成为主要交通工具之一,是能源消耗大户。据报道,汽车一般部件减重1%,节油也近1%,运动部件减重1%,可节燃油2%。因而汽车的轻量化对节能和环境保护均有重要意义。

汽车的轻量化离不开塑料化,因而汽车用塑料的消费量逐年增加。20世纪80年代中期美国每辆车用的塑料为109kg,约占车重的9.8%;日本为每辆车74.3kg,约占车重的6%;欧洲1989年为每辆车120kg,达车重的11%。据最新报道,有的汽车用的塑料高达200kg,约占总车重的15%。

由于聚丙烯非常容易回收利用,聚丙烯在汽车塑料中的利用越来越多。无论是我们提到的所谓车用塑料一体化,还是欧洲提出的汽车废旧材料利用95%的目标,要想达到这些目标,汽车塑料的聚丙烯化可能是未来重要的方向。在车用塑料中聚烯烃塑料及其改性材料仍占很大的份额。日本普通轿车达61%,高档车也达41%,PP改性材料在车用塑料中仍占第一位。1990年欧洲每辆车PP用量为22.5kg,1995年为38kg,1998年达45kg。现在汽车用的PP部件为60个左右,几年后将增加至200个,应用前景将十分广阔。

除塑料燃油箱和部分车型的轮罩专用料外,其他均是以聚丙烯为主体的改性材料。汽车用聚丙烯材料除保险杠、轮罩等少数属于PP/EPDM增韧和超韧合金外,滑石粉填充聚丙烯复合材料合金,占据了很重要的位置。

经过20多年的不懈努力,我国在汽车用聚烯烃塑料及其改性材料的研制、开发、产业化方面均取得了巨大的进步。国内汽车工业已完全能实现聚烯烃汽车专用料的国产化,一些科研单位的成果已达到国际先进水平。

汽车经过轻量化设计,可使其加速性能相应提高,车辆的噪声、振动方面也会有不同程度的改善。最为重要的是,车辆每减重100kg,$CO_2$排放量可减少约5g/km,因此,汽车轻量化对于节约能源、减少废气排放也有十分重要的意义。

# 第二章　汽车基本构造

🔰 **学习目标**

1. 了解汽车的定义和分类；
2. 理解汽车总体构造与原理；
3. 知道汽车行驶原理。

🍎 **学习时间**

12 学时

汽车到底是什么？在工程师眼里,汽车是先进的科技产品;在设计师的眼里,则将其视为一件精美的艺术品……事实上,汽车是一种生活,汽车是自我感受。汽车集科技、文化与时代感为一体,成为了人类现代化文明的标志。百余年来,汽车承载着人类的历史滚滚向前,始终处于人类发展进程的前列。汽车发展到今天,已成为人类物质和精神财富的结合物,是一种新的文化载体。汽车不仅是一种交通工具,更代表着一种生活方式,表达了对积极人生的向往。

## 第一节　汽车的总体构造

### 一、汽车的定义与分类

#### 1. 汽车的定义

1895 年法国科学院将汽车定名为"Automobile",其中"auto"是希腊文"自己"的意思,"mobile"是拉丁文"运动"的意思,合起来是"自己运动的车子"。日本人翻译成"自动车"。我国对"汽车"的称谓是基于汽车是由蒸汽机驱动的。汽车的概念与科学技术发展有着密切的联系,在不同的时期和国家其含义不同。

世界上最早的汽车是蒸汽机汽车。以内燃机作动力装置,装备齐全、性能较高的现代汽车的出现至今才 100 多年,但其所表现出来的优良性能淘汰了蒸汽机汽车。因此,通常人们所说的"汽车",一般都是指内燃机汽车。但从广义上讲,汽车应包括蒸汽机汽车、电动汽车、内燃机汽车和其他燃料汽车。

美国汽车工程师学会标准 SAE J687C 中对汽车的定义是:由本身动力驱动,装有驾驶装置,能在固定轨道以外的道路(或地域)上运送客货或牵引车辆的车辆。日本工业标准

JISK0101 中对汽车的定义是：自身装有发动机和操纵装置，不依靠固定轨道和架线，能在陆地上行驶的车辆。以上两种定义的"汽车"范围都比我国定义的"汽车"范围广，它们可以包括两轮摩托车和三轮摩托车，接近于我国道路机动车所指范围。

我国国家标准《汽车和挂车类型的术语和定义》（GB/T3730.1—2001）中对汽车的定义是：由动力驱动，具有四个或四个以上车轮的非轨道承载的车辆。主要用于：载送人员和（或）货物；牵引载运人员和（或）货物的车辆；特殊用途。根据上述的汽车定义，我国"汽车"产品应具有以下特征：

（1）车辆自身带有动力装置，并依靠动力装置驱动运行。

（2）具有四个或四个以上车轮，但车轮不得依靠轨道运行。

（3）动力能源应随车携带，不是在运行途中依靠地面轨道或架空线取得。

（4）车辆的主要用途是载送人员和（或）货物，或者牵引载送人员和（或）货物的车辆，或者是其他特殊的用途，但一般不包括自行式作业机械。

按照汽车的上述定义，我国两轮摩托车和三轮机动车都不属于"汽车"的范畴，不带动力装置的全挂车和半挂车不能算是"汽车"，但当它们与牵引车组合成汽车列车后应属于汽车。至于一些从事特殊作业的自走式轮式机械（如轮式推土机等）和主要从事农田作业的轮式拖拉机等，虽然也具有汽车的某些特征，但由于主要用途不是运输，因此，我国将它们列入工程机械和农业机械范畴。

**2．汽车的分类**

1）按用途分

汽车按用途分为乘用车和商用车。乘用车是指在其设计和技术特性上主要用于载运乘客及其随身行李和（或）临时物品的汽车，包括驾驶员座位在内最多不超过 9 个座位，它也可以牵引一辆挂车。商用车是指在设计和技术特性上用于运送人员和货物的汽车，并且可以牵引挂车（乘用车不包括在内）。

乘用车和商用车的详细分类如图 2-1 所示。

（1）按交通工具的技术特征分。

①机动车：汽车、摩托车、电车、拖拉机、农用车、专用车。

②非机动车：自行车、三轮车、手推车、马车等。

（2）按车辆的所有权归属分。

①国有车辆：国家机关、国营单位的车辆。

②集体车辆：集体、股份制企业等共有的车辆。

③私有车辆：公民个人拥有的车辆。

（3）按使用性质分。

①军用车辆：军用车和武警车辆。

②民用车辆：国家、具体个人。

（4）按照车体结构分。

①客车：小客车乘客为 5~8 人；中客车为 19 人以下；大客车为 20 人以上。

②轿车：微型轿车 $V \leq 1L$；普通轿车 $1 < V \leq 1.6L$；中级轿车 $1.6 < V \leq 2.5L$；中高级轿车 $2.5 < V \leq 4L$；高级轿车 $V > 4L$。此处 $V$ 为发动机排量。

乘用车
不超过9座
- 普通乘用车
- 活顶乘用车
- 高级乘用车
- 小型乘用车
- 敞篷车
- 仓背乘用车
- 旅行车
- 多用途乘用车
- 短头乘用车
- 越野乘用车
- 专用乘用车——旅居车、防弹车、救护车、殡仪车等

汽车

商用车辆

客车
- 小型客车
- 城市客车
- 长途客车
- 旅游客车
- 铰接客车
- 无轨电车
- 越野客车
- 专用客车

货车
- 普通货车
- 多用途货车
- 全挂牵引车
- 越野货车
- 专用作业车
- 专用货车

半挂牵引车

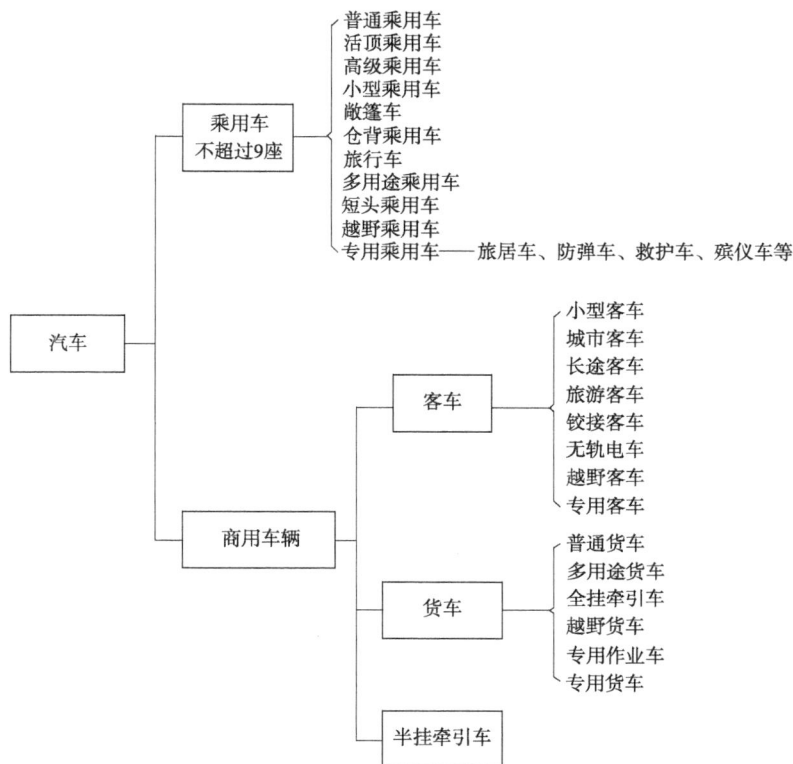

图 2-1　乘用车和商用车的详细分类

③货车:微型车 $G_a \leq 1.8t$;轻型车 $1.8t < G_a \leq 6t$;中型车 $6t < G_a \leq 14t$;重型车 $G_a > 14t$ 此处 $G_a$ 为车辆最大载质量。

2)按使用能源分

按使用能源分为汽油车、柴油车、电动汽车(电车、太阳能汽车、燃料电池汽车、氢气汽车)、燃气汽车(天然气、煤气、石油液化气、沼气等)、其他燃料车(酒精、植物油)。

3)按行驶道路条件分

(1)公路用车:轿车、客车、货车等。

(2)非公路用车:矿山、机场和工地用车。

(3)越野汽车:客、货都有(轻型 $G_a \leq 5t$;中型 $5t < G_a \leq 13t$;重型 $13t < G_a \leq 24t$;超重型车 $G_a > 24t$)。

4)根据 GB/T 15089—2001 国家标准分类

根据《机动车辆及挂车分类》(GB/T 15089—2001),机动车辆及挂车分为 L 类、M 类、N 类、O 类和 G 类五种类型。

(1)L 类车辆。它是指两轮或三轮机动车辆,根据车辆使用的热力发动机排量、车轮数,又分为 L1、L2、L3、L4 和 L5 五类。

(2)M 类车辆。它是指至少具有四个车轮的载客机动车辆,根据乘员数或座位数,最大设

计总质量等分为 M1、M2 和 M3 三类。其中 M2、M3 类车辆根据乘员数及对乘员的要求，又可分为 A 级、B 级、Ⅰ级、Ⅱ级和Ⅲ级五级细类。

（3）N 类车辆。它是指至少有四个车轮且用于载货机动车辆，根据最大设计总质量分为 N1、N2 和 N3 三类。

（4）O 类车辆。它是指包括半挂车在内的挂车，根据最大设计总质量分为 O1、O2、O3 和 O4 四类。

（5）G 类车辆。它是指满足要求的 M 类、N 类的越野车。

## 二、道路车辆识别代号

《道路车辆　车辆识别代号（VIN）》（GB 16735—2004）规定了车辆识别代号的内容与构成，以便在世界范围内建立一个统一的道路车辆识别代号体系。此标准于 2004 年 1 月 1 日开始实施，标准同时还给出了车辆识别代号在车辆上的位置与固定要求。VIN 也称为 17 位编码，是国际上通行的标识道路车辆的代码，是制造厂给每一辆车指定的一组字码。一车一码，具有在全世界范围内对一辆车的唯一识别性，是车辆的"身份证"。

车辆识别代号由世界制造厂识别代号（WMI）、车辆说明部分（VDS）、车辆指示部分（VIS）三部分组成，共 17 位字码。

对完整车辆和（或）非完整车辆年产量大于或等于 500 辆的车辆制造厂，车辆识别代号的第一部分为世界制造厂识别代号（WMI）；第二部分为车辆说明部分（VDS）；第三部分为车辆指示部分（VIS），如图 2-2 所示。

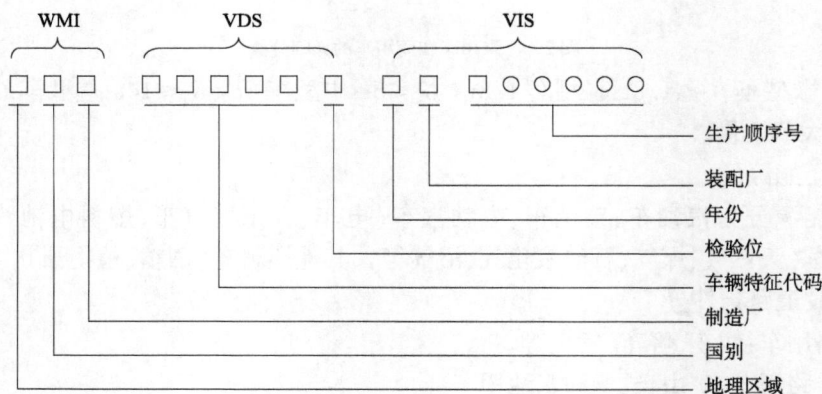

图 2-2　年产量超过 500 辆的车辆识别代号（VIN）示意图
□-代表字母或数字；○-代表数字

对完整车辆和/或非完整车辆年产量小于 500 辆的车辆制造厂，车辆识别代号的第一部分为世界制造厂识别代号（WMI）；第二部分为车辆说明部分（VDS）；第三部分的第三、四、五位与第一部分的三位字码一起构成世界制造厂识别代号（WMI），其余五位为车辆指示部分（VIS），如图 2-3 所示。

### 1. 世界制造厂识别代号（WMI）

世界制造厂识别代号（WMI）是车辆识别代号的第一部分，WMI 应符合《道路车辆　世界制造厂识别代号（WMI）》（GB 16737—2004）的规定,其识别代号共有三位,分别说明如下。

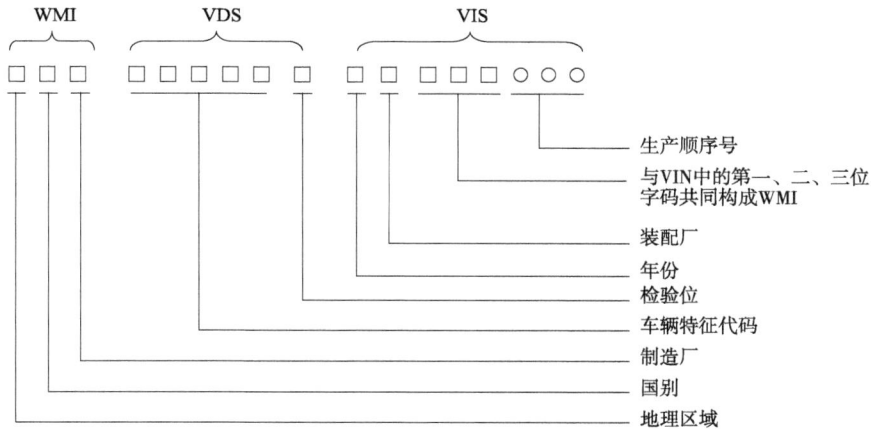

图2-3　年产量小于500辆的车辆识别代号（VIN）示意图
□-代表字母或数字；○-代表数字

WMI 代号的第一位字码是由国际代理机构分配的、用以标明一个地理区域的一个字母或数字字码,国际代理机构已经根据预期的需要为某一个地理区域分配了几个字码。

例如:1～5 北美洲;S～Z 欧洲;A～H 非洲;J～R 亚洲;6 和 7 大洋洲;8、9 和 0 南美洲。

WMI 代号的第二位字码是由国际代理机构分配的、用以标明一个特定地区内的一个国家的一个字母或数字字码,国际代理机构已经根据预期的需要为某一个国家分配了几个字码。

WMI 代号应通过第一位和第二位字码的组合保证国家识别标志的唯一性。国际代理机构已经为每一个国家分配了第一位及第二位字码的组合。

例如:10～19 美国;1A～1Z 美国;2A～2W 加拿大;3A～3W 墨西哥;W0～W9 德国;WA～WZ 德国;L0～L93）中国;LA～LZ3）中国。

WMI 代号第三位字码是由国家机构指定的、用以标明某个特定的制造厂的一个字母或数字字码,WMI 代号应通过第一位、第二位、第三位字码的组合保证制造厂识别标志的唯一性。如:LFV——一汽 - 大众汽车有限公司、LSG——上海通用汽车有限公司、JHM——日本本田技研工业股份有限公司、WDB——德国戴姆勒 - 奔驰公司、WBA——德国宝马汽车公司、KMH——韩国现代汽车公司等。

**2.车辆说明部分（VDS）**

车辆说明部分（VDS）是车辆识别代号的第二部分,由六位字码组成（即 VIN 的第四至九位）。如果车辆制造厂不使用其中的一位或几位字码,应在该位置填入车辆制造厂选定的字母或数字占位。

VDS 第一至五位（即 VIN 的第四至八位）应对车型特征进行描述,其代码及顺序由车辆制造厂决定。车型特征描述见表2-1。

车　型　特　征　　　　　　　　　　　　　　　　　　　表 2-1

| 车　辆　类　型 | 车　型　特　征 |
|---|---|
| 乘用车 | 车身类型、发动机特征[a] |
| 载货车(含牵引车) | 车身类型、车辆最大总质量、发动机特征[a] |
| 客车 | 车辆长度、发动机特征[a] |
| 挂车 | 车身类型、车辆最大总质量 |
| 摩托车和轻便摩托车 | 车辆类型、发动机特征[a] |
| 非完整车辆 | 车身类型[b]、车辆最大总质量[b]、发动机特征[c] |

注:a)发动机特征至少应包括对燃油类型、排量和/或功率的描述。

　　b)用于制造成为货车的非完整车辆的描述项目。

　　c)用于制造成为客车的非完整车辆的描述项目,此时发动机特征至少应包括对燃油类型、发动机布置形式、排量和/或功率的描述。

　　VDS 的第六位(即 VIN 的第九位字码)为检验位。检验位可为"0～9"中任一数字或字母"X",用以核对车辆识别代号记录的准确性,车辆制造厂在确定了 VIN 的其他十六位代码后,应通过以下方法计算得出检验位。例如我国生产一辆 VIN 号为 LFWADRJF□11002346 的汽车,其他十六位代码都确定下来了,需要用数学的方法计算出第九位的代码。计算出来的数字是 0～9 位,那么 VIN 的第九位就是这个数字;如果计算出来的数字是 10,那么 VIN 的第九位就是"X"。具体计算方法如下:

　　(1)车辆识别代号中的数字和字母对应值见表 2-2、表 2-3。

车辆识别代号中的数字对应值表　　　　　　　　　　表 2-2

| VIN 中的数字 | 0 | 1 | 2 | 3 | 4 | 5 | 6 | 7 | 8 | 9 |
|---|---|---|---|---|---|---|---|---|---|---|
| 对应值 | 0 | 1 | 2 | 3 | 4 | 5 | 6 | 7 | 8 | 9 |

车辆识别代号中的字母对应值表　　　　　　　　　　表 2-3

| VIN 中的字母 | A | B | C | D | E | F | G | H | J | K | L | M | N | P | R | S | T | U | V | W | X | Y | Z |
|---|---|---|---|---|---|---|---|---|---|---|---|---|---|---|---|---|---|---|---|---|---|---|---|
| 对应值 | 1 | 2 | 3 | 4 | 5 | 6 | 7 | 8 | 1 | 2 | 3 | 4 | 5 | 7 | 9 | 2 | 3 | 4 | 5 | 6 | 7 | 8 | 9 |

　　(2) 按表 2-4 给车辆识别代号中的每一位指定一个加权系数。

车辆识别代号中的每一位的加权系数　　　　　　　　表 2-4

| VIN 中的位置 | 1 | 2 | 3 | 4 | 5 | 6 | 7 | 8 | 9 | 10 | 11 | 12 | 13 | 14 | 15 | 16 | 17 |
|---|---|---|---|---|---|---|---|---|---|---|---|---|---|---|---|---|---|
| 加权系数 | 8 | 7 | 6 | 5 | 4 | 3 | 2 | 10 | * | 9 | 8 | 7 | 6 | 5 | 4 | 3 | 2 |

　　(3)将检验位之外的 16 位每一位的加权系数乘以此位数字或字母的对应值,再将各乘积相加,求得的和被 11 除。

　　(4)除得的余数即为检验位;如果余数是 10,检验位应为字母 X。通过表 2-5 的示例说明检验位的确定过程。

**检验位的确定方法**　　　　　　　　　　　表 2-5

| VIN 中的位置 | 1 | 2 | 3 | 4 | 5 | 6 | 7 | 8 | 9 | 10 | 11 | 12 | 13 | 14 | 15 | 16 | 17 |
|---|---|---|---|---|---|---|---|---|---|---|---|---|---|---|---|---|---|
| VIN 代号 | L | F | W | A | D | R | J | F |  | 1 | 1 | 0 |  | 0 | 2 | 3 | 4 | 6 |
| 对应值 | 3 | 6 | 6 | 1 | 4 | 9 | 1 | 6 |  | 1 | 1 | 0 |  | 0 | 2 | 3 | 4 | 6 |
| 加权系数 | 8 | 7 | 6 | 5 | 4 | 3 | 2 | 10 | * | 9 | 8 | 7 | 6 | 5 | 4 | 3 | 2 |
| 乘积总和 | 24 + 42 + 36 + 5 + 16 + 27 + 2 + 60 + 9 + 8 + 0 + 0 + 10 + 12 + 12 + 12 = 275 ||||||||||||||||
| 余数 | 275/11 = 25 余 0 ||||||||||||||||

经上述计算,确定此 VIN 代号中的□中检验位字码为 0。

则该车辆的完整的 VIN 代号为:LFWADRJF011002346。

**3. 车辆指示部分(VIS)**

车辆指示部分(VIS)是车辆识别代号的第三部分,由八位字码组成(即 VIN 的第十至十七位)。VIS 的第一位字码(即 VIN 的第十位)应代表年份。年份代码按表 2-6 规定使用(30 年循环一次)。

**年份代码**(VIN 的第十位)　　　　　　　表 2-6

| 年份 | 代码 | 年份 | 代码 | 年份 | 代码 | 年份 | 代码 |
|---|---|---|---|---|---|---|---|
| 2001 | 1 | 2011 | B | 2021 | M | 2031 | 1 |
| 2002 | 2 | 2012 | C | 2022 | N | 2032 | 2 |
| 2003 | 3 | 2013 | D | 2023 | P | 2033 | 3 |
| 2004 | 4 | 2014 | E | 2024 | R | 2034 | 4 |
| 2005 | 5 | 2015 | F | 2025 | S | 2035 | 5 |
| 2006 | 6 | 2016 | G | 2026 | T | 2036 | 6 |
| 2007 | 7 | 2017 | H | 2027 | V | 2037 | 7 |
| 2008 | 8 | 2018 | J | 2028 | W | 2038 | 8 |
| 2009 | 9 | 2019 | K | 2029 | X | 2039 | 9 |
| 2010 | A | 2020 | L | 2030 | Y | 2040 | A |

VIS 的第二位字码(即 VIN 的第十一位)应代表装配厂。如果车辆制造厂生产的完整车辆和/或非完整车辆年产量大于或等于 500 辆,此部分的第三至八位字码(即 VIN 的第十二至十七位)用来表示生产顺序号。如果车辆制造厂生产的完整车辆和/或非完整车辆年产量小于 500 辆,则此部分的第三、四、五位字码(即 VIN 的第十二至十四位)应与第一部分的三位字码一同表示一个车辆制造厂,第六、七、八位字码(即 VIN 的第十五至十七位)用来表示生产顺序号。在车辆识别代号中仅能采用下列阿拉伯数字和大写的拉丁字母:1、2、3、4、5、6、7、8、9、0;A、B、C、D、E、F、G、H、J、K、L、M、N、P、R、S、T、U、V、W、X、Y、Z(字母 I、O 及 Q 不能使用)。

## 三、汽车的基本结构及性能参数

现代汽车是由多个装置和机构组成的,不同型号、不同类型及不同厂家生产的汽车其基本构造都是由发动机、底盘、电气设备和车身四大部分组成。汽车总体构造如图 2-4 所示。

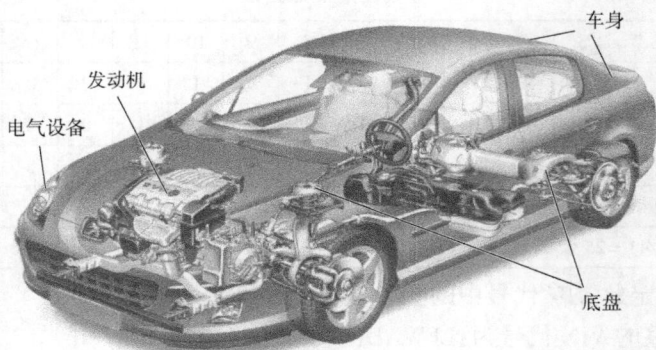

图 2-4　汽车的总体构造

### 1. 发动机

发动机是为汽车行驶提供动力的装置,其作用是使燃料燃烧产生动力,然后通过底盘的传动系驱动车轮使汽车行驶。发动机主要有汽油机和柴油机两种。现代汽车广泛采用往复活塞式内燃发动机。它是通过可燃气体在汽缸内燃烧膨胀产生压力,推动活塞运动并通过连杆使曲轴旋转来对外输出做功的。主要包括两大机构和五大系统,它们是曲柄连杆机构、配气机构、燃料供给系统、点火系统(汽油发动机)、起动系统、冷却系统和润滑系统组成。柴油发动机的点火方式为压燃式,所以无点火系统。发动机结构总成如图 2-5 所示。

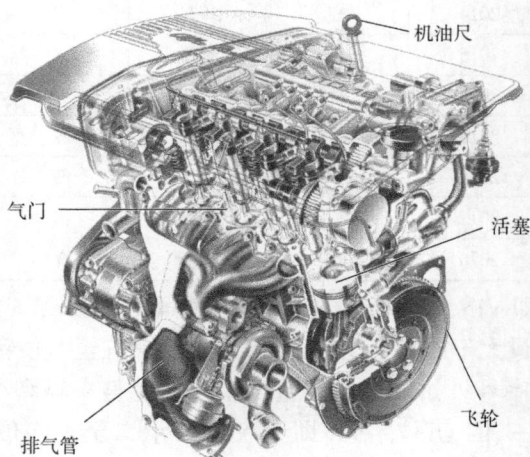

图 2-5　发动机的结构总成

### 1）曲柄连杆机构

曲柄连杆机构主要由汽缸体、活塞、活塞环、连杆、曲轴和飞轮等组成。汽缸体上部为汽缸、下部为曲轴箱。活塞位于汽缸内。活塞环是用来填充汽缸与活塞之间的间隙,防止汽缸内的气体泄漏到曲轴箱内。曲轴安装于曲轴箱内。飞轮固定于曲轴后端,伸出到发动机缸体之外,负责对外输出动力。连杆用来连接活塞与曲轴,负责传递两者之间的动力与运动。汽车发动机是多缸发动机,活塞与连杆的数目均与缸数相同,但曲轴只有一根。

2）配气机构

配气机构主要由凸轮轴、气门及气门传动件组成。每一个汽缸都有一个进气门和排气门,分别位于进、排气道口,负责封闭和开放进、排气道。凸轮轴通过正时齿轮或者齿型传动带由曲轴驱动而转动,通过气门传动组件定时将气门打开,将新鲜混合气充入汽缸或者将燃烧后的废气排出汽缸。

3）汽油机燃料供给系统

汽油机燃料供给系统主要由空气滤清器、燃油喷射装置、进气管、排气管、消声器、汽油泵和汽油箱组成。主要功用是将汽油雾化、蒸发后,与空气混合形成不同浓度的可燃混合气后充入汽缸,供燃烧使用。同时,将燃烧后的废气排出汽缸。进入汽缸内的混合气量由驾驶员通过加速踏板控制,以满足发动机不同负荷的需求。

4）柴油机燃料供给系统

柴油机燃料供给系统主要由空气滤清器、进气管、排气管、消声器、柴油箱、输油泵、喷油泵、喷油器等组成。通过空气滤清器和进气管进入汽缸内部的是空气。柴油箱内的柴油被输油泵抽出并进入喷油泵,经喷油泵加压后,通过喷油器直接以雾状喷入汽缸燃烧室内。柴油在燃烧室内完成蒸发、混合后自燃。燃烧后的废气则由排气管排出汽缸。驾驶员通过加速踏板根据发动机负荷的大小,控制每次喷入汽缸的柴油量。

5）点火系统

点火系统为汽油机独有,由蓄电池、点火开关、分电器总成、点火线圈、高压线和火花塞组成。火花塞位于汽缸盖上并部分伸入燃烧室。该系统的主要作用是使火花塞按时产生电火花,将汽缸内的可燃混合气点燃而做功。柴油机的燃烧方式为自燃(压燃),不设点火系。

6）冷却与润滑系统

冷却与润滑系统负责保护发动机正常工作,使发动机维持较长的使用寿命。冷却系统主要由水泵、散热器、风扇、水套和节温器等组成,负责使发动机有一个合适的工作温度。润滑系统由机油泵、机油滤清器、主油道和油底壳组成,在发动机上起润滑、冷却、清洁和密封等作用。

7）起动系统

起动系统主要由蓄电池、起动控制与传动机构和起动机等组成,用来起动发动机,使其投入运转。

**2.汽车底盘**

汽车底盘的作用是支承、安装汽车发动机及其各部件、总成,形成汽车的整体构造,并接受发动机的动力,使汽车产生运动,保证正常行驶。底盘由传动系统、行驶系统、转向系统和制动系统组成,如图2-6所示。

1）传动系统

传动系统由离合器、变速器、万向传动装置和驱动桥组成,用来将发动机输出的动力传给驱动轮,并使之适合汽车行驶的需要。离合器固定于发动机飞轮后端面,并和变速器相连。离合器经常处于接合状态。当驾驶员踩下离合器踏板时,离合器分离,动力传递中断,以便进行起步、换挡和制动等操作。离合器还可通过打滑对传动系统实行过载保护。

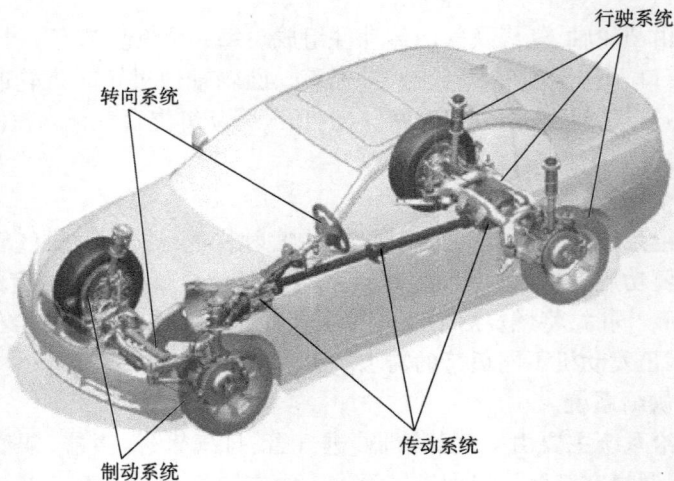

图 2-6  汽车底盘结构总成

变速器上设有若干个前进挡和一个倒挡,各挡传动比都不相同,可以满足汽车在不同行驶阻力和车速下的需要。"倒挡"可以使汽车实现逆向行驶,"空挡"可以将动力传递中断。

万向传动装置位于变速器和驱动桥之间,将变速器输出的动力传至驱动桥。驱动桥由主减速器、差速器、半轴和桥壳组成。一般汽车前后两个桥中有一个桥(多半是后桥)是驱动桥驱动汽车,而另一个桥(多半是前桥)为从动桥,不起驱动作用。但越野汽车所有的车桥都是驱动桥,因此在变速器后面设有分动器,负责向各桥分配动力。

2)行驶系统

行驶系统是汽车的基础,由车架、车桥、车轮与轮胎以及位于车桥和车架之间的悬架装置组成。车架是汽车的装配基体,将整个汽车装成一体。车桥与车轮负责汽车的行驶,悬架装置将车桥安装于车架,起到传力、导向和缓冲减振的作用。行驶系统除影响汽车的操纵稳定性外,还对汽车的乘坐舒适性有重要影响。

3)转向系统

转向系统用来改变或者恢复汽车的行驶方向。它是通过使前轮相对于汽车纵向平面偏转一定的角度来实现转向的。转向系统主要由转向操纵机构、转向器和转向传动机构组成。

4)制动系统

制动系统的作用是使行进中的汽车迅速减速直至停车,使停放的汽车可靠地驻留原地不动。行车制动装置由设在每个车轮上的制动器和制动操纵机构组成,由驾驶员通过制动踏板来操纵。驻车制动装置的制动器有的安装在变速器第二轴上的,但大多数是与后桥制动器合一的,驻车制动器由驻车操纵杆来操纵。

**3. 车身**

车身用来容纳驾驶员、乘客和货物并构成汽车的外壳。载货汽车车身由驾驶室和货厢组成,客车与轿车的车身由统一的外壳构成。其他专用车辆还包括其他特殊装备等。车身主要包括车门、窗、车锁、内外饰件、附件、座椅及车前各钣金件等。

**4.电气设备**

电气设备由电源和用电设备组成。电源包括发电机和蓄电池。用电设备的内容很多,不同车型不太一样,主要有点火系统、起动系统、照明、仪表信号系统、空调以及其他附属用电设备等,如图 2-7 所示。

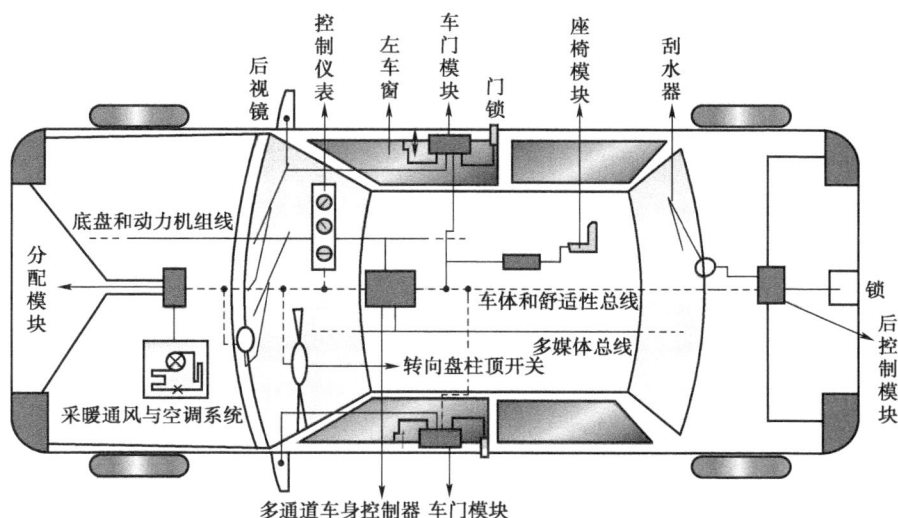

图 2-7　汽车电气设备总成

**5.汽车行驶及性能参数**

1)汽车行驶阻力

要想使汽车行驶,必须对汽车施加一个驱动力以克服各种阻力。汽车行驶阻力包括滚动阻力、空气阻力、上坡阻力和加速阻力。

(1)滚动阻力($F_f$)。车轮滚动时,在轮胎与地面的接触区域,会出现轮胎与支承路面的变形(当弹性轮胎在硬路面上滚动时,轮胎的变形是主要的),由此而引起的地面对轮胎的阻力,就是滚动阻力。滚动阻力等于滚动阻力系数与车轮负荷的乘积。

(2)空气阻力($F_w$)。汽车直线行驶时受到的空气作用在行驶方向上的分力称为空气阻力$F_w$。空气阻力与汽车的形状、汽车正面投影面积有关,特别是与汽车和空气的相对速度的平方成正比。当汽车高速行驶时,空气阻力的数值将显著增加。

(3)上坡阻力($F_i$)。当汽车上坡时,汽车重力沿坡道的分力表现为汽车上坡阻力。

(4)加速阻力($F_j$)。汽车加速行驶时,需要克服其质量加速运动的惯性力,也就是加速阻力。

2)汽车的驱动力

为克服上述阻力,汽车必须有足够的驱动力。汽车驱动力的产生原理如图 2-8 所示。发动机经由传动系统在驱动轮上施加一个驱动力矩 $M_t$,力图使驱动轮旋转。在 $M_t$ 作用下,在驱动轮和路面接触处对路面施加一个圆周力 $F_0$,其方向与汽车行驶方向相反,大小为:

$$F_0 = \frac{M_t}{R}$$

式中：$F_0$——对路面施加的圆周力，N；

  $M_t$——驱动力矩，N·m；

  $R$——驱动车轮的滚动半径，m。

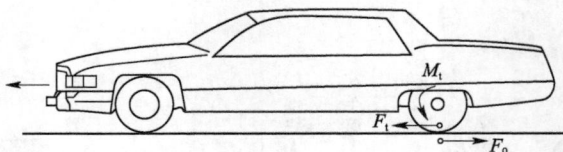

图2-8 汽车驱动力的产生原理

由于车轮与路面的附着作用，在车轮向路面施加力 $F_0$ 的同时，路面会对车轮施加一个大小相等、方向相反的反作用力 $F_t$，$F_t$ 就是汽车行驶的驱动力（也称为汽车牵引力）。

# 第二节 汽车发动机

## 一、发动机的工作原理及总体构造

发动机是汽车动力的核心总成，其外观与剖视图如图2-9所示。燃料在汽缸内燃烧，使燃料的化学能转化成热能，最终转变为机械能并输出。

汽车发动机根据燃料不同分类，可分为液体燃料发动机（汽油机、柴油机等）和气体燃料发动机（如天然气发动机、液化石油气发动机等）；按行程不同分类，可分为二冲程发动机和四冲程发动机；按发火方式不同分类，可分为压燃式发动机和点燃式发动机。

目前大部分汽车使用的是往复活塞式四冲程内燃机，往复活塞式内燃机所用的燃料主要是汽油（gasoline）或柴油（diesel）。由于汽油和柴油具有不同的使用性质，因而在发动机的工作原理和结构上有所差异。汽油发动机通常都由两大机构、五大系统组成，即曲柄连杆机构、配气机构、燃油供给系、润滑系、冷却系、点火系（柴油机无点火系）和起动系，如图2-10所示。

图2-9 发动机剖视图

### 1. 四冲程汽油机工作原理

汽油机是将空气与汽油以一定的比例混合成良好的混合气，在吸气行程被吸入汽缸，混合气经压缩点火燃烧而产生热能，高温高压的气体作用于活塞顶部，推动活塞作往复直线运动，通过连杆、曲轴飞轮机构对外输出机械能。四冲程汽油机在吸气行程、压缩行程、做功行程和排气行程内完成一个工作循环。

1）吸气行程（Intake Stroke）

活塞在曲轴的带动下由上止点移至下止点。此时进气门开启，排气门关闭，曲轴转动180°。在活塞移动过程中，汽缸容积逐渐增大，汽缸内气体压力逐渐降低，汽缸内形成一定的真空度,空气和汽油的混合气通过进气门被吸入汽缸,并在汽缸内进一步混合形成可燃混合气。

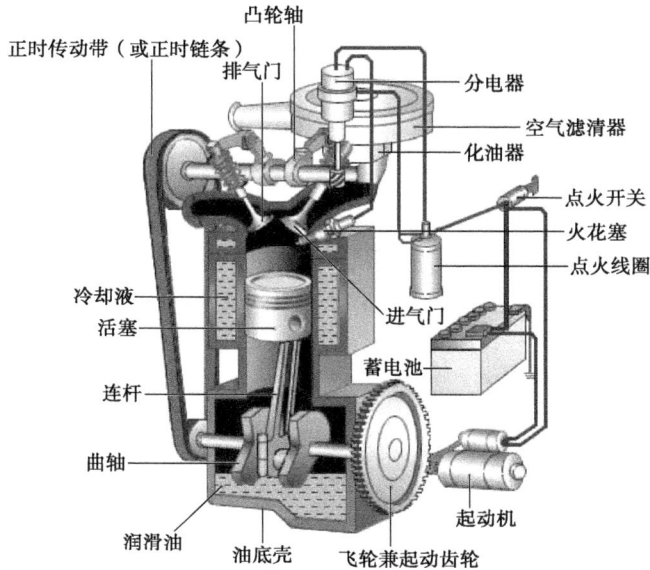

图 2-10 单缸四冲程汽油机结构示意图

2)压缩行程(Compression Stroke)

压缩行程时,进、排气门同时关闭。活塞从下止点向上止点运动,曲轴转动180°。活塞上移时,工作容积逐渐缩小,缸内混合气受压缩后压力和温度不断升高,到达压缩终点时,其压力可达 800 ~ 2000kPa,温度可达 600 ~ 750K。

3)做功行程(Power Stroke)

当活塞接近上止点时,由火花塞点燃可燃混合气,混合气燃烧释放出大量的热能,使汽缸内气体的压力和温度迅速提高。燃烧最高压力可达 3000 ~ 6000kPa,温度高达 2200 ~ 2800K。高温高压的燃气推动活塞从上止点向下止点运动,并通过曲柄连杆机构对外输出机械能。

4)排气行程(Exhaust Stroke)

排气行程时,排气门开启,进气门仍然关闭,活塞从下止点向上止点运动,曲轴转动180°。排气门开启时,燃烧后的废气一方面在汽缸内外压差作用下向汽缸外排出,另一方面通过活塞的排挤作用向汽缸外排气。

**2.四冲程柴油机工作原理**

四冲程柴油机和汽油机一样,每个工作循环也是由吸气行程、压缩行程、做功行程和排气行程组成。由于柴油机以柴油作燃料,与汽油相比,柴油自燃温度低、黏度大不易蒸发,因而柴油机采用压燃着火,又称压燃式点火,其工作过程及系统结构与汽油机有所不同。

1)吸气行程

柴油发动机吸入汽缸的工质是纯空气。由于柴油机进气系统阻力较小,进气终点压力为0.85 ~ 0.95atm(1atm = 101.325kPa),比汽油机高。进气终点温度为 300 ~ 340K,比汽油机低。

2）压缩行程

由于压缩的工质是纯空气，因此，柴油机的压缩比比汽油机高。压缩终点的压力为3000～5000kPa，压缩终点的温度为750～1000K，大大超过柴油的自燃温度（约520K）。

3）做功行程

当压缩行程接近终了时，在高压油泵作用下，将柴油以15MPa左右的高压通过喷油器喷入汽缸燃烧室中，在很短的时间内与空气混合后立即自行发火燃烧。汽缸内气体的压力急速上升，最高达5000～9000kPa，最高温度达1800～2000K。

4）排气行程

柴油机的排气与汽油机基本相同，只是排气温度比汽油机低。一般为700～900K。

对于单缸发动机来说，其转速不均匀，发动机工作不平稳，振动大。这是因为四个行程中只有一个行程是做功的，其他三个行程是消耗动力为做功做准备的行程。为了解决这个问题，飞轮必须具有足够大的转动惯量，这样又会导致整个发动机质量和尺寸增加。采用多缸发动机可以弥补上述不足。现代汽车多采用四缸、六缸和八缸发动机。

## 二、机体及曲柄连杆机构

机体及曲柄连杆机构由机体组、活塞连杆组和曲轴飞轮组等组成。

### 1.机体组

机体组由汽缸体、汽缸盖、汽缸垫、油底壳四部分组成，如图2-11所示。

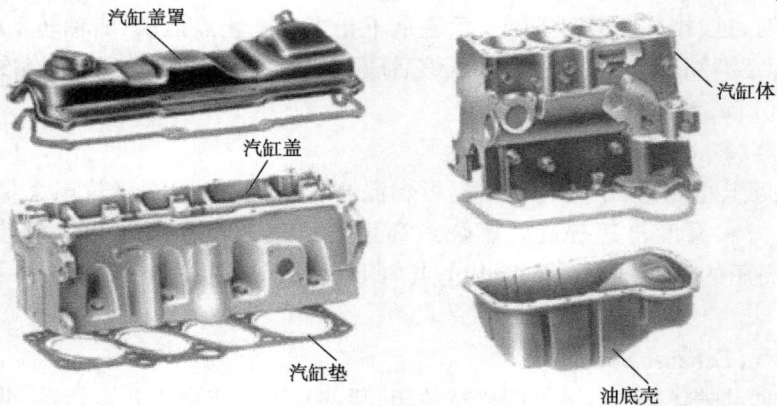

图2-11　机体组的结构组成

汽缸体是发动机各机构、各系统的装配基础件，汽缸盖与活塞顶部共同形成燃烧室，汽缸垫放在缸盖和汽缸体之间，起密封的作用，油底壳用于储存机油并与汽缸体形成一个整体。

### 2.活塞连杆组

活塞连杆组由连杆、活塞、活塞环、活塞销等组成。活塞的作用是将汽缸的压力通过活塞销传给连杆，使曲轴旋转。此外，通过其顶部与汽缸盖、汽缸壁组成燃烧室。气环保证活塞与汽缸壁之间的密封，同时将活塞顶部的热量传导给汽缸壁，再由冷却液带走；油环的作用是用来刮除汽缸壁上多余的机油，并在汽缸壁上形成薄的油膜，起润滑作用，同时也起一定的密封作用。活塞销和连杆均起力的传递作用。活塞由顶部、头部和裙部三部分组成，如图 2-12 所示。

　　活塞顶部的形状与燃烧室的形式有关，汽油机活塞顶部大多采用平顶。活塞头部是活塞环槽以上的部分。其主要作用是：承受气体压力并传给连杆；与活塞环一起起密封作用；将热量传导至汽缸体上。活塞裙部为活塞环槽下端面至活塞底面的那部分。为了使活塞在正常温度下与汽缸壁有比较均匀的间隙，必须预先在冷态下将活塞裙部加工成断面为长轴垂直于活塞销方向的椭圆形。活塞环分为气环和油环。气环结构简单，油环分普通环和组合环两种。连杆的上端与活塞销连接，下端通过轴瓦、连杆大头和连杆盖用螺栓与曲轴连接。

### 3. 曲轴飞轮组

　　曲轴飞轮组包括曲轴、飞轮及安装在曲轴上的曲轴正时齿轮、轴瓦、推力轴瓦、传动带轮等（图 2-13）组成。飞轮是一个转动惯量很大的带齿圈的圆盘，起储存能量和释放能量的作用。曲轴的作用是传递力，同时将连杆的往复运动变为曲轴的旋转运动。

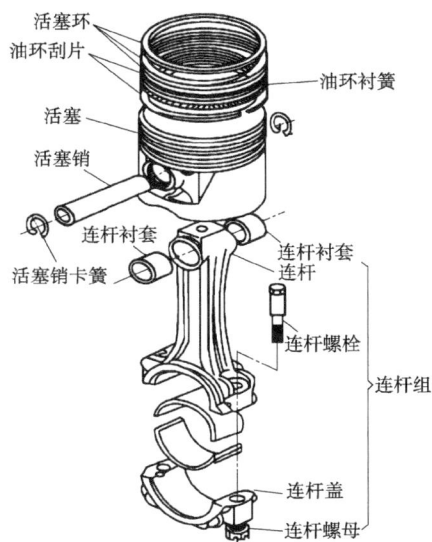

图 2-12　活塞连杆组

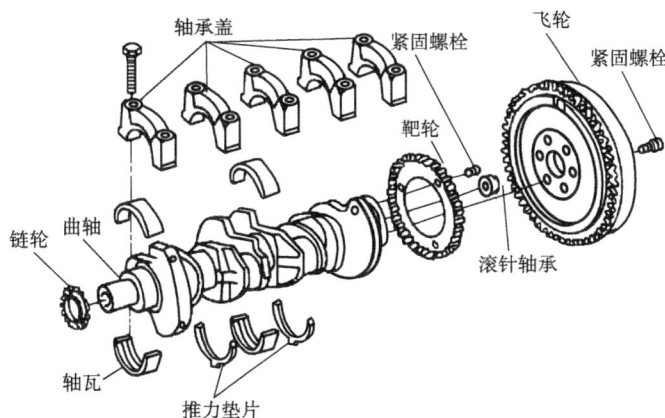

图 2-13　曲轴飞轮组

## 三、配气机构

　　配气机构就是及时准确地开启和关闭进、排气门，及时地吸入可燃混合气和及时有效地排出废气。配气机构由气门组、气门传动组组成，如图 2-14 所示。

　　气门组的作用是保证汽缸的密封。气门组由气门、气门导管、气门弹簧和锁片等组成。气门传动组由凸轮轴及驱动装置、挺杆、推杆、摇臂等组成。气门传动组的作用是保证气门准确、及时的开启。其工作过程为：发动机工作时，曲轴产生旋转，通过正时齿轮或传动带使凸轮轴旋转。凸轮轴通过挺杆、推杆、摇臂等使气门开启或关闭。曲轴与凸轮轴的相互运动关系决定了配气相位的大小。

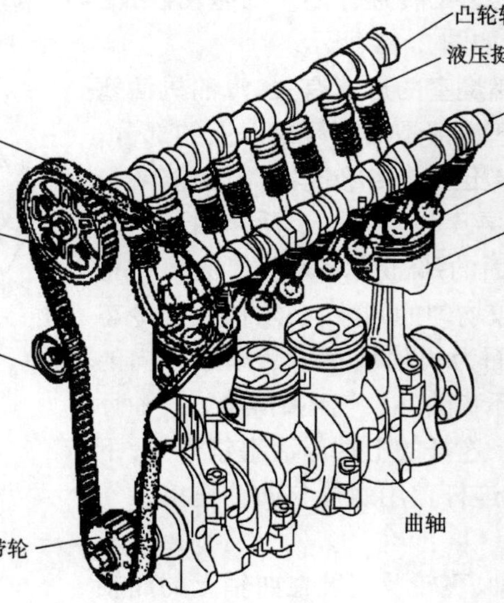

图 2-14　配气机构结构组成

一般发动机采用每缸两个气门，即一个进气门和一个排气门的结构。但为提高充气效率，在很多新型汽车发动机上多采用每缸四气门的结构，即两个进气门和两个排气门。

## 四、燃油供给系统

### 1. 燃油供给系统概述

汽油机燃油供给系统的主要作用是储存并输送并清洁燃料。根据发动机不同工况的要求，配制一定数量和浓度的可燃混合气进入汽缸，并在燃烧做功后，将燃烧产生的废气排至大气中。可燃混合气是按一定比例混合的汽油与空气的混合物，可燃混合气中燃油含量的多少称为可燃混合气浓度。其浓度有两种表示方法：过量空气系数 $\alpha$ 和空燃比 $A/F$。过量空气系数 $\alpha$ 是指燃烧 1kg 燃油实际供给的空气质量与理论上完全燃烧时所需要的空气质量之比。空燃比 $A/F$ 是指混合气在燃烧时空气质量与燃油质量之比。

汽油机燃油供给系统主要应包括以下装置：

（1）燃料供给装置：汽油箱、汽油滤清器、汽油泵和油管等，完成汽油的储存、输送、滤清任务。

（2）空气供给装置：空气滤清器（或进气预热装置）、进气管等。

（3）可燃混合气配制装置：化油器或燃油喷射装置。

（4）可燃混合气供给和废气排出装置：进气管、排气管和排气消声器等。

### 2. 电控汽油机燃油供给系统

由于化油器式发动机存在的缺点是混合气浓度分配不够理想，影响发动机动力性、经济性和排放性的提高。为了克服上述缺点，现在国内外轿车与轻型汽车的发动机都普遍采用了电控燃油喷射系统。电控燃油喷射系统可根据其功用不同分为空气供给系统、燃油供给系统、排气系统和电子控制系统。

1）空气供给系统

空气供给系统的功用是为发动机可燃混合气的形成提供必要的空气,并计量和控制燃油燃烧时所需要的空气量。空气经空气滤清器、空气流量传感器、节气门体进入进气总管,再分配到各缸进气歧管。在进气歧管内(或进气门处),空气与喷油器喷出的燃油混合后被吸入汽缸内燃烧。

2）燃油供给系统

燃油供给系统的功用是供给发动机燃烧过程所需的燃油。燃油供给系统如图 2-15 所示,主要由燃油泵、燃油滤清器、油压脉动阻尼器、燃油压力调节器和喷油器等组成。

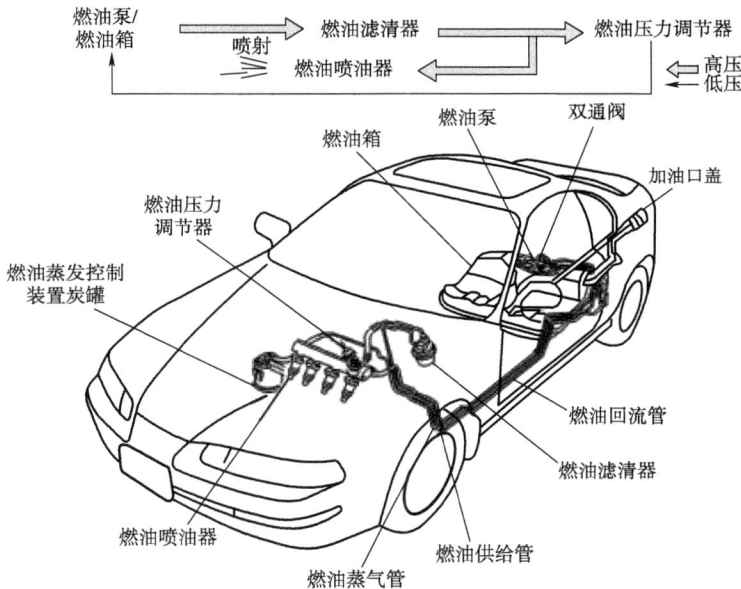

图 2-15  电控汽油机燃油供给系统

燃油从燃油箱中被燃油泵吸出,先由燃油滤清器将杂质滤除后再通过输油管送到各个喷油器。喷油器则根据 ECU 发出的指令,将计量后的燃油喷入各进气歧管并与流入发动机内的空气进行混合,形成可燃混合气。发动机在正常工况喷油量只取决于各喷油器通电时间的长短。

此外,利用燃油压力调节器可将喷油压力控制在一定的范围内,而将多余的燃油从燃油压力调节器经回油管送回燃油箱。为了消除燃油泵泵油时或喷油器喷油时引起管路中的油压产生微小扰动,在有些发动机的燃油供给系统中还装有油压脉动阻尼器,用于吸收管路中油压波动时的能量,以便抑制管路中油压的脉动,提高系统的喷油精度。

3）排气系统

排气系统主要由排气歧管、排气消声器等组成,电控燃油喷射系统汽油机的排气系统都带有三元催化转换器和氧传感器以便实现喷油闭环控制。

4）电子控制系统

电子控制系统的功用是根据发动机运转状况和车辆运行状况确定汽油最佳喷射量和最佳

点火提前角。此外,还可进行怠速控制、排放控制和故障自诊断等。电子控制系统由传感器、电子控制单元(ECU)和执行器组成。

传感器是用来测量或检测反映发动机运行状态的各种物理量、电量和化学量等,并将它们转换成计算机能接受的电信号后待送给ECU。常用的传感器主要有空气流量传感器、进气歧管绝对压力传感器、发动机转速与曲轴位置传感器、温度传感器、节气门位置传感器、氧传感器、爆震传感器等。

电子控制系统的核心是ECU,ECU根据发动机中各种传感器送来的信号控制喷油时间、点火正时等。传感器监测发动机的实际工况,计量各种信号并传输给ECU,ECU输出的各种控制指令由执行器执行。

## 五、点火系统

汽缸内的可燃混合气需经火花塞产生的火花点燃以进行工作,点火系统就是保证汽油机在正确的时间里产生准确、强烈的火花而点燃混合气的。

### 1. 传统点火系统

传统点火系统由蓄电池、点火开关、点火线圈、断电器、配电器、电容器、点火提前装置和火花塞等组成,如图2-16所示。断电器、配电器和点火提前装置一般做成一体,称分电器。

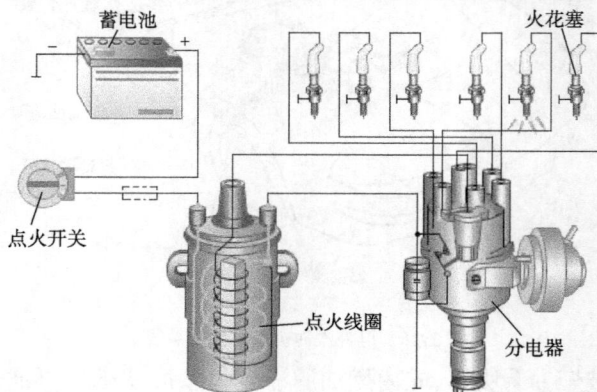

图2-16　传统点火系统

蓄电池提供低压12V直流电;点火开关用于关断和接通电路;点火线圈相当于变压器;断电器可周期性地接通和断开初级电路,使初级电流产生变化;电容用来消除初级电路中的自感电压;分电器将点火线圈产生的高压电,按发火顺序分配到各缸的火花塞上;火花塞产生电火花,点燃可燃混合气;点火提前装置用来实时、准确的控制点火时刻。

### 2. 微机控制点火系统

随着计算机技术的迅速发展以及人们对汽车排放及其他性能要求的提高,微机控制的点火系统在普通电子点火系统的基础上结合计算机技术得到了进一步的发展。在有分电器的微机控制点火系统中,分电器驱动齿轮、驱动轴和衬套易受磨损,从而降低了发动机的经济性、动力性和排放性。因此,在此基础上出现了无分电器的微机控制点火系统。无分电器微机控制点火系统完全取消了分电器,将点火线圈产生的高压电直接通过高压线传递给火花塞,使其点火,彻底解决了这个问题。

## 六、润滑系统

由于发动机的高压力、高转速,各运动副的运动件表面由于剧烈的摩擦产生大量的热,所以必须进行润滑。润滑系统由机油泵、机油滤清器、集滤器等部件组成。机油泵的作用就是将机油输送到机油滤清器,再流入到各润滑处。集滤器和机油滤清器的作用就是将机油过滤使之清洁。

发动机的润滑油路为:机油泵由发动机带动,将润滑油经过集滤器过滤后以一定的压力分两路输出。其中,一路润滑油经粗滤器通过主油路分别润滑曲轴主轴颈和连杆轴颈、凸轮轴轴颈,最后流入油底壳;另一路经限压阀、细滤器流入油底壳。汽缸壁、活塞、活塞销等依靠飞溅的机油进行润滑,如图2-17所示。

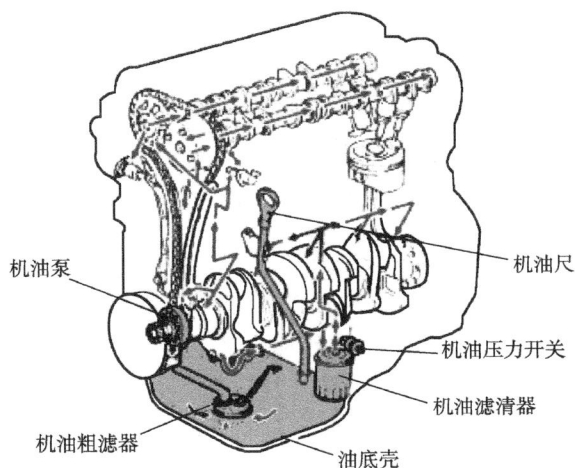

图2-17　发动机润滑系统示意图

## 七、冷却系统

发动机工作时,由于燃料燃烧产生了大量的热,致使发动机的温度升高。过高的温度使零件尺寸变大,零件间的间隙变小,影响发动机的正常工作,同时影响正常的润滑。发动机的工作温度通常为 80 ~ 90℃,过冷的温度使空气与燃油的混合困难,燃烧不充分,功率下降。

汽车发动机大多采用冷却液冷却,小部分采用空气冷却。图2-18所示为水冷式冷却系统。其工作情况为:当发动机温度较低时,从水泵来的冷却液经分水管、水套、出水口流回到水泵。由于节温器主阀门关闭,冷却液不能流入到散热器,只能从节温器的副阀门流回水泵,此循环称小循环。由于冷却液不通过散热器,所以冷却液的温度不会下降,还会提高,使之满足发动机暖机工作的要求;当发动机的温度较高时,水泵将冷却液由散热器吸入,加压后经分水管流入汽缸水套,冷却汽缸后再从上部流回到散热器。此循环称为大循环。通过冷却系大小循环的切换,可保持发动机在正常的温度下工作。

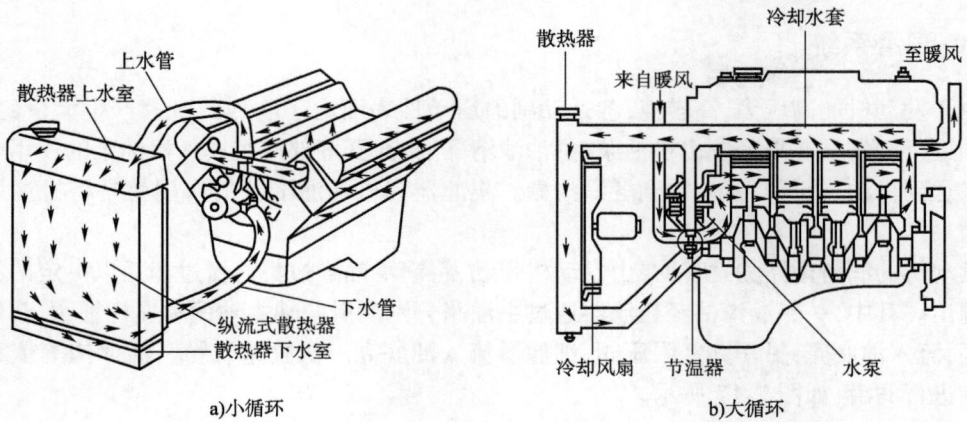

a)小循环　　　　　　　　　　　　　b)大循环

图 2-18　水冷却系统示意图

## 八、起动系统

发动机由静止到运动,必须有一外力来转动曲轴,才能进入下一工作循环。曲轴从开始转动到发动机进入工作状况这一过程称为发动机起动。现在发动机的起动方式大多采用电动机起动。

发动机起动系统包括起动机、起动操纵机构和离合机构,如图 2-19a)所示。起动机的作用是将电能转变为旋转的机械能;起动操纵机构的作用是将起动机与起动开关、发动机飞轮连接起来,使发动机飞轮旋转,从而带动曲轴转动;离合机构的作用是在起动时与发动机"接合",当发动机开始工作后起动机与飞轮分离,起动机处于不转动状态。汽车上普遍采用的是直流串励式电动机,汽油机的起动机功率一般在 1.5kW 以下,电压为 12V。柴油机的起动机功率较大,大的超过 5kW,电压为 24V。

### 1. 起动系统的工作原理

(1)起动开关接通起动机电磁开关电路,以使电磁开关通电工作。汽油发动机的起动开关与点火开关组合在一起,如图 2-19b)所示。

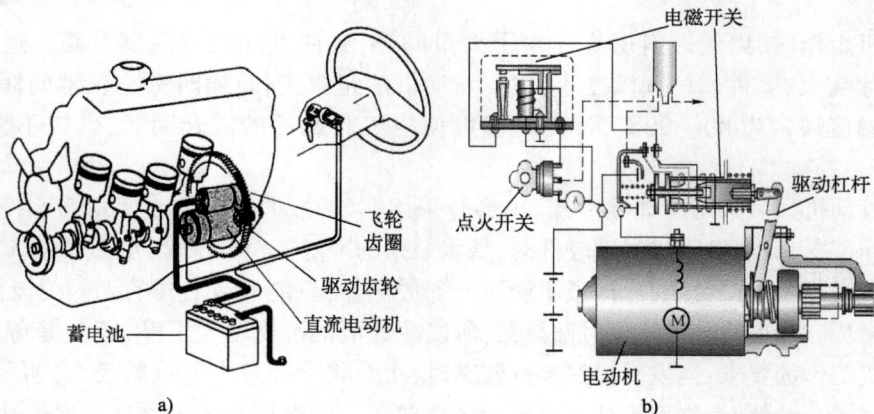

a)　　　　　　　　　　　　　b)

图 2-19　起动系统的组成

（2）起动继电器的吸引线圈和保持线圈通电,产生很强的磁力,吸引铁芯左移,并带动驱动杠杆绕其销轴转动,使齿轮移出与飞轮齿圈啮合。与此同时,由于吸引线圈的电流通过电动机的绕组,电枢开始转动,齿轮在旋转中移出,减小冲击。

（3）当铁芯移动到使短路开关闭合的位置时,短路线路接通,吸引线圈被短路,失去作用,保持线圈所产生的磁力足以维持铁芯处于开关吸合的位置。

**2.起动机**

起动机是起动系统的主要组成部分,由直流串励式电动机、传动机构和电磁开关三部分组成。直流串励式电动机的作用是产生电磁转矩,传动机构的作用是在起动发动机时使起动机小齿轮与飞轮齿圈啮合,将起动机的转矩传递给发动机曲轴;在发动机起动后又能使起动机小齿轮自动空转或与飞轮齿圈脱离啮合;电磁开关的作用是用来接通和切断直流串励式电动机与蓄电池之间的电路。对于汽油发动机,有些起动机的电磁开关还具有在起动发动机时短路点火线圈附加电阻的作用。

1）直流串励式电动机

直流电动机是将电能转变为机械能的装置,是以通电导体在磁场中受磁场力作用这一原理为基础制成的。直流电动机的构造是由电枢、磁极、换向器、电刷等组成,如图 2-20 所示。

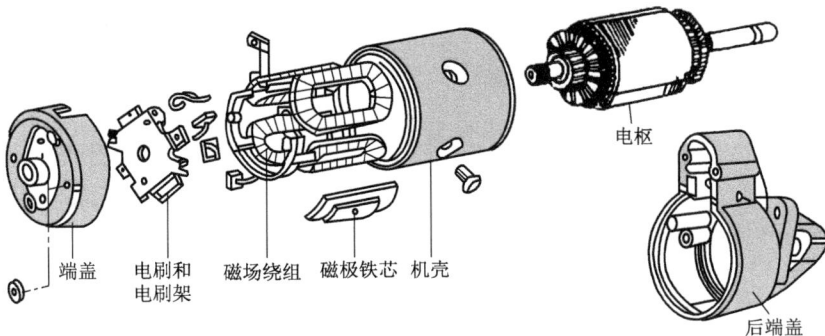

图 2-20　直流串励式电动机的结构

（1）电枢。

电枢由电枢轴、电枢绕组、换向器、铁芯等组成,如图 2-21 所示,其作用是产生电磁转矩。电枢铁芯由硅钢片叠成后固定在轴上,铁芯外围均开有线槽,用以放置电枢绕组。为了得到较大的转矩,尽可能地提高电枢电流（一般为 200 ~ 600A）,因此,电枢绕组都是用较粗的矩形裸铜线绕制而成,在铜线与铁芯之间、铜线与铜线之间用绝缘纸隔开。

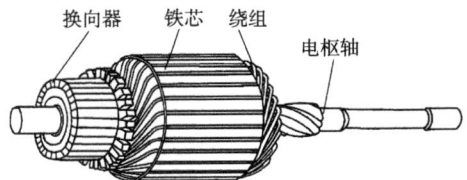

图 2-21　电枢的结构图

（2）磁极。

磁极的作用是产生磁场的,由铁芯和励磁绕组构成。为增大磁场强度,大多数起动机采用 4 个磁极。通过螺钉将磁极铁芯固定在电动机的外壳上,励磁绕组也是采用矩形粗铜线绕制而成的(电流达到 200～600A)，励磁绕组与电枢绕组常见的接法如图 2-22 所示，由于励磁绕组与电枢绕组串联，故称为直流串励式电动机。

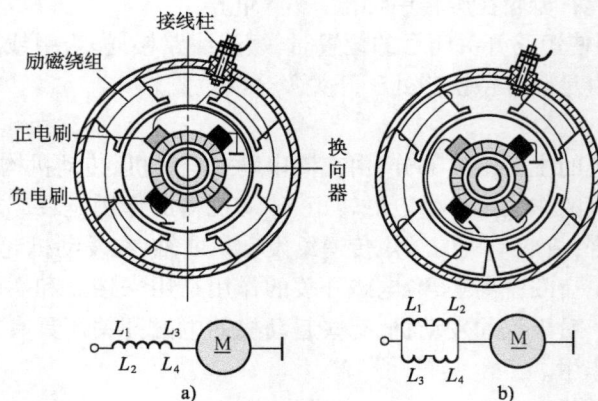

图 2-22　励磁绕组与电枢绕组

（3）电刷与电刷架。

电刷与电刷架的作用是将电流引入电动机使电枢产生定向转矩。电刷一般是用铜和石墨粉压制而成，有利于减小电阻及增加耐磨性。电刷装在电刷架中，借弹簧压力压在换向器上。一般电动机内装有 4 个电刷，其中 2 个电刷直接搭铁，称搭铁电刷，如图 2-23 所示。

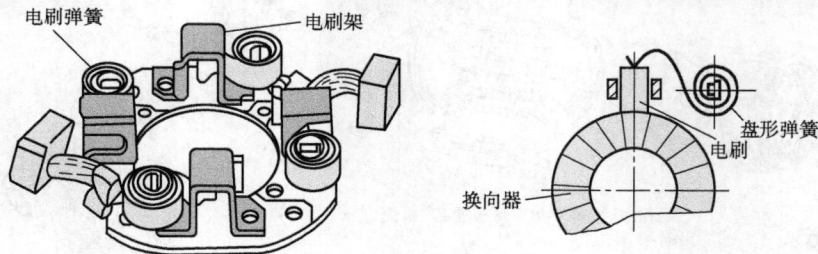

图 2-23　电刷及电刷架

（4）轴承。

因起动机每次工作时间很短，并承受的是冲击载荷，所以起动机轴承一般都采用青铜石墨轴承或铁基含油轴承。但减速起动机由于电枢轴转速很高，电枢轴承则采用滚柱轴承或滚珠轴承。

2）传动机构

起动机的传动机构主要指的是单向离合器，其作用是在起动时将电枢产生的电磁转矩传递给发动机飞轮；而当发动机起动后，单向离合器立刻打滑，防止发动机飞轮带动电枢高速旋转，造成电枢绕组"飞散"。

3）电磁开关

电磁开关主要由吸引线圈、保持线圈、活动铁芯、接触盘等组成。其中吸引线圈与电动机串联，保持线圈与电动机并联，直接搭铁。活动铁芯一端通过接触盘控制主电路的导通；另一端通过拨叉控制驱动齿轮的啮合。

# 第三节 汽车底盘

汽车底盘是整个汽车的基体,支承着发动机、车身等各种零部件,同时将发动机的动力进行传递和分配,并按驾驶员的意志行驶(加速、减速、转向、制动等)。它一般由传动系统、行驶系统、转向系统、制动系统四大系统组成。

(1)传动系统:将发动机发出的动力传递给驱动车轮,并实现减速增矩等功能。传动系统包括离合器、变速器、传动轴、主减速器、差速器以及半轴等,如图 2-24 所示。

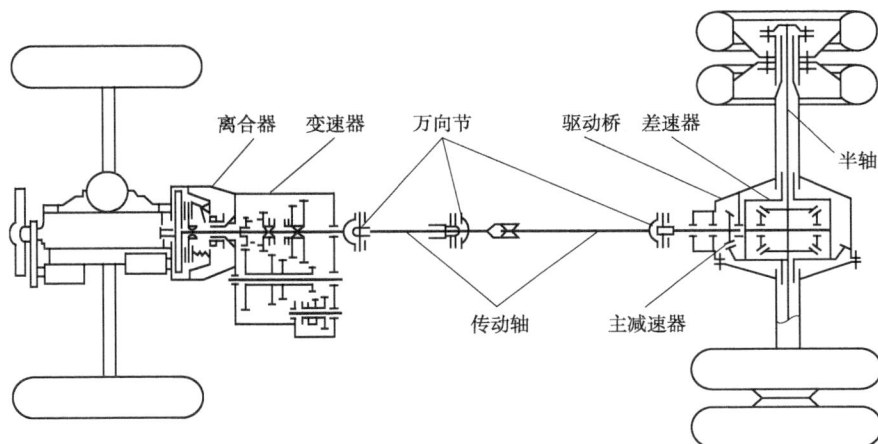

图 2-24 发动机前置后轮驱动传动系组成及布置示意图

(2)行驶系统:产生驱动力并承受各个方向的力,对全车起支承作用,保证汽车的正常行驶。行驶系统包括车轮与轮胎、车桥、车架、悬架等。

(3)转向系统:在驾驶员的控制下实现转向。转向系统包括转向操纵机构、转向器、转向传动机构。

(4)制动系统:使行驶的汽车减速以至停车,以及使已停驶的汽车保持不动。制动系统包括供能装置、制动控制装置、传动装置以及制动器。

## 一、传动系统

### 1.离合器
1)离合器的功用
离合器安装在发动机与变速器之间,其功用是:
(1)使发动机与传动系逐渐接合,保证汽车平稳起步。
(2)暂时切断发动机的动力传动,保证变速器换挡平顺。
(3)限制所传递的转矩,防止传动系过载。
2)离合器的基本结构
离合器的基本结构如图 2-25 所示,离合器可分为主动部分、从动部分、压紧装置和操纵机构。压紧装置（膜片弹簧或螺旋弹簧）将从动盘压紧在飞轮端面上，发动机转矩靠飞轮与从动盘接触面之间的摩擦作用而传递到从动盘上，再经过从动轴等传给变速器。

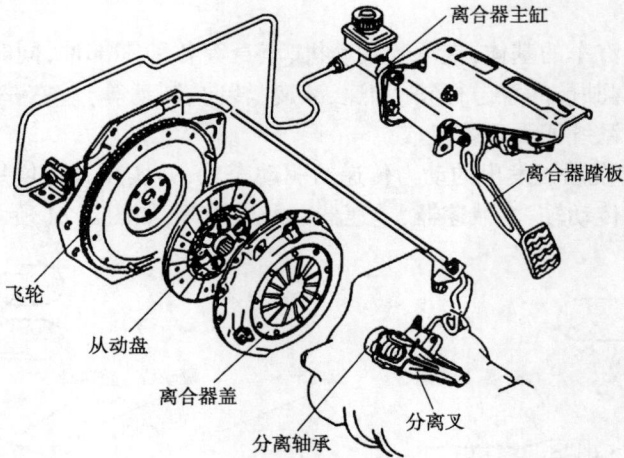

图 2-25　离合器的基本结构

3）离合器的工作原理

离合器的工作原理如图 2-26 所示。从动盘通过花键和变速器主动轴相连，可以前后移动。在压紧弹簧作用下，离合器处于接合状态。

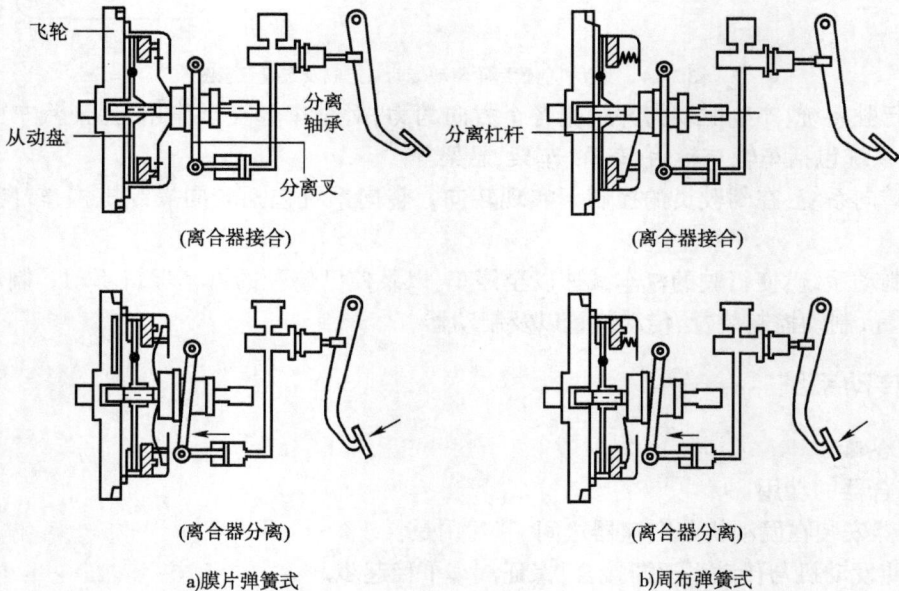

图 2-26　离合器工作原理

当驾驶员踩下离合器踏板，分离套筒和分离轴承在分离叉的推动下，推动压盘克服压紧弹簧的力而后移，使离合器处于分离状态，中断动力传动。

逐渐抬起离合器踏板,压盘在压紧弹簧的作用下前移逐渐压紧从动盘,此时从动盘与压盘、飞轮的接触面之间产生摩擦力矩并逐渐增大,动力由飞轮、压盘传给从动盘经输出轴输出。在这一过程中,从动盘及输出轴转速逐渐提高,直至与主动部分转速相同,主、从动部分完全接合。

在离合器的接合过程中,飞轮、压盘和从动盘之间接合还不紧密时,所能传递的摩擦力矩较小,其主、从动部分未达到同步,处于相对打滑的状态称为半联动状态,这种状态在汽车起步时是必要的。

**2.变速器**

汽车行驶条件是比较复杂的,行驶速度和行驶阻力的变化非常大,这就要求汽车的驱动力和车速能在相当大的范围内变化。而汽车上普遍采用的动力装置是汽油或柴油发动机,其转矩与转速变化范围都较小,因此,在汽车传动系中设置了变速器来解决这一矛盾。变速器的功用就是改变传动比、实现倒车、中断发动机动力。变速器类型如图2-27所示。

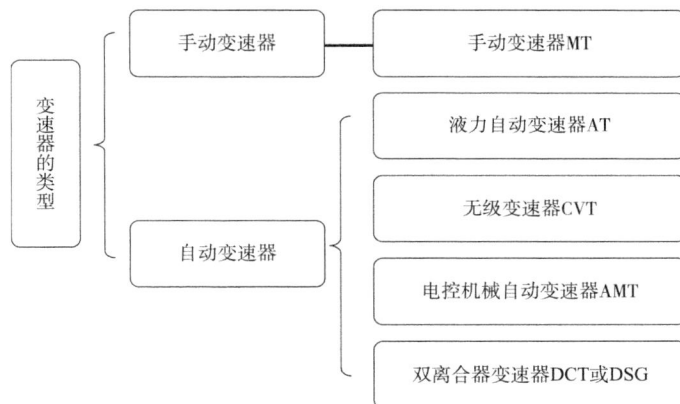

图 2-27　变速器的类型

1)手动变速器

手动变速器主要由齿轮机构、同步器及操纵机构三部分组成。

(1)齿轮机构

手动变速器通常采用平行轴式,由齿轮传动的原理可知,一对齿数不同的齿轮啮合传动时可以变速变矩。

变速器就是通过主、从动齿轮齿数的不同而实现变速变矩的。汽车手动变速器是通过多组一对或一对以上不同齿数的齿轮啮合来实现传动比的变化。变速器传动比小的挡位称为高挡,传动比大的挡位称为低挡。齿轮安装在不同的平行轴上,有的齿轮与轴固定,有的齿轮空套在轴上,通过接合装置将空套的齿轮固定来实现动力的传递。根据主要轴的数目可分为两轴式和三轴式变速器。

变速器的挡位数是指前进挡位的数目,如5挡变速器表示有5个前进挡位。一般变速器有4~6个挡位。对于重型和超重型汽车,为了得到更多的挡位,采用组合式变速器,变速器分为主、副变速器两部分,主变速器挡位数一般有4~5个;副变速器中挡位数一般有2~4个,这样可使变速器得到 8 ~ 20 个挡位。越野汽车的分动器也具有副变速器的作用,一般有 2 个挡位。

两轴式变速器多应用在发动机前置前轮驱动(轿车)或发动机后置后轮驱动(客车)的汽车上,其特点是结构比较紧凑。第一轴和第二轴之间在前进挡位时只有一对齿轮啮合,在倒挡位也只增加了一个中间齿轮,因而机械效率高,噪声小。三轴式变速器除有第一轴、第二轴外,还增设了中间轴。其特点是空间布置比较灵活,传动比范围大,可设有直接挡传动。图 2-28 所示为某汽车两轴式手动变速器三挡动力传递路线图。

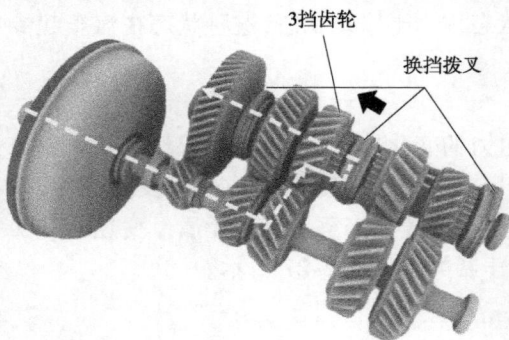

图 2-28　手动变速器三挡动力传递路线

(2)同步器

变速器在换挡过程中,必须使所选挡位要啮合的一对齿轮轮齿的圆周速度相等,才能平顺地啮合而挂上挡,因此,在变速器中装有同步器。同步器有常压式、惯性式、自增力式等类型。目前广泛采用的是惯性式同步器。

(3)操纵机构

变速器操纵机构的主要作用是操纵变速齿轮换挡,保证准确可靠地使变速器挂入所需要的挡位,并可随时退到空挡。根据操纵杆与变速器的相互位置不同,可分为直接操纵式和远距离操纵式两种类型。

变速器操纵机构除了保证变速器在任何情况下都能准确、安全、可靠地工作外,还应满足下列要求:

①防止变速器自行挂挡或挂挡后自行脱挡,并能保持传动齿轮全齿长啮合。

②防止同时挂入两个挡。

③防止误挂入倒挡。

为了达到上述要求,在变速器操纵机构中设置了自锁装置、互锁装置和倒挡锁装置。

2)液力自动变速器(AT)

安装液力自动变速器的车辆没有离合器,只需在特殊路况时操纵变速杆进行换挡,操作简单便捷。但液力自动变速器的传动效率比手动变速器低,耗油量高于装配手动变速器的车辆。通常液力自动变速器由液力变矩器、行星齿轮变速机构、电子液压控制系统和位于油底壳的冷却、滤油装置组成。其变速杆及结构组成分别如图 2-29、图 2-30 所示。

3)无级变速器(CVT)

CVT 结构比传统变速器简单,体积更小,它既没有手动变速器那么多齿轮,也没有自动变速器复杂的行星轮组,它主要靠主动轮、从动轮和金属带(链)来实

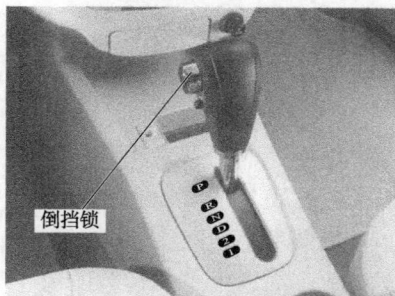

图 2-29　液力自动变速器的变速杆

P-驻车挡　停车使用,可用于起动;R-倒挡;N-空挡　临时停车,可用于起动;D-前进挡　正常行车挡;2(或 S)-2 挡　低速前进挡,用于湿滑路面起步,或者慢速前进时作为限制挡使用,以防频繁跳挡;L(或 1)-1 挡　低速挡,用于爬坡或长距离下坡

现速比的无级变化。CVT 能实现良好的经济性、动力性、驾驶平顺性,而且降低了排放和成本。CVT 变速杆和普通 AT 变速杆相同。其总体结构及换挡原理分别如图 2-31 和图 2-32 所示。

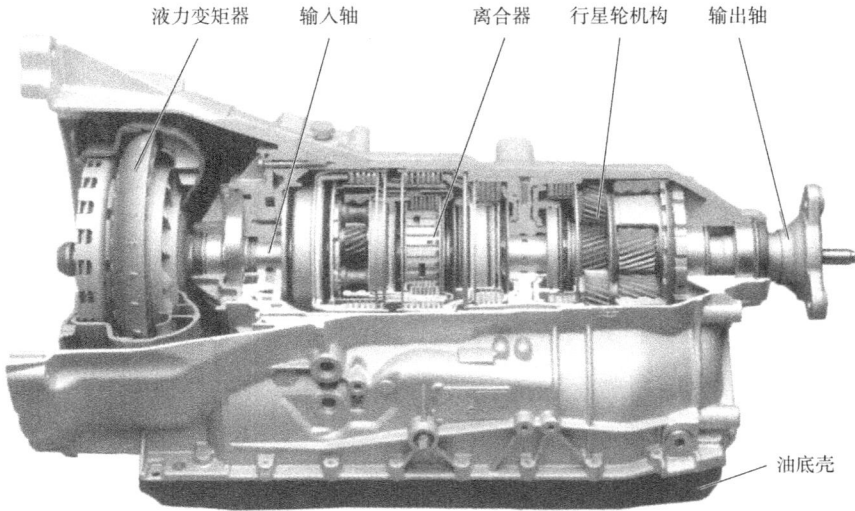

图 2-30　液力自动变速器的组成

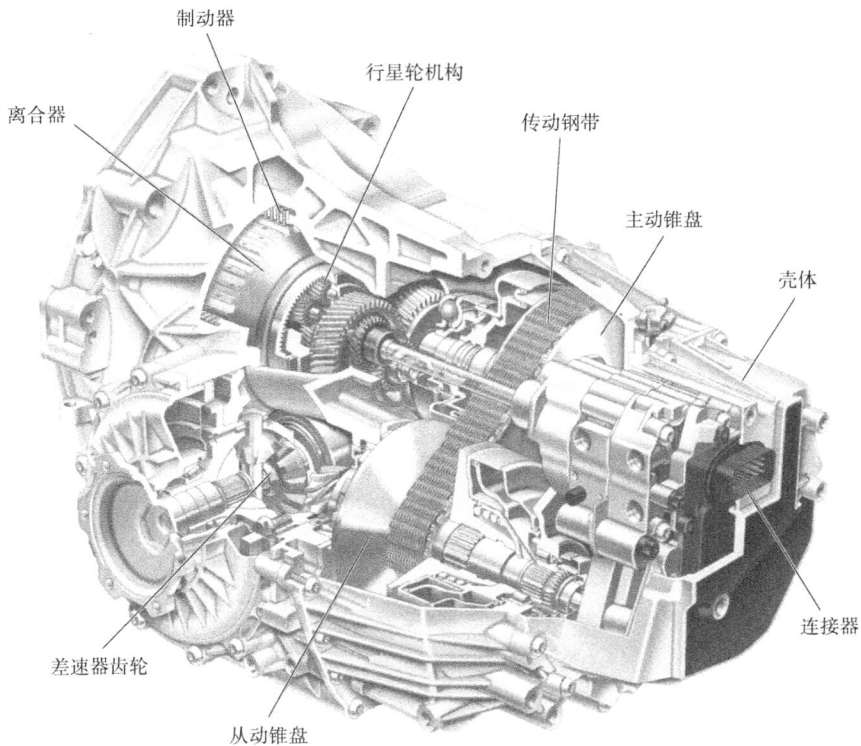

图 2-31　CVT 的总体结构

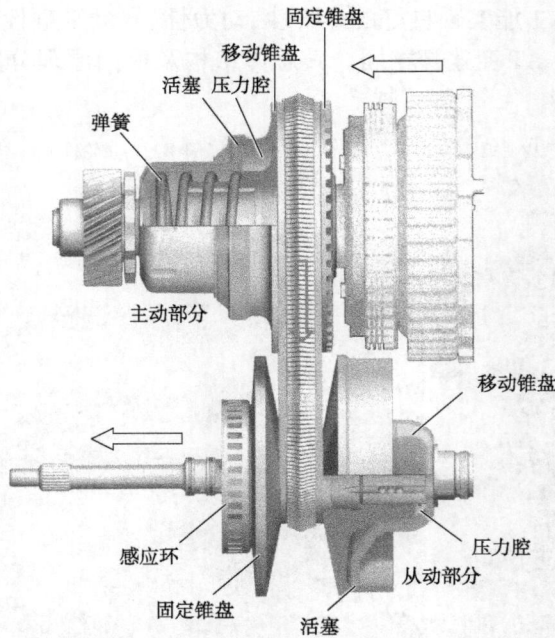

固定锥盘
移动锥盘
活塞 压力腔
弹簧
主动部分
移动锥盘
感应环
固定锥盘
活塞
压力腔
从动部分

图 2-32　CVT 的换挡原理

### 3. 万向传动装置

万向传动装置功用是在轴线相交且相互位置经常发生变化的两转轴之间传递动力。万向传动装置在汽车上的应用主要有以下 5 个方面：

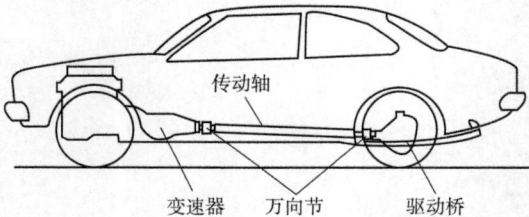

传动轴
变速器　万向节　驱动桥

图 2-33　变速器与驱动桥之间的万向传动装置

（1）变速器与驱动桥之间，如图 2-33 所示。

（2）变速器与分动器、分动器与驱动桥之间（越野汽车）。

（3）转向驱动桥的内、外半轴之间。

（4）断开式驱动桥的半轴之间。

（5）转向机构的转向轴和转向器之间等。

万向传动装置主要包括万向节和传动轴，对于传动距离较远的分段式传动轴，为了提高传动轴的刚度，还设置有中间支承，如图 2-34 所示。

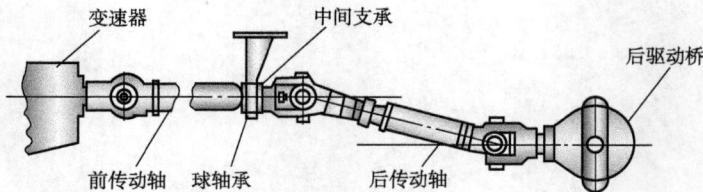

变速器
中间支承
后驱动桥
前传动轴　球轴承　后传动轴

图 2-34　万向传动装置的组成

### 4. 主减速器

主减速器的功用是将发动机转矩传给差速器；在动力的传递过程中要将转矩增大并相应降低转速；对于纵置发动机，还要将转矩的旋转方向改变 90°。

汽车主减速器和差速器如图 2-35 所示。由于发动机纵向前置前轮驱动,整个传动系都集中布置在汽车前部,因此,其主减速器装于变速器壳体内,没有专门的主减速器壳体。由于省去了变速器到主减速器之间的万向传动装置,所以变速器输出轴即为主减速器主动轴。

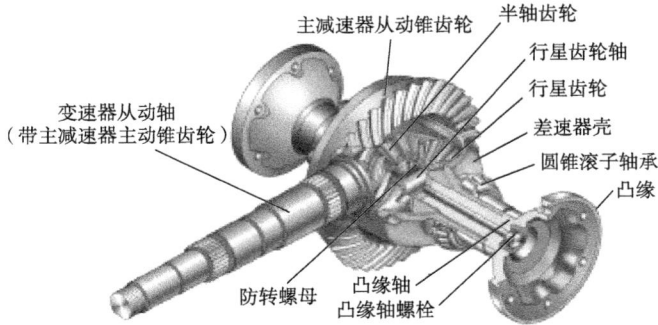

图 2-35　主减速器和差速器

### 5. 差速器

差速器的功用是将主减速器传来的动力传给左、右两半轴,并在必要时允许左、右半轴以不同转速旋转,使左、右驱动车轮相对地面纯滚动而不是滑动。

应用最广泛的普通齿轮差速器为锥齿轮差速器。图 2-36 为某汽车差速器,它由差速器壳、行星齿轮轴、2 个行星齿轮、2 个半轴齿轮、球面垫片和垫圈等组成。行星齿轮轴装入差速器壳体后用弹簧销定位。行星齿轮和半轴齿轮的背面制成球面,与球面垫片和垫圈相配合,以减摩、耐磨。螺纹套用于紧固半轴齿轮。差速器通过一对圆锥滚子轴承支承在变速器壳体中。

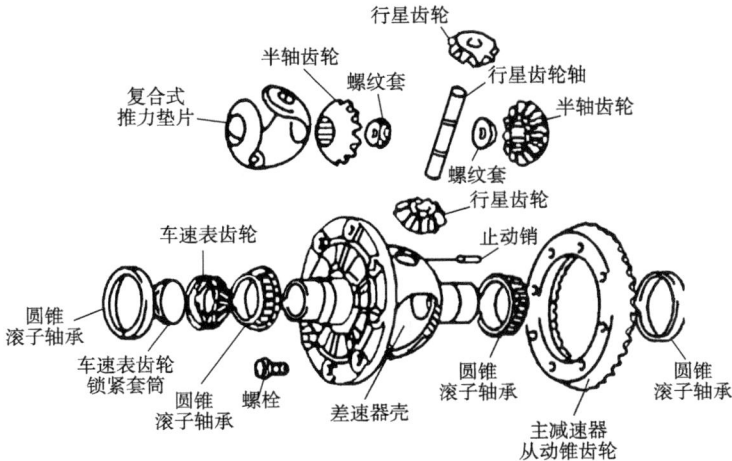

图 2-36　差速器

### 6. 半轴

半轴是在差速器和驱动轮之间传递动力的实心轴,如图 2-37 所示。内端一般制有外花键与半轴齿轮连接,外端与驱动轮的轮毂相连。半轴的结构因驱动桥结构形式的不同而异。非断开式驱动桥中的半轴为一根整体刚性轴。而转向驱动桥和断开式驱动桥中的半轴则分段并用万向节连接。非断开式驱动半轴中常采用全浮式支承和半浮式支承两种形式。

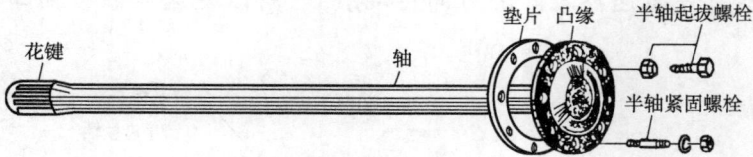

图 2-37　半轴

## 二、行驶系统

汽车行驶系统的功用是接受发动机经传动系传来的转矩，并通过驱动轮与路面间的附着作用，产生路面对汽车的牵引力，以保证汽车正常行驶；传递并承受路面作用于车轮上的各向反力及其所形成的力矩；此外，它尽可能缓和不平路面对车身造成的冲击和振动，以保证汽车行驶平顺性，并且与汽车转向系统很好的配合工作，实现汽车行驶方向的正确控制，以保证汽车操纵稳定性。

轮式汽车行驶系统一般由车架、车桥和悬架构成（图 2-38）。车架是全车的装配基体，它将汽车的各相关总成连成一体。车轮分别支承从动桥和驱动桥。为减少车辆在不平路面上行驶时车身所受到的冲击和振动，车桥又通过悬架与车架连接。在某些没有整体车桥的行驶系中，两侧车轮的心轴也可分别通过各自的弹性悬架与车架连接，即所谓独立悬架。

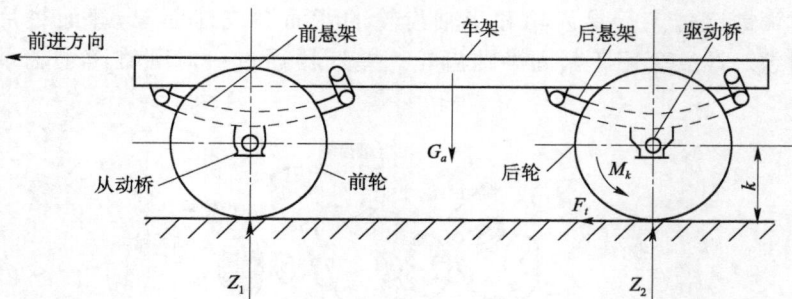

图 2-38　行驶系统的组成及部分受力情况

汽车行驶系统的受力情况，由图 2-38 所示，汽车总重力 $G_a$ 通过前后车轮传到地面，引起地面分别作用于前轮和后轮的垂直反力 $Z_1$ 和 $Z_2$。当驱动桥中半轴将驱动转矩 $M_k$ 传到后轮时，通过路面和车轮的附着作用，产生路面作用于驱动轮边缘上的向前的纵向反力即牵引力 $F_t$。牵引力 $F_t$ 的一部分用以克服驱动轮本身阻力，其余大部分则依次通过驱动桥壳、后悬架传到车架，用来克服作用于汽车上的空气阻力和坡道阻力；还有一部分牵引力由车架经过前悬架传至从动桥，作用于自由支承在从动桥两端转向节上的从动轮中心，使前轮克服滚动阻力向前滚动。于是，整个汽车便向前行驶了。如果行驶系统中处于牵引力传递路线上的任意环节中断，汽车将无法行驶。

### 1. 车架

现代汽车绝大多数都具有作为整车骨架的车架，其功用是支承连接汽车的零件，并承受来自车内外的各种载荷。车架是整个汽车的基体,汽车的绝大多数部件和总成都是通过车架来固定其位置的。如图2-39所示为轿车用承载式车架。

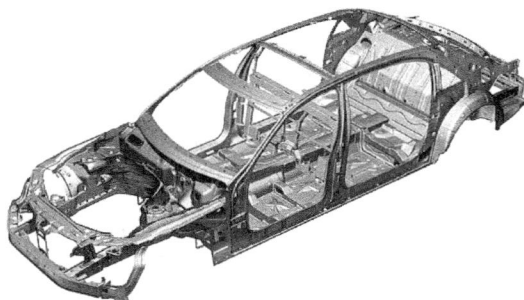

图2-39 轿车用承载式车身

车架的结构形式首先应满足汽车总体布置的要求。汽车在复杂的行驶过程中,固定在车架上的各总成和部件之间不应发生干涉。当汽车在崎岖不平的路面上行驶时,车架在载荷的作用下可能产生扭转变形以及在纵向平面内的弯曲变形,当一边车轮受到障碍时,还可能使整个车架变成菱形。这些变形将会改变安装在车架上的各部件之间的相对位置,从而影响其正常工作。因此,车架应具有足够的强度和适当的刚度,同时要求其质量尽可能小。此外,车架应布置的离地面近一些,以使汽车重心位置降低,有利于提高汽车的行驶稳定性。这一点对轿车和客车来说尤为重要。

目前,汽车车架的结构形式基本上有两种:边梁式车架和中梁式车架(图2-40)。其中,尤以边梁式车架应用最广。

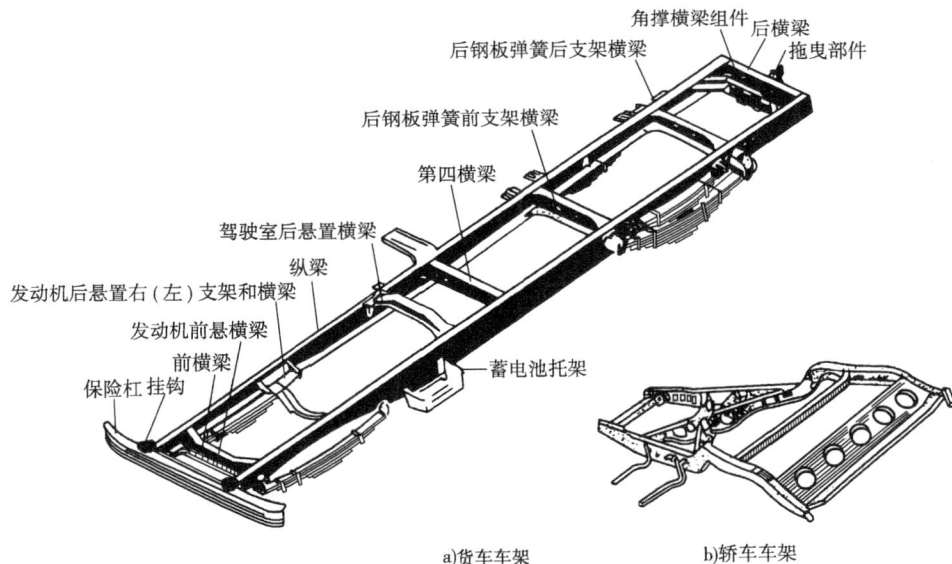

a)货车车架　　b)轿车车架

图2-40 边梁式车架

### 2.车桥

车桥位于悬架与车轮之间,其两端安装车轮,通过悬架与车架(或车身)相连,其功用是传递车架(或车身)与车轮之间各种载荷。

按车桥上车轮的功用不同,车桥分为转向桥、驱动桥、转向驱动桥和支承桥,其中转向桥和支承桥都属于从动桥。只起支承作用的车桥称为支承桥。支承桥除不能转向外,其他功能和结构与转向桥相同。

1)转向桥

转向桥通常位于汽车前部,故又称前桥。转向桥的功用是支承部分质量,安装前轮及前轮制动器,连接车架,承受车架与车轮之间的作用力及其产生的弯矩和转矩,同时还要使前轮偏转以实现转向。转向桥基本结构由前轴、转向节、主销、轮毂等组成。

2）转向驱动桥

转向驱动桥与一般驱动桥一样,由主减速器、差速器、半轴和桥壳组成。但由于转向时转向车轮需要绕主销偏转一个角度,故与转向轮相连的半轴必须分成内外两段（内半轴和外半轴）,其间用万向节（一般多用等角速万向节）连接,同时主销也因此而分制成两段（或用球头销代替）。转向节轴颈部分做成中空的,以便外半轴穿过其中。

### 3. 车轮和轮胎

汽车车轮总成如图2-41所示,是由车轮和轮胎两大部分组成,是汽车行驶系中极其重要的部件之一,它处于车轴和地面之间,具有如下基本功能:

①支承整车质量,包括在汽车质量上下运动时产生的惯性动载荷。

②缓和由路面传递来的冲击载荷。

③通过轮胎和路面之间的附着作用,产生驱动和阻止汽车运动的外力,即为汽车提供驱动力和制动力。

④产生平衡汽车转向离心力的侧向力,以便顺利转向,并通过轮胎产生的自动回正力矩,使车轮具有保持直线行驶的能力。

⑤承担跨越障碍的作用,保证汽车的通过性。

1）车轮

车轮是介于轮胎和车桥之间承受负荷的旋转组件,其功用是安装轮胎,承受轮胎与车桥之间的各种载荷。车轮一般由轮毂、轮辋和轮辐组成,如图2-42所示。轮毂通过圆锥滚子轴承装在车桥或转向节轴径上,用于连接车轮与车桥。轮辋用于安装和固定轮胎。轮辐用于将轮毂和轮辋连接起来,并通过螺栓与轮毂连接。

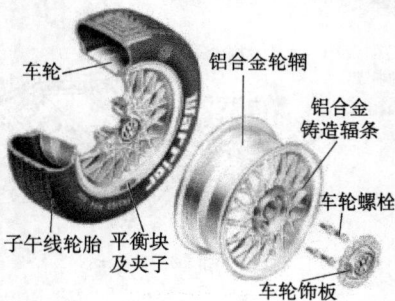

图2-41 车轮总成

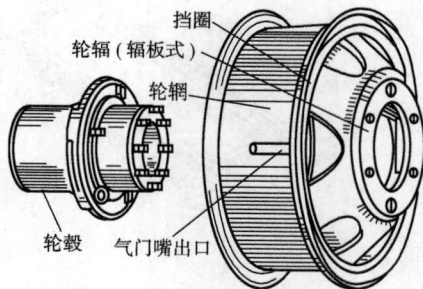

图2-42 车轮的组成

2）轮胎

现代汽车都采用充气式轮胎,轮胎安装在轮辋上,直接与路面接触,它的功用是:

(1)支承汽车的质量,承受路面传来的各种载荷。

(2)和汽车悬架共同来缓和汽车行驶中所受到的冲击,并衰减由此而产生的振动,以保证汽车有良好的乘坐舒适性和行驶平顺性。

(3)保证车轮和路面有良好的附着性,以提高汽车的动力性、制动性和通过性。

充气轮胎按结构不同,可分为有内胎轮胎和无内胎轮胎两种,如图2-43所示。

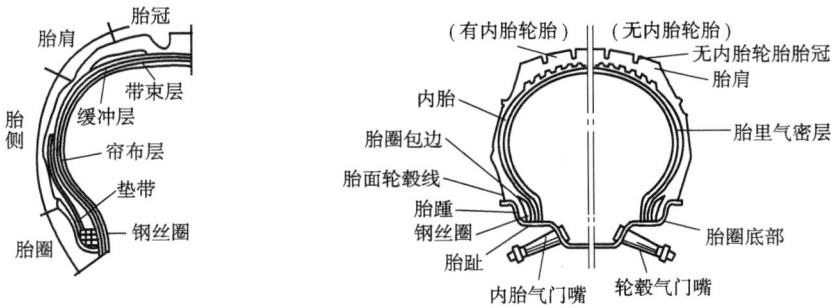

图 2-43　轮胎的结构

有内胎轮胎由外胎、内胎和垫带等组成,使用时安装在汽车车轮的轮辋上。无内胎轮胎俗称真空胎,在外观上与普通轮胎相似,但是没有内胎及垫带。它的气门嘴橡胶垫圈和螺母直接固定在轮辋上,空气直接充入外胎中,其密封性由外胎和轮辋来保证。

外胎是轮胎的主要组成部分,它是用耐磨橡胶以及帘线制成的强度较高而又有弹性的外壳,直接与地面接触来保护内胎,使其不受损伤,主要由胎面、胎圈和胎体等组成。目前轿车上应用的轮胎主要是低压(或超低压)、无内胎的子午线轮胎。

**4. 悬架**

悬架是车架与车桥之间一切传力连接装置的总称。它的功用是把路面作用于车轮上的垂直反力、纵向反力和侧向反力以及这些反力所造成的力矩都传递到车架上,以保证汽车的正常行驶。

现代汽车的悬架尽管有多种类型,但一般都由弹性元件、减振器和导向机构组成。由于汽车行驶的路面不可能绝对平坦,路面作用于车轮上的垂直反力往往是冲击性的,可能引起汽车机件的早期损坏。当传给乘员和货物时,将使乘员和货物感到不适,货物可能受到损伤等。为了缓和冲击,在汽车行驶系中,除了采用弹性的充气轮胎之外,在悬架中还必须装有弹性元件,作为车架与车桥之间的弹性联系。但弹性系统在受到冲击后,将产生振动,持续振动易使乘员感到疲劳。故悬架还应当具有减振作用,使振动迅速衰减。为此,在许多结构形式的汽车悬架中都设有减振器。

车轮相对于车架和车身跳动时,车轮的运动轨迹应符合一定的要求,否则,对汽车的某些行驶性能会有不利影响。因此,悬架中某些传力构件同时还承担着使车轮按一定的轨迹相对于车身跳动的任务,因而这些传力构件还起导向作用,成为导向机构。

由此可见,上述这三个组成部分分别起缓冲、减振和导向的作用,然而三者共同的任务都是传力。在多数轿车和客车上,为防止车身在转向等情况下发生过大的横向倾斜,在悬架中还设有辅助弹性元件——横向稳定器。

应当指出,悬架只要具备上述各个功能,在结构上并非要设置上述这些单独的装置不可。例如钢板弹簧,除了作为弹性元件起缓冲作用以外,当它在汽车上纵向安置,并且一端与车架固定铰链连接时,既可担负起传递所有各向的力和力矩的作用,又可引导车轮的运动轨迹,因而就没有再另行设置导向机构。此外,一般钢板弹簧是由十多片叠加而成,它本身具有一定的减振能力,因而在对减振要求不高时,采用钢板弹簧作为悬架的车上,也可以不装减振器。

汽车悬架分为两大类:非独立悬架和独立悬架。非独立悬架的结构特点是两侧的车轮由一根整体式车桥相连，车轮连同车桥一起通过弹性悬架悬挂在车架的下面。

### 三、转向系统

#### 1．转向系统的功用

转向系统是指由驾驶员操纵，能实现转向轮偏转和回位的一套机构。转向系统的功用是按照驾驶员的意愿改变汽车的行驶方向和保持汽车稳定的直线行驶。

#### 2．转向系统的分类及基本组成

汽车转向系按转向动力源的不同分为机械转向系统和动力转向系统两大类。机械转向系统以驾驶员的体力作转向动力源，系统的所有传动件都是机械的。动力转向系统是兼用驾驶员体力和发动机（或电动机）的动力作为转向能源的转向系统。动力转向系统是在机械转向系统的基础上加设一套转向增力装置而形成的。

#### 3．机械转向系统

汽车机械转向系统由转向操纵机构、机械转向器和转向传动机构组成的。转向器是转向系中的减速增矩的装置，其功用是增大由转向盘传到转向节的力，并改变力的传动方向。常见的转向器有齿轮齿条式和循环球式等。

1）齿轮齿条式转向器

齿轮齿条式转向器分两端输出式和中间（或单端）输出式两种结构形式，如图 2-44 所示。齿轮齿条式转向器采用一级传动副，主动件是齿轮，从动件是齿条。

齿轮齿条式转向器是利用齿轮顺时针或逆时针方向的转动带动齿条左右移动，再通过横拉杆推动转向节，达到转向的目的，如图 2-45 所示。

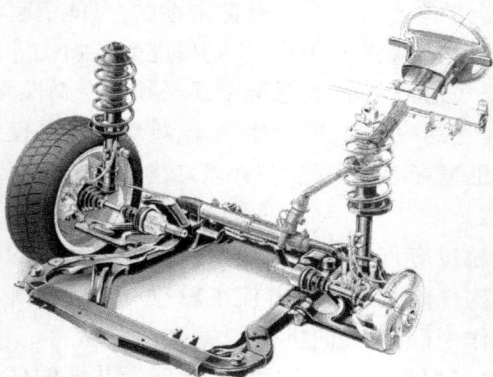

图 2-44　齿轮齿条式转向器结构形式

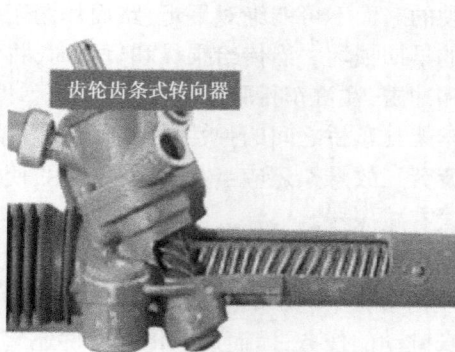

图 2-45　齿轮齿条传动原理

2）循环球式转向器

循环球式转向器由侧盖、底盖、壳体、钢球、带齿扇的摇臂轴、圆锥轴承、制有齿形的螺母、转向螺杆等组成，如图 2-46 所示。

循环球式转向器采用两级传动副，第一级是螺杆与螺母，第二级是齿条与齿扇。循环球式转向器工作时，转向螺杆转动，在摩擦力的作用下，所有钢球在螺母与螺杆之间形成"球流"，并推动齿形螺母沿螺杆轴线前后移动，然后通过齿条带动齿扇摆动，并使摇臂轴旋转，带动摇臂摆动，最后由传动机构传至转向轮，使转向轮偏转以实现转向。

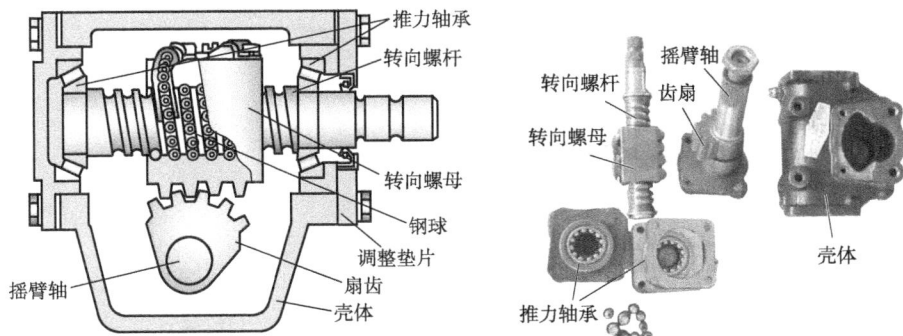

图 2-46　循环球式转向器

### 4. 液压动力转向系统

液压动力转向装置由机械转向器、转向控制阀(转阀式)、转向动力缸以及将发动机输出的部分机械能转换为压力能的转向油泵、转向油罐等组成。转向油泵安装在发动机上,由曲轴通过 V 形传动带驱动运转向外输出油压,转向油罐有进、出油管接头,通过油管分别和转向油泵和转向控制阀连接。动力转向器为整体式动力转向器,其通过转向控制阀来改变油路方向。

### 5. 电动式电子控制动力转向系统

电动式电子控制动力转向系统的基本组成如图 2-47 所示,主要由转矩传感器、转角传感器、车速传感器、电动机、电磁离合器、减速机构、电子控制单元等组成。

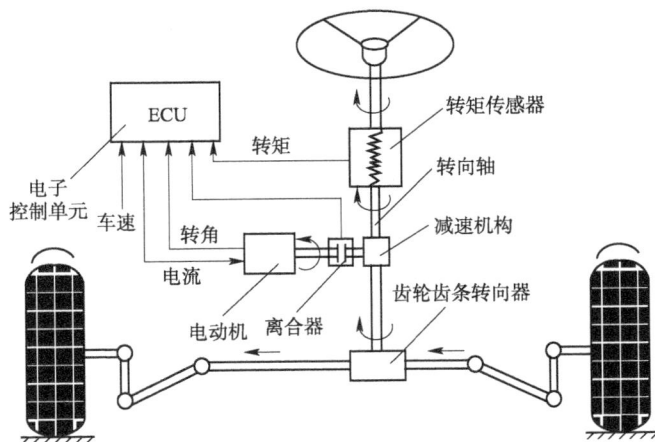

图 2-47　电动动力转向系的组成

电动动力转向系统的基本原理是根据汽车行驶速度(车速传感器输出信号)及转矩及转向角信号,由 ECU 控制电动机及减速机构产生助力转矩,使汽车在低、中和高速下都能获得最佳的转向效果。

电动机连同离合器和减速齿轮一起,通过一个橡胶底座安装在左车架上。电动机的输出转矩由减速齿轮增大,并通过万向节、转向器中的助力小齿轮把输出转矩送至齿条,向转向轮提供转矩。ECU 根据各传感器的信号确定助力转矩的幅值和方向,并且直接控制驱动电路去驱动电动机。转矩传感器、转角传感器和汽车速度传感器等为助力转矩的信号源。

### 四、汽车制动系统

**1.制动系统的功用**

汽车制动系统的功用是：

（1）按照需要使汽车减速或在最短距离内停车。

（2）下坡行驶时保持车速稳定。

（3）使停驶的汽车可靠驻停。

**2.制动系统的基本组成**

汽车制动系统包括行车制动和驻车制动两大部分。行车制动系统用于使行驶中的车辆减速或停车，通常由驾驶员用脚操纵，一般包含制动踏板、制动主缸、制动轮缸、制动管路、车轮制动器等；驻车制动系统用于使停驶的汽车驻留原地，通常由驾驶员用手操纵，一般包含制动手柄、拉索（或拉杆）、制动器。另外，较为完善的制动系统还包括制动力调节装置以及报警装置、压力保护装置等。

**3.制动系统的工作原理**

行车制动系统的基本结构如图 2-48 所示，其工作原理是将汽车的动能通过摩擦转换成热能，并释放到大气中。制动时，踩下制动踏板，制动主缸向各制动轮缸供油，活塞在油压的作用下把摩擦材料压向制动盘实现制动。

**4.制动液**

汽车制动液是汽车液压制动系统的工作介质，现代汽车的制动液多为合成型制动液，按照合成原料的不同分为醇醚型和酯型两种。醇醚型制动液是以乙二醇醚为基础添加了聚乙二醇、乙二醇等的石油化学制品，因此黏度低，沸点高。常用的进口制动液规格有 DOT3、DOT4 和 DOT5。DOT 是美国汽车安全标准规定标称，其数字越大，级别越高。

**5.车轮制动器**

车轮制动器由旋转元件和固定元件两大部分组成。旋转元件与车轮相连接，固定元件与车桥相连接。制动器利用旋转元件和固定元件之间的摩擦，产生制动力。

图 2-49 为常用的盘式和鼓式制动器制动原理示意图。当制动摩擦块或制动摩擦片压紧旋转的制动鼓或盘时，两者接触面之间产生摩擦，通过摩擦将汽车的动能转变为热能，并将热量散发到空气中，最终使车辆减速以至停车。

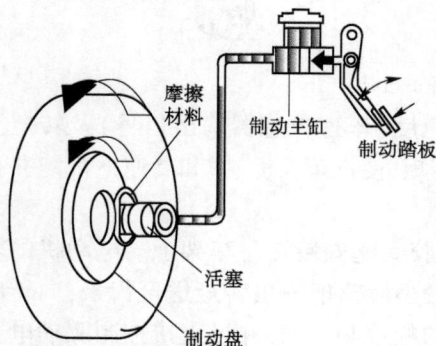

摩擦材料　制动主缸　制动踏板　活塞　制动盘

a) 盘式制动器　　　b) 鼓式制动器

图 2-48　制动系统的基本结构及工作原理　　　图 2-49　制动器原理示意图

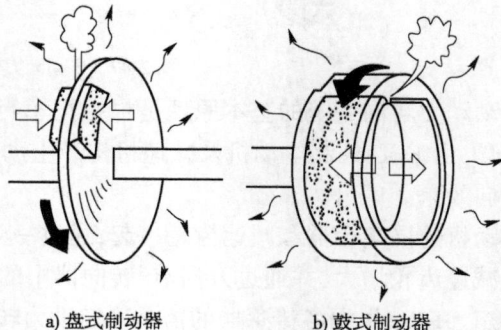

1）盘式车轮制动器

盘式制动器根据其固定元件的结构形式可分为钳盘式制动器和全盘式制动器。钳盘式制动器广泛应用在轿车或轻型货车上，近年来前后轮都采用钳盘式制动器的结构日渐增多。

钳盘式制动器按制动钳固定在支架上的结构形式可分为：定钳盘式和浮钳盘式，如图2-50所示。

2）鼓式车轮制动器

简单的鼓式车轮制动器由旋转部分、固定部分、制动装置和间隙调整装置组成，如图2-51所示。旋转部分为制动鼓；固定部分是制动底板和制动蹄，制动底板固装在车桥的凸缘盘上，通过支承销与制动蹄相连；制动装置的功用是对制动蹄施加力使其向外张开，常用的制动装置有凸轮或制动轮缸；间隙调整装置的功用是保持和调整制动蹄和制动鼓间正确的相对位置。

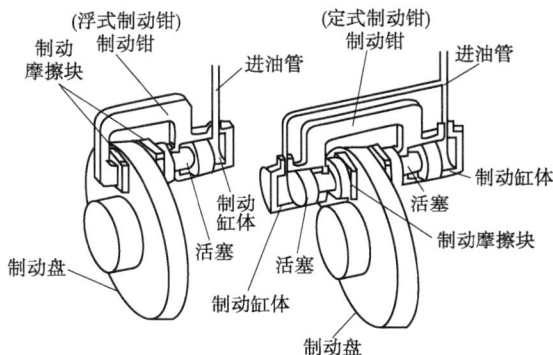

图2-50 盘式制动器的类型　　　　图2-51 鼓式制动器结构

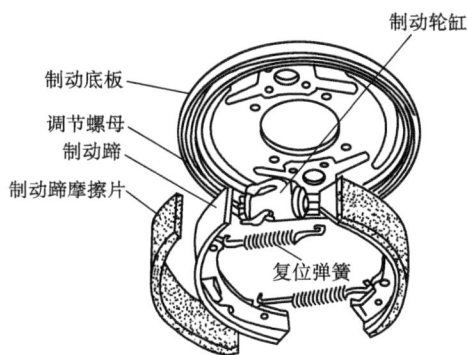

3）驻车制动器

驻车制动器的功用是：车辆停驶后防止滑溜；使车辆在坡道上能顺利起步；行车制动系统失效后临时使用或配合行车制动器进行紧急制动。

驻车制动装置主要由驻车制动杆、制动拉索及后轮制动器中的驻车制动器等组成，它作用于后轮，主要是在坡路或平路上停车时使用或在紧迫情况下作紧急制动。

**6. 液压制动传动装置**

如图2-52所示，液压式制动传动装置由制动踏板、制动主缸、储液罐、制动轮缸、油管等组成。现代汽车上采用了各种制动力调节装置，用以调节前后车轮制动管路的工作压力，常用的调节装置有限压阀、比例阀、感载比例阀和惯性阀等。

现代汽车的行车制动系统须采用双管路制动传动装置，双管路液压制动传动装置是利用彼此独立的双腔制动主缸，通过两套独立管路，分别控制两桥或三桥的车轮制动器。常见的双管路的布置方案有前后独立式和交叉式两种形式，如图2-53所示。

**7. 汽车防抱死制动系统（ABS）**

汽车防抱死制动系统ABS（Anti-locked Braking System）是一种安全控制制动系统，目前已经成为轿车及客车的标准配置。ABS既有普通制动系统的制动功能，又能防止车轮制动抱死。

紧急制动时，制动力过大使轮胎抱死后滑动，制动距离变长且汽车不受控制。防抱死制动系统可使汽车在制动过程中车轮滑移率保持在20%左右范围内，此时轮胎处于边滚边滑状态，制动力最大，保证了汽车的方向稳定性，防止产生侧滑和跑偏。

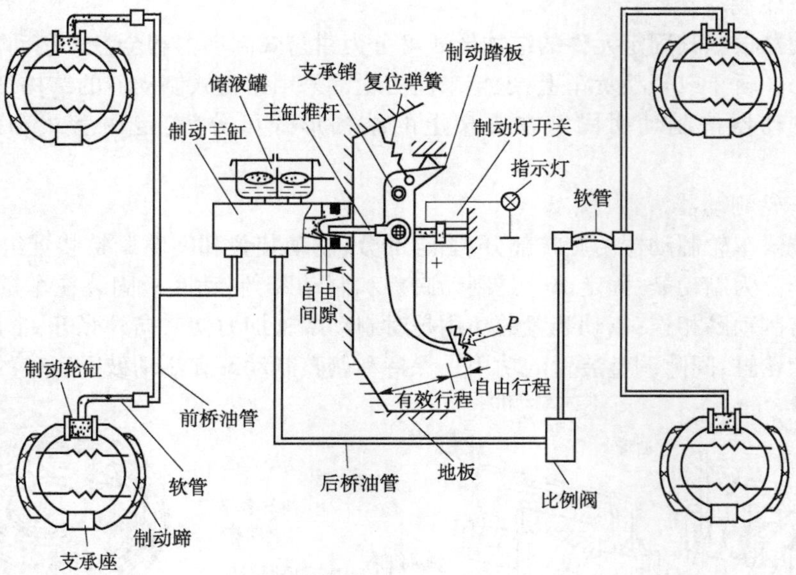

图 2-52　液压式制动传动装置的组成

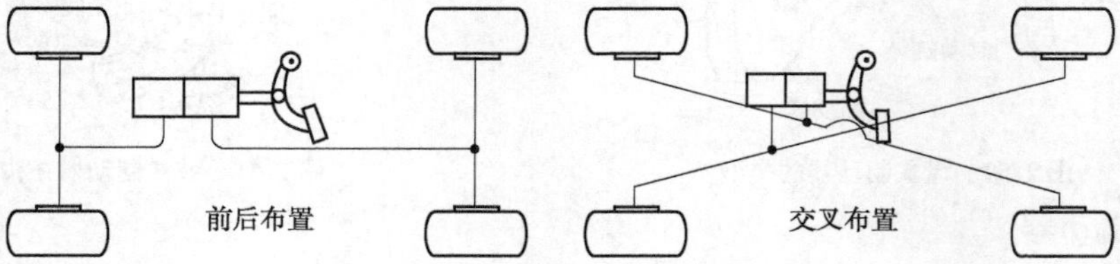

图 2-53　制动管路的布置

ABS 的基本组成如图 2-54 所示,ABS 通常由轮速传感器、制动压力调节器、电子控制单元(ECU)和 ABS 警示装置等组成。

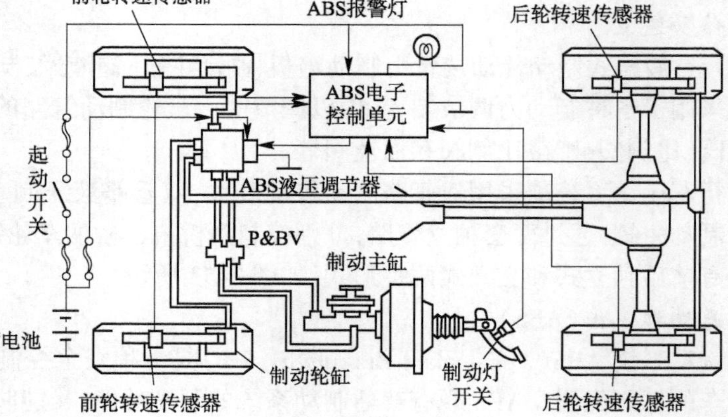

图 2-54　ABS 的基本组成

汽车制动时,轮速传感器将各车轮的转速信号输入 ECU;ECU 根据每个车轮轮速传感器输入的信号对车轮的运动状态进行监测和判定,并形成响应的控制指令,再适时发出控制指令给制动压力调节器;制动压力调节器对各制动轮缸的制动压力进行调节,防止制动车轮抱死。图 2-55 所示为 ABS 部件在车上的位置。

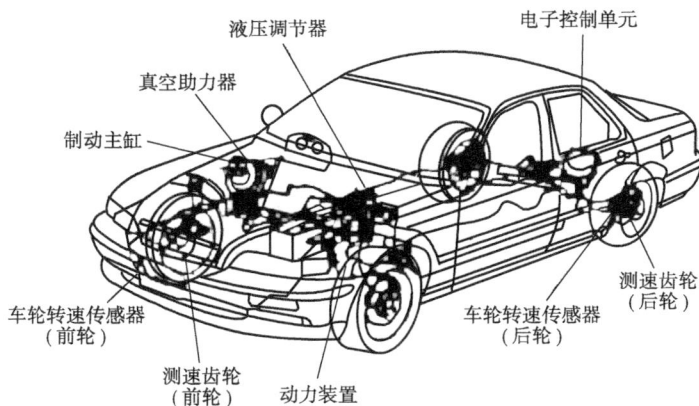

图 2-55　ABS 部件在车上的位置

# 第四节　汽车车身

## 一、车身结构

车身作为车辆的重要组成部分,对整车的安全性、动力性、经济性、舒适性及操控性有着重要的影响,同时汽车的个性化也是通过车身设计表现出来。车身结构包括:车身壳体、车前板制件、车门、车窗、车身外部装饰件和内部装饰件、座椅以及通风、暖气、空调装置等。在货车和专用汽车上还包括货箱和其他装备。按照车身受力情况可分为非承载式车身和承载式车身两种。

### 1.非承载式车身

非承载式车身车型比较少,多数是货车、专业越野车之类。非承载式车身的汽车有刚性车架,又称底盘大梁架。这种车架一般都是矩形或者梯形的,布置在车身的最底部,图 2-56 就是一个非承载式车身的车架。车架承载着整个车体,发动机、悬架和车身都安装在车架上。从理论上说,即使没有车身,单是一个车架"裸奔"也没有问题。那么车身的作用是什么呢? 显而易见,为了给驾驶员和乘客提供一个舒适安全的环境,以及为了美观。

这种结构的最大优点就是车身强度高,钢架能够提供很强的车身刚性,也有利于提高安全性,对于载重车和越野车来说这一点非常重要。另外驾驶过这种车的人应该有所体会,悬架对路面颠簸的反馈在车内的感觉要轻微很多,这是因为有些车的车身和底盘之间采用降低振动的方法连接在一起,所以在走颠簸路面时更平稳舒适一些。

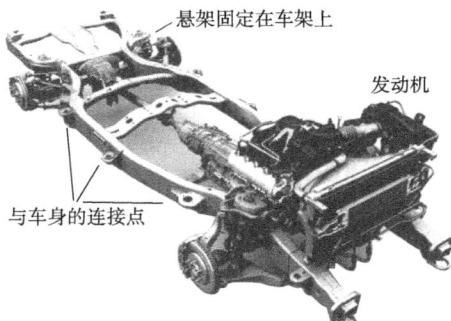

图 2-56　非承载式车身

非承载式车身结构是一种历史非常悠久的底盘形式,在早期几乎所有汽车都采用这种结构。100 年以前,当时的汽车还是定制车的时代,人们买车时会先选择底盘,然后在底盘的基础上再去选择不同的车身制造商定制不同样式的车身。但是随着时代的发展,非承载式车身的缺点暴露出来,其中之一是质量大,车架本身就很重,而车身和车架又是两个独立的部件,所以整体质量就更大了,用的钢材多,成本也会相对较高。非承载式车身还有另外一个问题就是车辆重心比承载式更高。

**2. 承载式车身**

对于家用轿车来说,非承载式车身最大的问题就是车身质量太大,因而随着汽车技术的发展,人们取消了非承载式结构中独立的刚性车架,整个车身成为一个单体结构,这就是承载式车身。承载式车身到底有没有"梁",请看图 2-57 普通紧凑型车的车身半成品,我们可以看到车身的外壳、车顶和地板以及通常我们所说的 A、B、C 三根柱都是连接在一起的。在冲压阶段,钢板先被冲压成不同的形状,然后焊接成一个完整的车身。其实这些部件按照功能可以大致分为两种:车身覆盖件和结构件。

图 2-57　普通紧凑型车的车身半成品

1）车身覆盖件

所谓覆盖件就是覆盖在车身表面的部件,基本上我们从车外看到的部分都属于覆盖件,例如车门、车顶、翼子板等。它们通常起到美观和遮风挡雨的作用,一般都用厚度不超过 1mm 的钢板冲压而成。我们平时所说的某辆车钢板的薄厚就是指这些部位。实际上这些部位对于车身强度的影响很有限,所以我们已经不能从车身覆盖件的薄厚来判断一辆车的碰撞安全性了。当然,较厚的钢板在抵御轻度剐蹭方面还是要更强一些,如图 2-58 所示。

图 2-58　车身覆盖件（机舱盖、车门）

2）车身结构件

车身结构件（图2-59）隐藏在车身覆盖件之下，对车身起到支承和抗冲击的作用，分布在车身各处的钢梁是车身结构件的一种。图2-54就是典型的车身钢梁。我们可以看到它由钢板围成一个闭合断面结构，钢板的厚度和材质规格都要比车身覆盖件高很多，而且为了在碰撞时有效吸收撞击能量，这些钢梁还会将不同强度的钢材焊接在一起，形成有效的溃缩吸能区。还有一些钢梁不一定是闭合断面结构，它们在尽量轻量化的原则下被设计成各种不同形状以承受特定方向上的力。

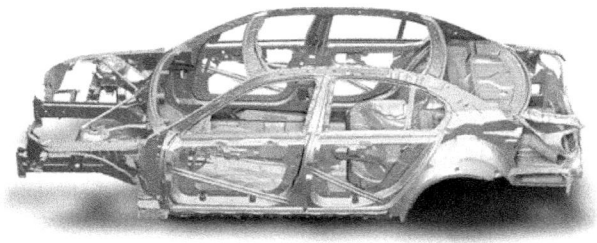

图2-59　承载式车身结构件

承载式车身最大优点莫过于质量轻，而且重心较低，车内空间利用率也比非承载式车身结构更高，所以在家用轿车领域已经取代了非承载式车身结构。但承载式车身的抗扭刚性和承载能力相对较弱，所以在越野车和载货货车领域还是非承载式车身的天下。

## 二、车身造型

从19世纪末到20世纪初期，汽车设计师把主要精力都用在了汽车机械工程学上。到了20世纪前半期，汽车的基本构造已经全部发明出来，汽车设计者们开始着手从汽车外部造型上进行改进，并相继引入了空气动力学、流体力学、人体工程学和工业造型设计（工业美学）等概念，力求让汽车能够从外形上满足各种年龄、各种阶层，甚至各种文化背景的人的不同需求，使汽车成为真正的科学与艺术相结合的最佳表现形式，最终达到完美的境界。汽车造型师们努力把汽车装扮成人类的肌体。例如：汽车的眼睛——前照灯；嘴——进风口；肺——空气滤清器；血管——油路；神经——电路；心脏——发动机；胃——油箱；脚——轮胎；肌肉——机械部分。力图将一个冷冰冰的机械注入生命，使之具有非凡的艺术魅力，给人以美感。汽车车身形式在发展过程中主要经历了马车型汽车、厢型汽车、甲壳虫型汽车、船型汽车、鱼型汽车、楔型汽车等几个阶段。

### 1. 马车型汽车

我国古代早有"轿车"一词，是指用骡马拉的轿子（图2-60）。当西方汽车大量进入我国时，正是封闭式方形汽车在西方流行之时。那时汽车的形状与我国古代的"轿子"相似，并与"轿子"一样让人感到荣耀。于是，人们就将当时的汽车称为轿车。

最早出现的汽车，其车身造型基本上沿用了马车的形式，因此称为"无马的马车"。英文名"Sedan"就是指欧洲贵族乘用的一种豪华马车，不仅装饰讲究，而且是半封闭式的，可防风、雨和灰尘，并提高了安全性。18世纪这种车传到美国后，也只有纽约、费城等少数大城市中的富人才有资格享用。

德国奔驰公司1894年生产的维洛牌汽车就是马车型汽车的典型（图2-61）。从19世纪末到20世纪初，世界上相继出现了一批汽车制造公司，除戴姆勒和奔驰各自成立了以自己名字命名的汽车公司外，还有美国的福特公司、英国的劳斯莱斯公司、法国的标致和雪铁龙公司、意大利的菲亚特公司等。

图2-60 古代的"轿车"

图2-61 维洛牌（VELO）小客车

### 2. 厢型汽车

马车型汽车很难抵挡风雨的侵袭。1896年，美国农民出身的亨利·福特造出第一辆福特车。1908年福特推出T型车时（图2-62），车身由原来的敞开式改为封闭式，其舒适性、安全性都有很大提高。福特将他的"封闭式汽车"（Closedcar）称为Sedan。著名的福特T型车是厢型汽车的佼佼者（也有人将其分类为"马型汽车"）。

### 3. 流线型汽车

作为高速车来讲，厢型汽车是不够理想的，因为它的阻力大，大大妨碍了汽车前进的速度。所以人们又开始研究一种新的车型——流线型。1934年，美国的克莱斯勒公司生产的气流牌小客车，首先采用了流线型的车身外形。1936年，福特公司在"气流"的基础上，加以精炼，并吸收商品学要素，研制成功林肯·和风牌流线型轿车（图2-63）。此车散热器罩很精炼，并具有动感，俯视整个车身呈纺锤形，很有特色。受其影响，以后出现的流线型汽车有1937年的福特V8型、1937年的菲亚特和1955年的雪铁龙等。

图2-62 福特T型车

图2-63 林肯·和风牌轿车

### 4. 甲壳虫汽车

1933年，德国的费迪南德·波尔舍博士设计了一种类似甲壳虫外形的汽车，由大众公司生产。波尔舍最大限度地发挥了甲壳虫外形的长处,成为同类车的车中之王,甲壳虫也成为该车的代名词(图2-64)。由于第二次世界大战的原因,甲壳虫型汽车直到1949年才真正大批量生产,并开始畅销世界各地,同时以一种车型累计生产超过二千万辆的纪录而著称于世。

"甲壳虫"型汽车打破了福特T型汽车的产量纪录,它和美国的福特汽车有一个共同点:它们都是"行驶的机器",不讲究豪华,两者的基本结构在它们的"一生"中都没有改动。"甲壳虫"的发动机是后置的,而现在后置发动机的轿车早已淡出市场,最多只有赛车才装后置式发动机。

目前,大众汽车公司再度推出"甲壳虫"车,并取名"新甲壳虫(New Beetle)",引起了人们的极大兴趣(图2-65)。

图2-64　1938年的大众甲壳虫汽车

图2-65　新甲壳虫汽车

### 5.船型汽车

船型汽车的车型改变了以往汽车造型的模式,使前翼子板和发动机罩、后翼子板和行李舱盖融于一体,前照灯和散热器罩也形成一个平滑的面,车室位于车的中部,整个造型很像一只小船,所以人们把这类车称为"船型汽车"(图2-66)。

图2-66　船型汽车

船型汽车的成功,不仅仅在外形上有所"突破",而且还首先把人体工程学应用在汽车的设计上。强调以人为主体的设计思想,也就是让设计师置身于驾驶员及其乘员的位置,来设计便于操纵、乘坐舒适的汽车。船型汽车不论从外形上还是从性能上来看都优于甲壳虫型汽车,而且还解决了甲壳虫型汽车对横向风不稳定的问题。这是因为船型车发动机前置,汽车重心相对前移,而且加大了行李舱,使风压中心位于汽车重心之后的缘故,所以遇到横向风就不会摇头摆尾。

从20世纪50年代开始一直到现在,不论是美国还是欧亚大陆,不管是大型车或者是中、小型车,都采用了船型车身,从而使船型造型成为世界上数量最多的一种车型。

### 6.鱼型汽车

船型汽车尾部过分向后伸出,形成阶梯状,在高速时会产生较强的空气涡流。为了克服这一缺陷,人们把船型车的后窗玻璃逐渐倾斜,倾斜的极限即成为斜背式。由于斜背式汽车的背部像鱼的脊背,所以这类车被称为"鱼型汽车"。鱼型汽车和甲壳虫型汽车光从背部来看很相似,但仔细观察可以看出鱼型汽车的背部和地面的角度比较小,尾部较长,围绕车身的气流也比较平顺,涡流阻力也较小。另外,鱼型汽车基本上保留了船型汽车的长处,车室宽大,视野开阔,舒适性也好。而且鱼型汽车还增大了行李舱的容积。最初的鱼型车是美国1952年生产的别克牌轿车。

1964年美国的克莱斯勒·顺风牌和1965年的福特·野马牌(图2-67)都采用了鱼型造型。自顺风牌以后,世界各国逐渐生产鱼型汽车。鱼型汽车存在的缺点:后窗玻璃倾斜太甚,面积增加两倍,强度下降,产生结构上的缺陷。鱼型车还有一个潜在的重大缺点,就是对横向风的不稳定性。鱼型车发动机前置,车身重心相对前移,一般来讲横向风的风压中心和车身重心接近。但由于鱼型车的造型关系,在高速时会产生一种升力,使车轮附着力减小,从而抵挡不住横向风的吹袭,有发生偏离的危险。

针对鱼型车的这一缺点,人们想了许多方法加以克服,例如人们在鱼型车的尾部安上一只翘翘的"鸭尾",以克服一部分升力,这便是"鱼型鸭尾"式车型,如图2-68所示。

图2-67　1965年的福特·野马牌汽车　　　　图2-68　有"鸭尾形"尾翼的汽车

### 7. 楔型车

为了从根本上解决鱼型汽车的升力问题,人们设想了种种方案,最后终于找到了一种楔型。就是将车身整体向前下方倾斜,车身后部像刀切一样平直,这种造型能有效地克服升力。1963年,司蒂倍克·阿本提第一次设计了楔型小客车。"阿本提楔型车"诞生于船型车的盛行时代,与通常的外形形成尖锐的对立,因此,未能起到引导车身外形向前发展的作用,直到1966年才被奥兹莫比尔·托罗纳多所继承。

图2-69　楔型汽车

楔型对于目前所考虑到的高速汽车,已接近于理想的造型。现在世界各大汽车生产国都已生产出带有楔型效果的小客车,这些汽车的外形清爽利落、简洁大方,具有现代气息,给人以美的享受,如图2-69所示。汽车发展到鱼型,关于空气阻力的问题就已经基本解决了。楔型继承了这一成果,并有效地克服了鱼型车的升力问题,使汽车的行驶稳定性有了显著的提高,楔型成为目前较为理想的车身造型。未来小客车的造型必然是在楔型车的基础上加以改进。

# 第五节　汽车电器与电子控制系统

## 一、汽车电器概况

### 1.点火系统

初期的汽车用磁电机点火。1901年,德国的博世公司发明了高压磁电机点火装置。到1902年,高压电磁点火系统取得了完全的成功。1908年,美国的斯特林试验成功蓄电池点火系统,采用了触点式控制装置。1931年,克莱斯勒汽车采用了真空式点火提前装置。点火时刻随发动机转速的变化而变化。

传统的机械式点火装置容易造成缺火等问题,在发动机转速越来越高的条件下很不适应。由于以上问题,因此,无触点电子点火系统得到了长足的发展。1949年,美国的霍利化油器公司取得了在点火系统中使用晶体管的电子点火系统专利。1961年,英国戴顿工程研究所制成了无触点点火装置。1971年,克莱斯勒汽车公司在汽车上开始正式采用全晶体管点火系统。从1973年起,克莱斯勒、福特、通用等汽车公司生产的全部汽车上都以无触点式全晶体管点火系统作为标准装置。目前,大部分轿车采用了计算机控制点火系统。

### 2.发电机和起动机

蓄电池和发电机是汽车电器的电源。1912年,凯迪拉克轿车使用了直流发电机。1962年,通用汽车公司采用了二极管整流的交流发电机。现在,汽车使用的发电机都是交流发电机。

在汽车未安装起动装置之前,汽车发动机都必须摇动手柄起动,既费力又危险,起动机就是在一次偶然的事故中产生的。1910年,利兰德的好友卡顿因为帮助一辆抛锚的凯迪拉克轿车女车主摇起动手柄,发动机产生回火,卡顿被手柄打伤额部,随后因并发症而死。由此,利兰德邀请凯特林研究发动机的起动装置。1912年,凯迪拉克轿车开始使用了起动机。

### 3.车灯

汽车诞生初期,并没有车灯为夜间行车照明,有的汽车连马车灯都没有。1887年深秋,美国人怀特驾驶一辆汽车在黑暗的旷野上迷失了方向,恰好遇到一位善良的农民用手提灯为他引路。激发人们设法在汽车上安装车灯。1898年,美国的哥伦比亚号电动汽车首先应用电灯照明,用于前灯和尾灯。1912年,凯迪拉克的凯特林汽车首先装用了汽车电灯。

## 二、汽车电子控制系统

汽车电子控制系统可以分为以下四个部分:

(1)发动机和动力传动集中控制系统。包括发动机集中控制系统、自动变速控制系统、制动防抱死和牵引力控制系统等。

(2)底盘综合控制和安全系统。包括车辆稳定控制系统、主动式车身姿态控制系统、巡航控制系统、防撞预警系统、驾驶员智能支持系统等。

(3)智能车身电子系统。自动调节座椅系统、智能前灯系统、汽车夜视系统、电子门锁与防盗系统等。

(4)通信与信息/娱乐系统。包括智能汽车导航系统、语音识别系统、"ON STAR"系统(具有自动呼救与查询等功能）、汽车维修数据传输系统、汽车音响系统、实时交通信息咨询系统、动态车辆跟踪与管理系统、信息化服务系统（含网络等）等。下面简单介绍一下目前较多见且较成熟的部分汽车电子控制装置。

**1. 发动机控制部分**

1）电控点火装置（ESA）

该系统可使发动机在不同转速、进气量等因素下，在最佳点火提前角工况下工作，使发动机输出最大的功率和转矩，而将油耗和排放降低到最低限度。该系统分为开环和闭环两种控制。电控点火装置闭环控制系统通过爆震传感器进行反馈控制，其点火时刻的控制精度比开环高，但排气净化差些。

2）电控汽油喷射（EFI）

该系统根据各传感器输送来的信号，能有效控制混合气空燃比，使发动机在各种工况下空燃比达到较佳值，从而实现提高功率、降低油耗、减少排气污染等功效。该系统可分为开环和闭环两种控制。闭环控制是在开环控制的基础上，在一定条件下，由计算机根据氧传感器输出的含氧浓度信号修正燃油供给量，使混合气空燃比保持在理想状态下。

3）废气再循环控制（EGR）

该系统是将一部分排气中的废气引入进气侧的新鲜混合气中再次燃烧，以抑制发动机有害气体氮氧化合物的生成。该系统能根据发动机的工况适时地调节参与废气再循环的废气循环率，以减少排气中的有害气体氮氧化合物。它是一种排气净化的有效手段。

4）急速控制（ISC）

该系统能根据发动机冷却液温度及其他有关参数，如空调开关信号、动力转向开关信号等，使发动机的急速处于最佳状态。

除以上控制装置外，发动机部分的控制内容还有：发动机输出、冷却风扇、发动机排量、气门正时、二次空气喷射、发动机增压、油气蒸发控制及系统自诊断等。

另外，随着计算机技术的进一步发展，计算机将会在现代汽车上承担更重要的任务，如控制燃烧室的容积和形状、控制压缩比、检测汽车零件逐渐增加的机械磨损等。

**2. 底盘控制部分**

1）电控自动变速器（ECT）

该装置有多种形式。它能根据发动机节气门开度和车速等行驶条件，按照换挡特性精确地控制变速比，使汽车处于最佳挡位。该装置具有提高传动效率、降低油耗、改善换挡舒适性、提高汽车行驶平稳性以及延长变速器使用寿命等优点。

2）防滑控制系统

防滑控制包括制动防抱死（ABS）、牵引控制（TCS）、驱动防滑（ASR）和车辆横向稳定性控制系统（VSC）。该系统可以提高制动效能，防止汽车在制动、起步、驱动和转弯时产生侧滑，是保证行车安全和防止事故发生的重要措施。

3）电子控制动力转向

电子控制动力转向的形式较多，目前汽车动力转向的发展趋势为四轮转向系统。它们分别显示出不同的优越性，如有的可获得最优化的转向作用力特性、最优化的转向回正特性，改善行驶的稳定性以及发挥节能和降低成本的作用；有的主要是为了提高转向能力和转向响应性;有的主要用来改善高速行驶时的稳定性。目前电控前轮动力转向较普及,通过控制转向力,保证汽车原地或低速行驶时转向轻便,而高速行驶时又确保安全。

4)电控悬架(TEMS)

该系统能根据不同的路面状况,控制车辆高度,调整悬架的阻尼特性及弹性刚度,改善车辆行驶的稳定性、操纵性和乘坐舒适性。

5)巡航控制系统(CCS)

该系统又称恒速行驶系统。汽车在高速公路上长时间行驶时,打开该系统的自动操纵开关后,恒速行驶装置将根据行驶阻力自动增减节气门开度,使汽车行驶速度保持一定。该系统可以减轻驾驶员长途驾驶之疲劳。

6)双离合变速器(DSG)

双离合变速器(Double-clutch Gearbox),有时又称直接换挡变速器(Direct Shift Gearbox),它特殊的地方在于它比其他变速器换挡更快,传递的转矩更大而且效率更高。

DSG(Direct Shift Gearbox)中文表面意思为"直接换挡变速器",DSG 有别于一般的半自动变速器系统,它是基于手动变速器而不是自动变速器,因此,它也是 AMT(机械式自动变速器)的一员。DSG 变速器是目前世界上最先进的、具有革命性的变速器系统,大众汽车在 2002 年于德国沃尔夫斯堡首次向世界展示了这一技术创新。DSG 可以手动换挡也可以自动换挡,它比传统的自动变速器易于控制也能传递更多功率但又比手动变速器反应更快。DSG 是从连续手动挡变速器 SMT(Sequential Manual Transmission)发展而来的,从本质上来说 SMT 是一款全自动电控离合的手动变速器。

**3.行驶安全系统**

1)安全气囊(SRS)

该系统是国外汽车上一种常见的被动安全装置。在车辆相撞时,由电控元件用电流引爆安置在转向盘中央(有的在仪表板杂物箱后边也安装)等处气囊中的渗氮物,迅速燃烧产生氮气,瞬间充满气囊。气囊的作用是在驾驶员与转向盘之间、前座乘员与仪表板间形成一个缓冲软垫,避免硬性撞击而受伤。此装置一定要与安全带配合使用,否则效果大为降低。

2)雷达防撞系统

该系统有多种形式。有的在汽车行驶中,当两车的距离小到安全距离时,即自动报警,若继续行驶,则会在即将相撞的瞬间,自动控制汽车制动器将汽车停住;有的是在汽车倒车时,显示车后障碍物的距离,有效地防止倒车时发生事故。

3)驱动防滑控制系统(ASR)

该系统是在制动防抱死系统的基础上开发的,两系统有许多共同组件。该系统装置利用驱动轮上的转速传感器,当检测到驱动轮打滑时,控制元件便通过制动或通过节气门降低转速,使之不再打滑。它实质上是一种速度调节器,可以在起步和弯道中速度发生急剧变化时,改善车轮与地面间的附着力,提高其安全性。该系统装置在雪地或湿滑路面上,较能发挥其特性。

4)安全带控制系统

该系统在汽车发生任何撞击的情况下,可瞬间束紧安全带。有的汽车上只有当计算机确认驾驶员和乘客安全带使用正确无误时,发动机才能被起动。

5）前照灯控制系统

该系统可在前照灯照明范围内，随着转向盘的转动而转动，并能在会车时自动启闭和防炫。

除上述装置外，已经开发出各种各样的安全装置，如自动门窗装置、车门自动闭锁装置、防盗装置、车钥匙忘拔报警装置和语言开门（无钥匙）装置等。

**4. 信息系统**

随着电子化的发展，汽车信息系统越来越庞大，远远超出如车速、里程、冷却液温度、油压等相关范围，逐渐向全面反映车辆工况和行驶动态等功能发展。种类繁多的信息装置正在源源不断地进入汽车领域。

1）信息显示与报警系统

该系统可将发动机的工况和其他信息参数，通过微处理机处理后，输出对驾驶员更有用的信息，并用数字显示、线条显示或声光报警。显示的信息除冷却液温度、油压、车速、发动机转速等常见的内容外，还有瞬时耗油量、平均耗油量、平均车速、行驶里程、车外温度等。根据驾驶员的需要，可随时调出显示这些信息。

监视和报警的信息主要有：燃油温度、冷却液温度、油压、充电、尾灯、前照灯、排气温度、制动液量、驻车制动、车门未关严等。当出现不正常现象或自诊断系统测出有故障时，立即由声光报警。

2）语言信息系统

过去一般信息显示都是靠驾驶员查看仪表，用视觉感知，这样容易造成遗漏。现在出现了语言信息，包括语音报警和语音控制两类。语音报警是在汽车出现不正常情况，如冷却液温度、冷却液位、油位不正常，制动液不足和蓄电池充电值偏低等情况时，计算机经过逻辑判断，输出信息至扬声器，发出模拟人的声音向驾驶员报警，如"冷却液位不正常""请加油"等，多数还同时用灯光报警。语音控制是用驾驶员的声音来指挥和控制汽车的某个部件、设备进行动作。

3）车用导航系统与定位系统

它可在城市或公路网范围内，定向选择最佳行驶路线，并能在屏幕上显示地图，表示汽车行驶中的位置，以及到达目的地的方向和距离。这实质是汽车行驶向智能化发展的方向，再进一步就可成为无人驾驶汽车。

4）通信系统

这方面真正使用且采用最多的是汽车电话，在美国、日本、欧洲等发达国家较普及。目前的水平在不断地提高，除车与路之间、车与车之间、车与飞机等交通工具之间的通话外，还可通过卫星与国际电话网相连，实现行驶过程中的国际电话通信，实现网络信息交换、图像传输等。

**5. 附属装置**

1）全自动空调

该装置突破单一的空气温度调节功能，根据设计在车内的各种温度传感器（车内温度、大气温度、日照强度、蒸发器温度、发动机冷却液温度等）输入的信号，由计算机进行平衡温度计算，对进气转换风门、混合风门、水阀、加热断电器、压缩机、鼓风机等进行控制；根据乘客要求，保持车内的温度等小气候处于最佳值（人体感觉最舒适的状态）。

2）自动座椅

该装置是人体工程技术与电子控制技术相结合的产物,它能使座椅适应乘客的不同体型,满足乘客舒适性的要求。

3）音响/音像

车内装有立体音响、CD 等。放音系统可实现立体声补偿、立体声音响自动选台,显示器实现数码选台。

## 三、汽车总线技术

在现代,汽车上使用了大量的电子控制装置如电控单元,而每一个电控单元都需要与相关的多个传感器和执行器发生通信,并且各控制单元间也需要进行信息交换。如果每项信息都通过各自独立的数据线进行传输,导致电控单元针脚数增加,使整个电控系统的线束和插接件增加,故障率上升。为了简化线路,提高各电控单元之间的通信速度,降低故障频率,一种新型的数据网络 CAN 数据总线应运而生。CAN 总线具有实时性强、传输距离较远、抗电磁干扰能力强的特点;在自动化电子领域的汽车发动机控制部件、传感器、抗滑系统等应用中,CAN 的位速率可高达 1Mbit/s。同时,它可以廉价地用于交通运载工具电气系统中。

所谓总线(Bus),一般指通过分时复用的方式,将信息以一个或者多个源部件传送到一个或多个目的部件的一组传输线。现场总线(Fieldbus)是用于过程自动化和制造自动化最底层的现场设备或现场仪表互联的通信网络,是现场通信网络与控制系统的集成。

车用总线是指用于车载网络中底层的车用设备或车用仪表互联的通信网络,目前汽车应用的通信网络包括 CAN 总线、MOST 总线、LIN 总线和 FlexRay 总线等。从布线角度分析,传统的电气系统大多采用点对点的单一通信方式,相互之间少有联系,这样必然造成庞大的布线系统。据统计,一辆采用传统布线方法的高档汽车中,其导线长度可达 2000m,电气节点达1500 个。而且,根据统计,该数字大约每十年增长 1 倍,从而加剧了粗大的线束与汽车有限的可用空间之间的矛盾。无论从材料成本还是工作效率看,传统布线方法都将不能适应汽车的发展。图 2-70 为相同节点的传统点对点通信方式,从图中可以直观地看出线束的特点(图中节点之间的连线仅表示节点间存在的信息交换,并不代表线束的多少)。

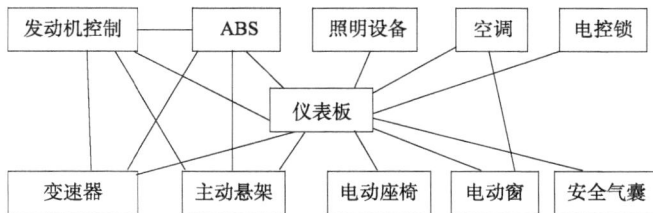

图 2-70　传统的节点通信方式

### 1. CAN 总线概述

CAN 最初出现在 20 世纪 80 年代末的汽车工业中,由德国博世公司最先提出。当时,由于消费者对于汽车功能的要求越来越多,而这些功能的实现大多是基于电子操作的,这就使得电子装置之间的通信越来越复杂,同时意味着需要更多的连接信号线。提出 CAN 总线的最初动机就是为了解决现代汽车中庞大的电子控制装置之间的通信,减少不断增加的信号线。于是,他们设计了一个单一的网络总线,所有的外围器件可以被挂接在该总线上。CAN 全称为"Controller Area Network",即控制器局域网,是由 ISO 定义的串行通信总线,主要用来实现车载各电控单元之间的信息交换,形成车载网络系统。CAN 数据总线又称为 CAN-BUS 总线。它具有信息共享、减少导线数量、大大减轻装配线束的质量、控制单元和控制单元插脚最小化以及提高可靠性和可维修性等优点。

与一般的通信总线相比,CAN 总线的数据通信具有突出的可靠性、实时性和灵活性,它在汽车领域上的应用最为广泛。其基本设计规范要求有高位速率、高抗电磁干扰性,而且能够检测出产生的任何错误。CAN 的应用范围很广,从高速网络到低速网络都可以使用。如用于汽车发动机电控单元、ABS 电控单元、传感器等的 CAN 总线系统,其传输速度可达 1Mbit/s,而用于电动车窗电控单元的 CAN 总线系统,其传输速度不超过 125kbit/s。CAN 是一种多组总线,通信介质可以是双绞线、同轴电缆或者光导纤维。通信速率可达到 1Mbit/s。最初,CAN 被设计作为汽车环境中的微控制器通信,在车载各电子控制装置 ECU 之间交换信息,形成汽车电子控制网络。

世界上一些著名的汽车制造厂商,如 BENZ(奔驰)、BMW(宝马)、VOLKSWAGEN(大众)等都采用了 CAN 总线来实现汽车内部控制系统与各检测和执行机构间的数据通信。同时,由于 CAN 总线的特点,其应用范围目前已不仅局限于汽车行业,已经在自动控制、航空航天、航海、过程工业、机械工业、纺织机械、农用机械、机器人、数控机床、医疗器械及传感器等领域中得到了广泛应用。

**2. CAN 的组成结构**

CAN-BUS 系统主要包括以下部件:CAN 控制器、CAN 收发器、CAN-BUS 数据传输线和CAN-BUS 终端电阻。

1) CAN 控制器,CAN 收发器

CAN-BUS 上的每个控制单元中均设有一个 CAN 控制器和一个 CAN 收发器。CAN 控制器主要用来接收微处理器传来的信息,对这些信息进行处理并传给 CAN 收发器,同时 CAN 控制器也接收来自 CAN 收发器传来的数据,对这些数据进行处理,并传给控制单元的微处理器。

CAN 收发器用来接收 CAN 控制器送来的数据,并将其发送到 CAN 数据传输总线上,同时CAN 收发器也接收 CAN 数据总线上的数据,并将其传给 CAN 控制器。

2) 数据总线终端电阻

CAN-BUS 数据总线两端通过终端电阻连接,终端电阻可以防止数据在到达线路终端后像回声一样返回,并因此而干扰原始数据,从而保证了数据的正确传送,终端电阻装在控制单元内。

3) 数据传输总线

大部分车型用的数据传输总线是两条双向数据线,分为高位(CAN-H)和低位(CAN-L)数据线。为了防止外界电磁波干扰和向外辐射,两条数据线缠绕在一起,要求至少每 2.5cm 就要扭绞一次。两条线上的电位是相反的,电压的和总等于常数。

**3. CAN 的工作原理**

当 CAN 总线上的一个节点(站)发送数据时,它以报文形式广播给网络中所有节点。每组报文开头的 11 位字符为标识符(CAN2.0A),定义了报文的优先级,这种报文格式称为面向内容的编址方案。当一个节点要向其他节点发送数据时,该节点的 CPU 将要发送的数据和自己的标识符传送给本节点的 CAN 芯片,并处于准备状态;当它收到总线分配时,转为发送报文状态。CAN 芯片将数据根据协议组织成一定的报文格式发出。这时,网络上的其他节点处于接收状态。每个处于接收状态的节点对接收到的报文进行检测,判断这些报文是否是发给自己的,以确定是否接收它。由于 CAN 总线是一种面向内容的编址方案,因此很容易建立高水准的控制系统并灵活地进行配置。我们可以很容易地在 CAN 总线中加进一些新节点而无须在硬件或软件上进行修改。当所提供的新节点是纯数据接收设备时,数据传输协议不要求独立的部分有物理目的地址。它允许分步过程同步化,即总线上控制器需要测量数据时,可由网上获得,而无须每个控制器都有自己独立的传感器。

**4. CAN 总线技术在汽车领域中的应用发展**

1)CAN 总线技术的应用

国外知名汽车公司基本都已经采用了 CAN 总线技术,例如沃尔沃、林肯、奥迪、宝马等,而国内汽车品牌,例如奇瑞等公司也已经有几款车型应用了总线技术。CAN 总线技术就是通过遍布车身的传感器,将汽车的各种行驶数据发送到"总线"上。在这个信息共享平台上,凡是需要这些数据的接收端都可以从"总线"上读取需要的信息,从而使汽车的各个系统协调运作、信息共享,保证车辆安全行驶、舒适和可靠。一般来说,越高档的车配备的 CAN-BUS 数量越多,价格也越高,如途安、帕萨特等车型当中都配备了多个 CAN 总线。

2)CAN 总线在国内自主品牌汽车中的应用

由于受成本控制、技术实力等因素的限制,CAN-BUS 总线技术一般都出现在国外高端汽车。在 A 级及以下级别车型当中,该项技术大多出现在合资品牌当中,如 POLO、新宝来等。在自主品牌中,采用 CAN 总线技术的车型很少,奇瑞风云2则是其中的代表车型。风云 2CAN 总线技术,可以实现发动机、变速器、ABS、车身、仪表及其他控制器的通信,做到全车信息及时共享。在风云 2 的组合仪表盘当中,阶段里程、未关车门精确显示、安全带未系提醒等 20 多项信息全部可以显示,比同级产品增加 1 倍,这样增加了驾驶过程中的安全性。

# 第三章  汽车性能

📖 **学习目标**

1. 知道汽车六大基本性能；
2. 知道汽车燃油经济性的评价指标和提高燃油经济性的措施；
3. 知道汽车制动性能的主要评价指标；
4. 知道汽车平顺性的评价方法；
5. 知道汽车通过性及机动性的主要评价指标；
6. 理解汽车动力性的含义及主要评价指标；
7. 理解影响汽车操纵稳定性的主要因素。

🍎 **学习时间**

4 学时

  汽车的主要性能包括汽车动力性、燃油经济性、制动性、操纵稳定性、行驶平顺性、通过性及机动性等，其次还有汽车的安全性、可靠性、耐久性和维修性等性能。随着汽车保有量的快速增长，如何正确、安全、有效地使用汽车，评价汽车性能的好坏，已成为现代人必须面对的一个问题。汽车性能是指汽车能适应各种使用条件而发挥最大工作效率的能力。

## 第一节  汽车动力性

  汽车动力性是指汽车在良好路面上直线行驶时由汽车受到的纵向外力决定的所能达到的平均行驶速度，是汽车使用性能中最基本和最重要的性能，它主要由发动机的性能和传动系统的特性参数所决定。汽车的动力性主要由最高车速、加速能力、最大爬坡度和比功率四方面指标来评价。

### 一、最高车速

  最高车速指汽车在风速 <3m/s 的条件下，在水平良好路面（混凝土或沥青）上满载行驶时，能够达到的最高稳定行驶速度。最高车速主要根据汽车用途、公路条件及有无各种安全设施来选择。随着道路条件的改善和高速公路的发展，汽车的最高车速普遍有所提高。中、高级轿车的最高车速已达到 160~240km/h，轻型货车的最高车速大多超过 100km/h，重型车一般在 80km/h 以上。

## 二、加速时间

加速能力指汽车在各种使用条件下迅速增加行驶速度的能力,通常用加速时间来表示。加速时间是指汽车以额定最大总质量,在风速≤3m/s 的条件下,在干燥、清洁、平直良好路面(混凝土或沥青)上由某一低速加速到某一高速所需的时间。加速时间常用的评价指标有原地起步加速时间和超车加速时间。

### 1. 原地起步加速时间

原地起步加速时间指汽车用规定的低挡起步,以最大加速强度连续换挡至最高挡后,加速到某一预定距离或达到一定车速所需要的时间,它是真实反映汽车动力性能最重要的参数。其规定距离一般为 0 ~ 400m,0 ~ 800m,0 ~ 1000m,规定车速一般为 0 ~ 50km/h,对轿车一般为 0 ~ 80km/h,0 ~ 100km/h。起步加速时间越短,动力性越好。

### 2. 超车加速时间

超车加速时间指汽车用最高挡或次高挡,由该挡最低稳定车速或某一中等车速全加速到某一高速所需要的时间。超车加速时间越短,其高挡加速性能越好。超车时汽车与被超车辆并行,容易发生交通事故,所以超车加速能力强,汽车并行距离短,行车也就越安全。

## 三、最大爬坡度

最大爬坡度指汽车满载,在良好的混凝土或沥青路面的坡道上,汽车以最低前进挡能够爬上的最大坡度。对越野汽车来说,爬坡能力是一个相当重要的指标,一般要求能够爬不小于60%或31°的坡路;对载货汽车要求有30%或16.7°左右的爬坡能力;轿车车速较高,且经常在状况较好的道路上行驶,所以不强调轿车的爬坡能力,一般爬坡能力在20%左右。

## 四、比功率

比功率是指汽车单位总质量所具有的功率,它是汽车发动机的最大输出功率(或 0.9 倍的发动机额定功率或 0.9 倍的发动机标定功率)与汽车总质量之比,是表示汽车动力性能的综合指标。一般来说,汽车的比功率越大,汽车的动力性就越好。我国目前规定三轮汽车、低速货车及拖拉机运输机组的比功率不应小于 4.0kW/t,除无轨电车外的其他机动车的比功率不允许小于 5.0kW/t。

# 第二节 汽车燃油经济性

汽车燃油经济性指汽车在保证动力性的基础上,以尽可能少的燃油消耗完成单位运输工作的能力。在汽车的运输成本中,燃油消耗费用约占30%,因此,汽车的燃油经济性是汽车使用性能中的一个重要指标,其评价指标有:

(1)比油耗 $g_e$(燃料消耗率):表示发动机的单位有效功率在单位时间内所消耗的燃料量。在国际单位制中,它的单位为 g/kW·h(克/千瓦时)。

(2)每小时耗油量 $G_t$:表示发动机每小时所消耗的燃料质量。常用的单位为 kg/h(千克/小时)。

（3）每千米耗油量 $G_m$：表示汽车每行驶 1km 所消耗的燃油数量（常以体积计算）。常用单位是 L/km（升/千米）。

（4）每升燃油行驶里程：表示汽车消耗 1L 燃油可行驶的里程数。常用单位是 km/L（千米/升）。

（5）百公里油耗量 $Q$：表示汽车每行驶 100km 所消耗的平均燃油量（以体积计算），也称为百公里油耗，常用单位为 L/100km（升/百千米）。

（6）百吨千米油耗量 $Q_t$：表示汽车运行过程中，每完成 100t·km 运输量所消耗的燃油量（以体积计算）。常用单位为 L/100t·km（升/百吨千米）。此评价参数在表示燃油经济性的同时，而且还表示了运输的效率。运输企业常用此参数作为评价指标。

## 一、百公里油耗

在我国和欧洲常用每行驶百公里消耗的燃油升数作为汽车的经济性指标，其数值越大，汽车的燃油经济性越差。

等速行驶百公里油耗是比较常用的一种评价指标，指的是汽车在额定载荷下，在无坡度的平直路面上以等速行驶时的油耗。这里所谓的等速，还要考虑以不同车速等速行驶的情况，因

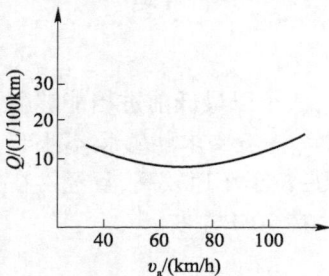

图 3-1　等速油耗曲线

为汽车以不同车速的等速行驶，百公里油耗是不同的。测试时，汽车以常用挡位分别以不同车速（30km/h、40km/h、50km/h……直至 90% 最高车速）等速行驶 500m 测试路段，往返一次取平均值（消除风和坡度影响），记录下油耗量，即可获得不同车速下汽车的百公里耗油量 $Q$，然后在图上连成曲线，即汽车的等速百公里燃油消耗曲线，如图 3-1 所示，一般都是用这个曲线来评价汽车的燃油经济性。等速百公里燃油消耗曲线的形状一般来说都是两头高中间低，而到达中间最低点时最省油，因此曲线最低点相对应的车速就被称作经济车速。一些厂家以汽车在经济车速等速行驶的百公里油耗作为燃油经济性指标，但在平时的驾驶过程中，是很难达到这一经济油耗的。

在实际的驾驶过程中，等速行驶工况并不能全面反映汽车的实际运行情况，特别是在市区行驶时频繁出现的加速、减速、急速、停车等行驶工况；等速行驶百公里油耗实际上也不能准确地评定汽车的燃油经济性。因此，世界各国都制定了一些典型的循环行驶试验工况来模拟实际汽车的运行状况，并以其百公里燃油消耗量，即循环油耗来评定汽车的燃油经济性。循环工况至少要规定等速、加速和减速三种工况，复杂的还要计入起动和急速等多种工况，然后折算成百公里耗油量。一般而言，循环油耗与等速百公里油耗（指定车速）加权平均取得综合油耗值，就比较客观地反映了汽车的耗油量。一些汽车技术性能表上将循环油耗标注为"城市油耗"，而将等速百公里油耗标注为"等速油耗"。我国有 6 工况循环油耗（货车）和城市 4 工况循环油耗（客车），欧洲有 ECE-R15 工况循环油耗，美国有公路循环和城市循环油耗。现代轿车给出的城市油耗和公路油耗更全面地说，应该是城市综合油耗和公路综合油耗，也简称为城市循环油耗和公路循环油耗。

《乘用车燃料消耗量限值》（GB 19578—2014）规定了乘用车燃料消耗量的限值。

适用于能够燃用汽油或柴油燃料、最大设计总质量不超过 3500kg 的 M1 类车辆。不适用

于仅燃用气体燃料或醇醚类燃料的车辆。装有手动挡变速器且具有三排以下座椅的车辆的燃料消耗量限值见表3-1,其他车辆的燃料消耗量限值见表3-2。

装有手动挡变速器且具有三排以下座椅的车辆的燃料消耗量限值　　表3-1

| 整车整备质量（$CM$）(kg) | 燃料消耗量限值（L/100km） | 整车整备质量（$CM$）(kg) | 燃料消耗量限值（L/100km） |
| --- | --- | --- | --- |
| $CM \leqslant 750$ | 5.2 | $1540 < CM \leqslant 1660$ | 8.1 |
| $750 < CM \leqslant 865$ | 5.5 | $1660 < CM \leqslant 1770$ | 8.5 |
| $865 < CM \leqslant 980$ | 5.8 | $1770 < CM \leqslant 1880$ | 8.9 |
| $980 < CM \leqslant 1090$ | 6.1 | $1880 < CM \leqslant 2000$ | 9.3 |
| $1090 < CM \leqslant 1205$ | 6.5 | $2000 < CM \leqslant 2110$ | 9.7 |
| $1205 < CM \leqslant 1320$ | 6.9 | $2110 < CM \leqslant 2280$ | 10.1 |
| $1320 < CM \leqslant 1430$ | 7.3 | $2280 < CM \leqslant 2510$ | 10.8 |
| $1430 < CM \leqslant 1540$ | 7.7 | $2510 < CM$ | 11.5 |

其他车辆的燃料消耗量限值　　表3-2

| 整车整备质量（$CM$）(kg) | 燃料消耗量限值（L/100km） | 整车整备质量（$CM$）(kg) | 燃料消耗量限值（L/100km） |
| --- | --- | --- | --- |
| $CM \leqslant 750$ | 5.6 | $1540 < CM \leqslant 1660$ | 8.4 |
| $750 < CM \leqslant 865$ | 5.9 | $1660 < CM \leqslant 1770$ | 8.8 |
| $865 < CM \leqslant 980$ | 6.2 | $1770 < CM \leqslant 1880$ | 9.2 |
| $980 < CM \leqslant 1090$ | 6.5 | $1880 < CM \leqslant 2000$ | 9.6 |
| $1090 < CM \leqslant 1205$ | 6.8 | $2000 < CM \leqslant 2110$ | 10.1 |
| $1205 < CM \leqslant 1320$ | 7.2 | $2110 < CM \leqslant 2280$ | 10.6 |
| $1320 < CM \leqslant 1430$ | 7.6 | $2280 < CM \leqslant 2510$ | 11.2 |
| $1430 < CM \leqslant 1540$ | 8.0 | $2510 < CM$ | 11.9 |

## 二、提高燃油经济性的措施

汽车的燃油经济性主要取决于发动机的有效燃油消耗率、汽车行驶阻力及传动系效率。总的来说,提高燃油经济性,可以从汽车结构的优化设计和合理使用两个方面来实现。

### 1.汽车结构方面

1）汽车发动机

在发动机结构方面,凡是能使发动机燃油消耗率降低的因素都能提高汽车的燃油经济性。现代中型汽车EPA城市、公路循环行驶工况的能量损失如图3-2所示。由图中可以看出,发动机中的热损失与机械损耗占燃油化学能的65%左右。提高发动机经济性的主要途径有以下几种。

（1）提高发动机的压缩比。在不发生爆震的前提下,提高压缩比,可提高发动机的燃油经济性。汽油机压缩比的提高主要受爆震和$NO_x$排放的限制。提高压缩比的措施有:改进燃烧室和进气系统,提高发动机结构的爆震极限;使用爆震传感器,自动延迟产生爆震时的点火提前角;开发高辛烷值汽油等。

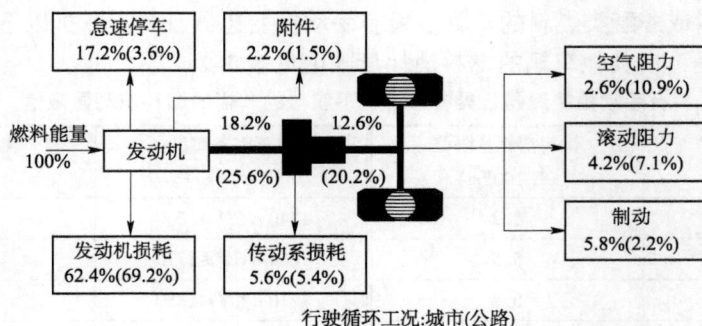

图 3-2  现代中型汽车 EPA 城市、公路循环行驶工况的能量平衡

（2）改变发动机的形式。由于柴油机的压缩比比汽油机高得多，因此，柴油机比汽油机燃油经济性要好。

（3）采用汽油机电控燃油喷射系统。可燃混合气燃烧的完全，燃烧的放热量就多，这不仅能使发动机发出更大的功率，而且可使排放中的有害物质得到控制、油耗下降、热效率提高。与传统的化油器供给系统相比，电控汽油喷射系统通过对系统实行多参数控制，可使发动机的功率提高 10%，在耗油量相同的情况下，转矩可增大 20%；从 0 ~ 100km/h 加速时间减少 7%；油耗降低 10%；尾气排污量可降低 34% ~ 50%，若系统采用闭环控制并加装三元催化器，排放量可下降 73%。

（4）采用多气门结构。目前的多气门燃油发动机每个汽缸的气门数目都是 3 ~ 5 个，其中又以 4 个气门最为普遍。四气门的主要优点有：喷油器垂直且中心布置，使油线分布均匀，相应的燃烧室也可以中心布置，中心燃烧室与偏置燃烧室相比，进气涡流动能的衰减要明显小得多；中置喷油器加中置燃烧室可以改善混合气的形成，提高燃烧质量，获得低的排放和高的转矩与功率；四气门增加了气门的流通面积和流通能力，进气面积可提高 11% 以上，排气面积可提高 25% 以上，从而降低了泵气损失，提高了充气系数，有助于降低燃料消耗率；中置燃烧室使活塞顶上的热负荷趋于均匀，便于冷却油腔的布置，采用冷却油腔的活塞能承受更高的热负荷；四气门采用两个独立的进气道，便于实现可变进气涡流，高转速、全负荷时两个进气道都打开，而在低速时只开一个进气道，从而提高了涡流比；中置且垂直的喷油器安装位置可采用可变流道面积喷嘴，有助于减少排放，特别是低转速、低负荷的颗粒排放。

（5）采用涡轮增压技术。增压后进入燃烧室内的新鲜空气量增多，虽然将燃烧更多的燃料，但燃料燃烧更充分从而可以提高发动机功率。提高空气压力和降低进入汽缸空气温度的办法是采用增压和中间冷却技术。该技术除明显改善发动机的动力性外，还可以改善燃料经济性。采用增压技术不仅可提高功率 30% ~ 100%，还可以减少单位功率质量，缩小外形尺寸，节约原材料，降低燃料消耗。

2）汽车传动系

传动系对燃油经济性的影响，主要取决于传动系效率、挡位数及传动比。

（1）传动系效率。传动系的效率越高，则传动过程中的功率损失越少，汽车的燃料消耗量也随之减少。

（2）传动系的挡位数。传动系的挡位越多，汽车在运行过程中越有可能选用合适的速比，使发动机处于经济的工作状况,以提高汽车的燃料经济性。采用无级变速器最理想,它可使发动机的工作特性与汽车的行驶工况始终有最佳的匹配。现在的无级变速器通常采用金属链传动或带传动的方式,使发动机的输出转矩受到了一定的限制。

(3)传动比。主减速器的传动比选择较小时,在相同的道路条件和车速下,也同样使发动机的燃料消耗减小,有利于提高汽车的燃料经济性。但主减速器传动比过小会导致经常被迫使用低一挡的挡位,最小传动比挡位的利用率降低,反而使燃料消耗量增加。为了改善良好路面上行驶时的燃料经济性,常不改变主减速器传动比,而在变速器中设一个传动比小于1的超速挡。在相同的车速和道路条件下,用超速挡比用直接挡时发动机的转速低,负荷率高,故燃料消耗率下降,因而可降低汽车的百公里燃料消耗量。

3)汽车外形与轮胎

(1)汽车外形。汽车外形对燃油经济性影响主要表现在高速行驶时的空气阻力。减小空气阻力,就可降低发动机消耗的功率,从而降低汽车的耗油量。要减小空气阻力,就必须减小汽车的迎风面积,并使之具有合理的流线型,从而降低空气阻力系数。对汽车外形进行整体优化设计,局部优化和起用附加装置都可部分地改进空气动力特性,取得良好的效果。采用各种形式的减阻导流罩,包括凸缘型减少空气阻力装置、空气动力筛眼屏板、导流罩、间隔封罩、导流器等,都可以减少空气阻力,提高燃油经济性。

(2)汽车轮胎。轮胎的结构、帘线和橡胶的品种对滚动阻力都有影响。子午线轮胎的耐磨性、动力性、经济性等综合性能最好。子午线轮胎比一般斜交线轮胎的滚动阻力系数小,燃油经济性较好。

4)汽车轻量化技术

轻量化技术如高强度钢板制的车体材料、铝制发动机机体、铝合金飞轮、塑料消声器等的使用已趋普遍,而悬架部件、燃油箱轻量化则刚开始。此外,还有把发动机的凸轮轴和曲轴等旋转部件制成中空化结构,以减轻质量。汽车轻量化往往是通过这些细小技术的实施来使整体轻量化的。

发动机的质量除决定于基本尺寸这一因素之外,还受材料的选择和制造技术所制约。使用薄壁铸造技术,用轻合金和塑料等所制造的汽缸体和汽缸套,铝合金制的发动机机体和曲轴,回转部分的中空结构,发动机凸轮轴和曲轴的以塑代钢、以陶代钢,以及采用陶瓷活塞销等,使零部件轻量小型,从而可实现提高功率、节能和减少燃料消耗的目标。具有代表性的汽车轻量化材料有轻金属、高弹力钢和塑料等。在汽车构成材料中,这些材料所占有的比例渐渐增加。新陶瓷、碳纤维等新型轻量化材料在批量生产和低价格化后,也将在汽车上得到应用。

**2.汽车使用方面**

1)严格控制行驶车速

汽车在接近于低速的中等车速行驶时,燃油消耗量低,此时的车速接近经济车速。选用接近经济车速的车速为常用行驶车速,可提高燃油经济性。

2)合理选择挡位

在道路条件与车速相同的情况下,汽车使用不同的挡位行驶时,其燃油消耗量是不一样的。若挂入的挡位越低,后备功率就越大,导致发动机负荷率就越低,故燃油消耗率就越高,导致汽车百公里燃油消耗量增大。因此,从燃油经济性的角度来讲,挡位选择的原则是:使用高挡位的可能性没有用尽时,绝不挂入低一级挡位。

**3.挂车的应用**

在运输企业提倡汽车合理拖带挂车,是提高燃油经济性的有效措施之一。拖挂一方面使发动机负荷率增加,使得燃油消耗率下降;另一方面是汽车列车的装载质量与整车装备质量之比增大,汽车以 $100t \cdot km$ 计量的油耗下降。

**4.正确的维护**

汽车发动机的性能好坏及汽车行驶阻力的大小,与汽车的维护关系很大,而且对汽车的燃油经济性有相当大的影响。首先要保持良好的发动机技术状况,如定期检查发动机汽缸压力、保持发动机冷却系的正常温度、保持供油系良好的技术状况、正确地维护和检查点火系等。另外,在汽车底盘方面,要加强对各总成的维护与调整,以保持适当的滑行能力,减少燃油消耗量。车辆使用者应严格遵守各级维护规范要求,按期进行各种维护作业,才能保持汽车良好的技术状况,提高燃油经济性。

**5.提高驾驶水平**

汽车节油驾驶是整个汽车驾驶操作技能的主要组成部分,熟练地掌握和运用这项操作技能驾驶汽车,一般可节油 2% ~12%。

要实现节油驾驶操作,首先要掌握基本的汽车驾驶操作规范,并做好车辆维护,包括针对节油要求的各项调整维护,发现故障及时维修,确保汽车处于完好的技术状况,不带病行车。还必须坚决改掉不符合规范的费油操作习惯,然后根据具体车况、路况灵活运用各种节油操作技能,就会得到良好的节油效果。

由于各种汽车的结构、性能有所不同,驾驶员还应按照所驾驶车辆使用说明书中的要求操纵车辆,既能保证顺利地行车,也能做好节油驾驶。

合理的驾驶操作,主要包括以下几点:

(1)预热保温。起动后先暖机预热,行车中应保持正常冷却液温度。

(2)及时换挡。根据当时的道路及车速等条件及时挂到合适的挡位,做到低挡不拖驶、高挡不硬撑。

(3)中速行驶。中速是汽车设计的经济车速,因此以中速行驶时,燃油经济性较好。载货汽车的经济车速一般在 40 ~60km/h。

(4)合理滑行。在保证安全的前提下,对于机械式变速器,利用汽车的运动惯性或下坡的动能合理滑行,可有效降低燃油消耗。

# 第三节 汽车制动性

汽车的制动性指汽车行驶时能在短距离内强制地减速直到停车且维持行驶方向稳定性和在下长坡时能够维持一定行驶速度的能力。汽车具有良好的制动性是安全行驶的保证,也是汽车动力性得以很好发挥的前提,即可提高汽车的平均速度,从而获得较高的运输生产效率。汽车制动性有三方面的评价指标:制动效能、制动效能的恒定性和制动时的方向稳定性。

## 一、制动效能

制动效能指汽车在良好的路面上以一定的初速度迅速减速直至停车的能力。常用制动过程中的制动距离、制动时间和制动减速度来评价。

### 1. 制动时间

图 3-3 所示为驾驶员在接受了紧急制动信号后，制动踏板力、汽车制动减速度与制动时间的关系曲线。图 3-3a) 所示为实际测得的曲线，图 3-3b) 所示为经过简化后的曲线。

驾驶员接到紧急停车信号时，并没有立即行动，如图 3-3b) 所示的 $a$ 点，而要经过 $\tau_1'$ 后才能意识到应进行紧急制动，并移动右脚；再经过 $\tau_1''$ 后才踩着制动踏板。从 $a$ 点到 $b$ 点所经过的时间 $\tau_1$ 称为驾驶员的反应时间。$\tau_1 = \tau_1' + \tau_1''$，驾驶员的反应时间一般为 $0.3 \sim 1.0 \mathrm{s}$；在 $b$ 点以后，随着驾驶员踩制动踏板，踏板力迅速增大，至 $d$ 点时达到最大值。不过由于制动蹄是由复位弹簧拉着的，蹄片与制动鼓间存在间隙，所以要经过 $\tau_2'$ 即至 $c$ 点，地面制动力才起作用，使汽车开始减速。由 $c$ 点到 $e$ 点是制动器制动力增长过程所需时间 $\tau_2''$。从 $b$ 点到 $e$ 点所经历的时间 $\tau_2$ 称为制动器的作用时间，$\tau_2 = \tau_2' + \tau_2''$。制动器作用时间一方面取决于驾驶员踩制动踏板的速度，另外受制动系结构形式的影响。$\tau_2$ 一般在 $0.2 \sim 0.9 \mathrm{s}$。由 $e$ 点到 $f$ 点为持续制动时间 $\tau_3$，其减速度基本不变。到 $f$ 点时驾驶员松开制动踏板，但制动力的消除还需要一段时间 $\tau_4$，$\tau_4$ 一般在 $0.2 \sim 1.0 \mathrm{s}$。这段时间过长会耽误随后汽车起步行驶的时间。另外，若因车轮抱死而使汽车失去控制，驾驶员采取措施放松制动踏板时，又会使制动力不能立即释放。

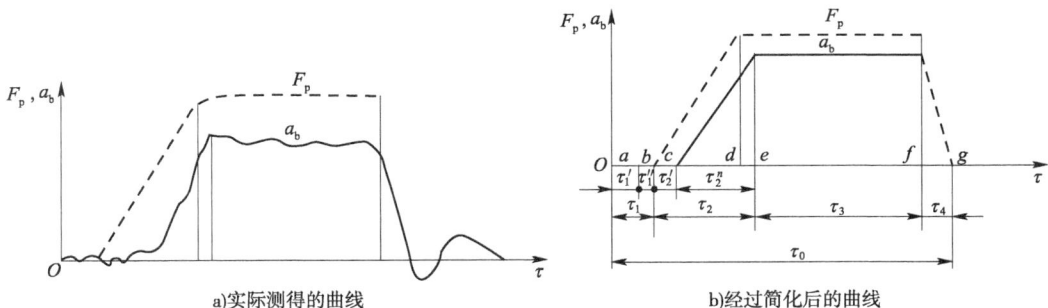

a)实际测得的曲线　　　　　　b)经过简化后的曲线

图 3-3　汽车制动过程

### 2. 制动距离

所谓制动距离指从踩制动踏板起到汽车完全停住这段时间内汽车所驶过的距离，它包括制动器起作用和持续制动两个阶段中汽车驶过的距离。制动距离与汽车制动时的起始速度、制动力、制动器和路面的状况有关。汽车制动时的起始速度对制动距离的影响尤为显著，但车速是由驾驶员控制的，是与制动系结构无关的汽车运行参数。

制动的全过程包括驾驶员见到信号后作出行动反应、制动器起作用、持续制动和放松制动器 4 个阶段。真正使汽车减速停车的是持续制动时间，但制动器起作用时间对制动距离的影响是不小的，制动器起作用时间与制动系统的结构形式有密切的关系。当驾驶员急速踩下制动踏板时，液压制动系统的制动器起作用时间可短至 $0.1 \mathrm{s}$ 或更短；真空助力制动系统和气压制动系统为 $0.3 \sim 0.9 \mathrm{s}$；货车有挂车时，汽车列车的制动器起作用时间有时长达 $2 \mathrm{s}$，但精心设计的汽车列车制动系统可缩短到 $0.4 \mathrm{s}$。改进制动系统结构，减少制动器起作用时间，是缩短制动距离的一项有效措施。

### 3. 制动减速度

制动减速度是车辆制动时能够达到的最大减速度，它反映了地面制动力的大小。地面制动力与制动器制动力及附着力有关。

#### 1）制动器制动力

制动器制动力是指在轮胎周缘为了克服制动器摩擦力矩所需的力，以符号 $F_\mu$ 表示。它相当于把汽车架离地面，并踩住制动踏板，在轮胎周缘沿切线方向推动车轮直至它能转动所需的力：

$$F_\mu = \frac{T_\mu}{r}$$

式中：$T_\mu$——制动器的摩擦力矩，N·m；

　　　$r$——车轮半径。

制动器制动力仅由制动器结构参数所决定，即取决于制动器的形式、结构尺寸、制动器摩擦副、车轮半径，并与制动踏板力，即制动系的液压或空气压力成正比。

#### 2）地面制动力与制动器制动力及附着力的关系

地面制动力是使汽车制动而减速行驶的外力，用 $F_{xb}$ 表示。地面制动力取决于两个摩擦副的摩擦力：一个是制动器内制动摩擦片与制动鼓或制动盘间的摩擦力，另一个是轮胎与地面间的摩擦力，即附着力。在制动时，若只考虑车轮的运动为滚动与抱死拖滑两种状况，当制动踏板力较小时，制动器摩擦力矩不大，地面与轮胎之间的摩擦力即地面制动力，足以克服制动器摩擦力矩而使车轮滚动。地面制动力与制动器制动力及附着力的关系如图3-4所示。

（1）车轮滚动时的地面制动力就等于制动器制动力，且随踏板力增长成正比地增长。地面制动力是滑动摩擦的约束反力，它的值不能超过附着力，即：

$$F_{xb} \leqslant F_\varphi = F_z \varphi$$

或最大地面制动力：

$$F_{xb\,max} = F_z \varphi$$

式中：$F_\varphi$——轮胎与地面间的摩擦力，即附着力，N；

　　　$F_z$——地面对车轮的法向反作用力，N；

　　　$\varphi$——轮胎与地面间的附着系数。

（2）当制动器踏板力 $F_p$ 或制动系液压力（$P$）上升到某一值（图3-4中为制动系液压力 $P_a$）

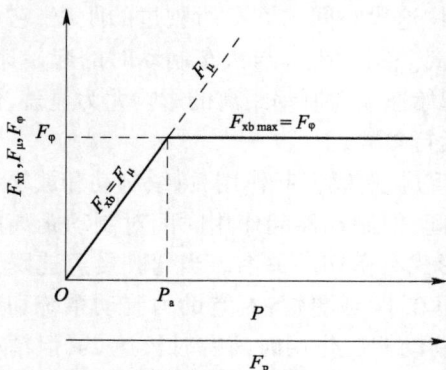

图3-4　地面制动力、制动器制动力与附着力之间的关系

时，地面制动力 $F_{xb}$ 达到附着力 $F_\varphi$ 时，车轮将抱死出现拖滑现象。制动系液压力 $P < P_a$ 时，制动器制动力 $F_\mu$ 仍按直线关系继续上升。但是，若作用在车轮上的法向载荷为常数，地面制动力达到附着力后就不再增加。

制动距离和制动减速度的值主要通过试验确定。按《机动车运行安全技术条件》（GB 7258—2012），乘用车制动初速度50km/h 时，满载制动距离要求小于或等于20m，空载制动距离要求小于或等于19m，试验通道宽度

2.5m,要求制动时车辆的任何部位不应超出2.5m的边缘线。不同类型的汽车有不同的制动距离要求。

除用制动距离和制动减速度评价制动效能外,也可用制动力来评价。制动力是制动过程的基本输出参数。制动力的变化特性表征了减速度的变化特性,间接地反映了制动距离的变化。制动力是在室内用制动试验台检测汽车各轮的制动力大小,根据其与轴荷的比例判断制动效能是否合格。评定汽车的制动效能用各轮制动力的总和值。

改善制动效能主要从增大制动器制动力和缩短制动协调时间两个方面着手。

①增大制动器制动力。增大制动蹄与制动鼓接合面积,采用制动蹄摩擦面圆弧半径稍大于制动鼓内径及合理调整蹄、鼓间隙的办法可以达到这一要求;应保持摩擦表面的摩擦系数;必要时重新调整制动控制阀的平衡弹簧,加大预紧力,使制动气室的气压和储气筒的气压接近,以增大制动蹄对制动鼓的压紧力。

②缩短制动协调时间:减少制动系机械部分的旷量;适当减少制动踏板的自由行程,保持制动管路畅通和气、液压油路的密封;适当缩小蹄、鼓间隙。

## 二、制动效能的恒定性

制动效能的恒定性指制动效能不因制动器摩擦条件的改变而恶化的性能。汽车制动系在不同的使用环境下,制动效能会发生变化,会衰退、降低。根据导致制动效能衰退的原因,可将制动效能的衰退现象分为热衰退和水衰退。

### 1. 制动效能的热衰退

热衰退是指由于摩擦热的影响使制动器摩擦材料的摩擦系数下降,导致制动效能暂时降低的现象。热衰退是目前制动器不可避免的现象,只是有程度上的差别。制动器热衰退程度用热衰退率评价。在产生相同制动力的条件下,制动器在冷状态下所需的操纵力(制动系统压力)与热状态下所需的操纵力之比称为热衰退率。

$$热衰退率 = \left[ \frac{(M_{a\,max} - M_{a\,min})}{M_{a\,max}} \right] \times 100\%$$

式中:$M_{a\,max}$——热衰退试验中制动力矩的最大值,N·m;

$M_{a\,min}$——热衰退试验中制动力矩的最小值,N·m。

制动时制动器所达到的温度取决于制动产生热量的条件(如制动初始速度、制动终了速度、制动减速度、制动频繁程度、汽车总质量等)和散热条件(如大气温度、行驶速度、制动器通风环境、制动器受热零件的热容量、散热面积等)。汽车行驶的环境条件和行驶工况是随机的,因此制动器的热衰退程度主要还是取决于制动器摩擦副材料和制动器结构。选用优质的摩擦材料,改进制动器的结构和散热方式等办法有助于提高制动效能的恒定性,如采用陶瓷制动盘。盘式制动器由于容易散热,制动效能的恒定性较好。

### 2. 制动效能的水衰退

水衰退是指制动器摩擦表面浸水使制动效能下降的现象。制动器摩擦表面浸水后,由于水的润滑作用使摩擦系数下降,从而导致制动器制动效能降低。水衰退的程度可用制动器浸水后的制动效能与浸水前的制动效能的比值(%)表征。若水衰退发生在汽车一侧车轮制动器上,就将造成左右车轮制动力不等,进而恶化汽车制动时的方向稳定性。

汽车制动时产生的热量可使制动器摩擦衬片干燥。因此,为了保证安全,汽车涉水后应踩几脚制动踏板,使制动蹄与制动鼓发生摩擦产生热量,制动器便可迅速干燥,恢复正常。这种现象称为水恢复。

由于盘式制动器的效能因数(在制动盘或制动鼓的作用半径上所得到的摩擦力与输入力之比)受摩擦系数下降的影响较小,而且制动器中的水分会被旋转的制动盘甩出,同时制动器摩擦块的压力较高,也易于将摩擦衬片上的水分挤出和擦干。鼓式制动器的排水干燥就较为困难,需经较多次数的制动才能恢复原有制动性能。所以,盘式制动器的抗水衰退性和水恢复性明显优于鼓式制动器。

### 三、制动时的方向稳定性

制动时的方向稳定性指汽车在制动时按给定轨迹(直线或预定弯道)行驶的能力,即不发生跑偏、侧滑或失去转向能力的性能。

#### 1. 制动跑偏

制动跑偏,是指汽车直线行驶制动时,在转向盘固定不动的条件下,汽车自动向左侧或右侧偏驶的现象。

制动跑偏主要是由于汽车左、右车轮,特别是转向轴左、右车轮制动力不相等造成的。各轮制动器摩擦副表面状况、轮胎状况、制动器的调整状况,以及左、右轮与路面接触状况不可能完全一致,所以转向轴左、右轮制动力不等是难以避免的。这些问题经过维修调整一般是可以消除的。汽车左右轮制动力相差通常要求不大于8%。

此外,制动时汽车悬架导向杆系与转向系拉杆在运动学上不协调,发生杆系间的运动干涉,也会导致转向轮偏转引起跑偏。杆系运动干涉引起的制动跑偏方向是固定的,因此是系统性的,通过正确的设计就可避免。定型汽车使用过程中,因转向杆系间的运动干涉所导致的制动跑偏是转向轴变形、杆系变形、调整不当等汽车使用因素造成的,因此只要正确、合理使用汽车,基本上可以避免。

#### 2. 侧滑

侧滑指汽车制动时某一轴的车轮或两轴的车轮发生横向滑动的现象,当车轮抱死时,易发生侧滑或者失去转向能力。汽车在制动时,原先滚动的车轮的旋转速度逐渐下降,甚至可能停止转动(抱死),此时汽车仍依靠惯性向前冲,车轮与地面之间就产生滑移。

##### 1)前轴侧滑

汽车前轴发生侧滑时的运动情况如图3-5a)所示。直线行驶的汽车制动过程中,前轮抱死而后轮滚动时,此时如有侧向力作用,前轴就有可能发生侧滑。前轴侧滑时,汽车前轴中点的前进速度$v_A$将偏离汽车纵轴线,与纵轴线夹角为$\theta$。而后轴中点的前进速度$v_B$仍保持汽车纵轴线方向。汽车将作类似转弯的运动,其瞬时回转中心为速度$v_A$和$v_B$两垂线的交点$O$,汽车绕$O$点作圆周运动将产生作用于质心$C$上的离心力$F_j$。显然$F_j$的方向与引起汽车侧滑的侧向力方向相反,这说明了离心力$F_j$能起减小或阻止前轴发生侧滑运动的作用,使汽车处于稳定状态。因此说汽车制动时的前轴侧滑是一种较稳定的状态。

##### 2)后轴侧滑

汽车后轴发生侧滑时的运动情况如图3-5b)所示。直线行驶的汽车制动过程中,后轮抱死而向前拖滑时,若在侧向力的作用下后轴发生了侧滑,其所引起的离心力 $F_j$ 的方向与侧滑方向基本一致,加剧了后轴的侧滑程度,后轴进一步侧滑又加剧惯性力的增大。如此循环,汽车将急剧转动,甚至出现甩尾、掉头。因此后轴侧滑是一种不稳定的、危险的状况。在实际驾驶过程中,当出现后轴侧滑时,驾驶员可朝后轴侧滑方向适当转动方向盘,使回转半径加大,从而减小离心力,使侧滑程度减小,之后再缓慢将方向回正。

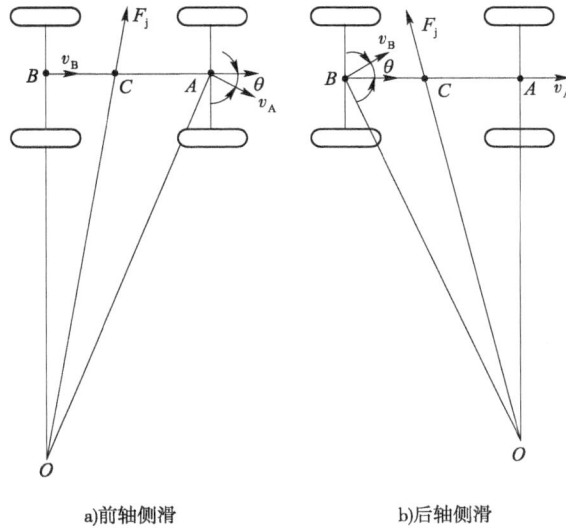

a)前轴侧滑　　　　　　　　　　b)后轴侧滑

图 3-5　汽车侧滑时的运动情况

当前轮抱死或先于后轮抱死时,前轮的横向附着系数为零,尽管操纵转向盘使前轮偏转,但路面却产生不了对前轮的侧向力,汽车将失去转向操纵能力;后轮抱死后,常会使汽车发生不规则的急剧回转运动而部分或完全失去操控。因此,在汽车制动时,从保证汽车方向稳定性的角度出发,首先不能出现只有后轴车轮抱死或后轴车轮比前轴车轮先抱死的情况,以防止后轴侧滑。其次,尽量减少只有前轮抱死或前、后轮都抱死的情况,以维持汽车的转向能力。最理想的状况就是避免任何车轮抱死,以确保制动时的方向稳定性。

为防止上述现象发生,现代汽车装有防抱死制动装置,不但可提高制动效能,更重要的是能保持制动时的方向稳定性,防止紧急制动时车轮抱死而发生危险。

# 第四节　汽车操纵稳定性

汽车的操纵稳定性直接关系到汽车的行驶安全,已成为衡量现代汽车的主要性能之一。汽车操纵稳定性包含两个方面:操纵性和稳定性。

操纵性指汽车能够及时准确地响应驾驶员指令的能力,如驾驶员左、右打方向,汽车应随之左、右转向;稳定性指汽车在行驶过程中具有的抵抗改变其行驶方向的各种干扰,并保持稳定行驶而不致失去控制,甚至翻车或侧滑的能力。如汽车在高速行驶时,突然遭遇强大侧向风,此时汽车应能够在驾驶员的控制下,达到稳定行驶而不致出现失控现象。

操纵性与稳定性有密切关系,操纵性不良往往会导致汽车侧滑、甩尾甚至翻车,稳定性不好常会造成汽车失控,因此,人们常将操纵性与稳定性联系在一起,称为汽车操纵稳定性。

汽车的操纵稳定性可用汽车稳态转向特性、汽车稳定极限以及驾驶员—汽车系统在紧急状态下操纵稳定性作为评价指标。

## 一、汽车稳态转向特性

汽车稳态转向特性是评价汽车操纵稳定性的重要指标。稳态转向特性有三种状况：不足转向、过度转向和中性转向。任何汽车在转向时都有转弯半径，设 $R$ 为汽车纵向对称面至瞬时转向中心 $O$ 的距离。如图 3-6 所示，$L$ 为轴距，$K$ 为两前轮主销轴线的距离，$\beta$ 为外侧转向轮转角，则 $R$ 近似为 $L/\sin\beta$。

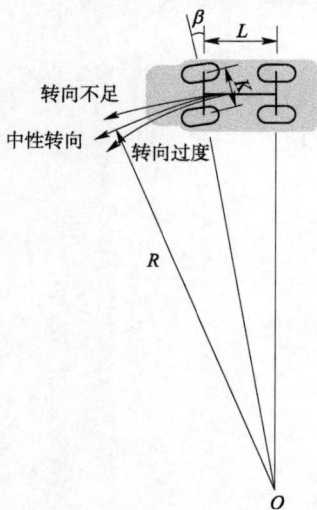

图 3-6　汽车的转向特性

如果转向轨迹圆偏离 $R$，就发生不足转向或过度转向的现象。汽车高速行驶开始转向时，因受汽车向前行驶的惯性作用，汽车会对转向产生瞬时抵抗，便产生了轮胎侧偏角，即汽车行驶方向与车轮朝向所成的夹角。车轮的侧偏角除了由轮胎的侧偏特性造成外，还由悬架的结构因素所造成，如悬架的刚度和几何特性等。

汽车转弯时，前后轮都会产生侧偏角。如果前后轮侧偏角相等，则汽车实际转弯半径等于转向盘转角对应的转弯半径，称为"中性转向"；如果前轮侧偏比后轮大，汽车实际转弯半径大于转向盘转角对应的转弯半径，称为"不足转向"；如果后轮侧偏比前轮大，汽车实际转弯半径小于转向盘转角对应的转弯半径，称为"过度转向"。图 3-7 所示为汽车右转向时，出现严重转向不足、转向过度时的状态。

中性转向虽然能较好地利用侧向力（与车轮前进方向垂直的分量），达到最大的转向速度，但却削弱了驾驶员对汽车稳定的主观感觉，无法预计汽车的制动甩尾。而对于过度转向，当车速达到某一极限时，转向半径会急剧减少，汽车会发生急转，致使操纵困难或失去操纵，甚至导致事故。不足转向产生相对较大的转向半径，侧向力减弱，汽车具有自动恢复直线行驶的良好稳定性，操纵容易。因此，绝大多数汽车制造厂家都将汽车做成具有轻微的不足转向，在这种情况下，制动甩偏的发生会使汽车回到原来行驶的路线。但是，具体情况具体分析，赛车就要采用过度转向的设计，以求获得最短的转弯时间。

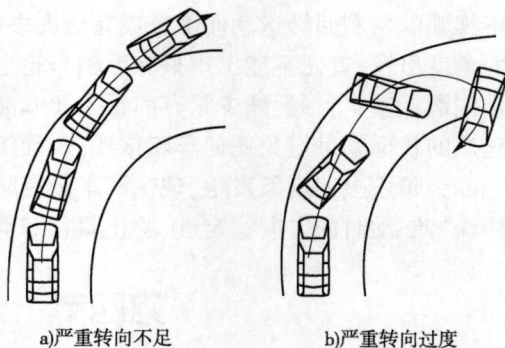

a) 严重转向不足　　　　b) 严重转向过度

图 3-7　严重转向不足或过度时的状态

## 二、汽车稳定极限

汽车转向行驶时的稳定性极限对安全行车影响很大。如果驾驶员对汽车的操纵动作使汽车的运动状态超过了这一限度，汽车的运动就会失去稳定，发生侧滑或倾翻，从而危及行车安全。

当前轮上的侧向反力先达到附着极限时，因前轮发生侧滑，使汽车的横摆角速度减小，转向半径增大,汽车将向外侧甩出,发生"偏航"现象。严重时,汽车会被甩出路外,导致交通事故。如果后轮上的侧向反力先达到附着极限,后轮将先于前轮向外侧侧滑,发生"甩尾"现象。因转向半径减小,极易诱发汽车倾翻。

汽车在水平路面上转向行驶时,不发生侧滑的极限稳定车速 $v_1$(km/h)为:

$$v_1 = 3.6\sqrt{Rg\varphi}$$

式中:$R$——汽车转弯半径,m;

$g$——重力加速度;

$\varphi$——路面附着系数。

汽车转向时不发生侧向倾翻的极限车速 $v_2$(km/h)为:

$$v_2 = 3.6\sqrt{\frac{RBg}{2h_0}}$$

式中:$R$——汽车转弯半径,m;

$B$——汽车的轮距,m;

$h_0$——汽车的重心高,m。

### 三、人车系统

驾驶员在行车中突然遇到危险,由于驾驶员心理上的问题,极易发生操作上的失误。这时,汽车的运动状态虽未超过稳定性界限也会发生事故,这可看成是人车系统工作失调所引起的。因此,研究人车系统中驾驶员的特性,尤其是对反应时间和心理素质进行检测是非常重要的。人车系统的操纵稳定性,可通过躲避障碍物能力试验进行评价。

影响操纵稳定性的因素很多,有汽车本身结构方面的因素,也有使用方面的因素。对于影响车辆操纵稳定性的结构方面的因素是在设计车辆时需要特别注意的问题;而当车辆已定型及投入营运以后,影响操纵稳定性的使用因素是至关重要的。

**1.车辆本身结构方面的因素**

(1)转向系统的主要性能参数,包括转向系统的传动比、转向系统的效率、转向器的啮合特性、转向系的刚度、转向盘转动的总圈数等。

(2)车辆的重心位置、轴距、轮距、质量分配、轮胎的类型和气压以及悬架的导向装置。

**2.车辆使用方面的因素**

(1)道路状况,如地面不平、纵向和横向的坡度等。

(2)气候条件,如侧向风力、下雨下雪对地面附着状态的改变等。

(3)左右车轮的附着情况不相同、车辆转弯行驶时的离心力等。

(4)速度对汽车操纵稳定性的影响。低速时,汽车呈不足转向,但在高速时,汽车有可能变为过度转向。所以在高速行车时,一定要注意转向盘的操纵,避免产生过大的离心力,以保证高速行车安全。

## 第五节　汽车平顺性

汽车的行驶平顺性指汽车在一般行驶速度范围内行驶时,能保证乘员不会因车身振动而引起不舒服和疲劳的感觉,以及保持所运货物完整无损的性能。由于行驶平顺性主要是根据乘员的舒适程度来评价,又称为乘坐舒适性。它包括振动对人的影响、汽车的空气及温度调节性能、座椅的舒适程度等。

汽车行驶时,汽车的振动主要由路面的不平度引起,振动的原因还包括汽车发动机、传动系统、转向系统中作用力的变化以及车轮的动静态不平衡等。因此汽车是一个很复杂的振动系统。当振动达到一定程度时所载乘客即感到不舒适以至疲劳,或者损坏运载货物。

汽车行驶平顺性的评价方法,通常是根据人体对振动的生理反应及对保持货物完整性的影响来制定的,并用表征振动的物理量如频率、振幅、位移、加速度等作为评价指标。目前常用的评价平顺性的指标主要有:汽车车身的固有频率、汽车振动的加速度等。

## 一、汽车车身固有频率

行驶中的汽车是个复杂的"振动系统",振动的发生源主要有路面凹凸不平的变化、不平衡轮胎的旋转、不平衡传动轴的旋转以及发动机的转矩变化等。这些因素引起的振动又大多与车速相关,尤其是路面凹凸不平引起的振动,随着车速的变化,振动的频率和强弱会产生相应的变化。

汽车可以看作是由轮胎、悬架、坐垫等弹性、阻尼元件和悬架质量及非悬架质量构成的"振动系统"。各种"输入"信号沿不同的路径传至乘员人体,其主要传递路径如图3-8所示。

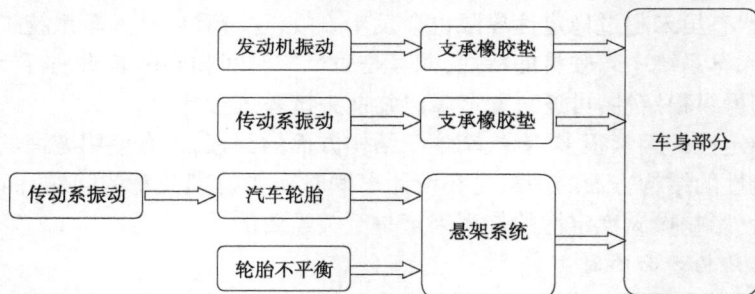

图 3-8　汽车行驶振动传递路线示意图

因路面、轮胎产生的振动先传到悬架,受悬架自身的振动特性影响后再传给车身,通过车身传到乘客的胸部,同时通过座椅传给乘客的臀部和背部,还通过转向系以转向抖动的形式传到驾驶员手部;因发动机、传动系产生的振动通过支承发动机、变速器和传动轴的缓冲橡胶块,经衰减后传给车身,再经上述途径传至人体各个部位。

由物理学知识可知,任何"振动系统"均有"固有频率",当外界激振信号的频率接近或等于"固有频率"时,将出现"共振"现象,产生剧烈的振动。研究汽车行驶平顺性实际上要解决两方面的问题:一是如何避免汽车这个"振动系统"的"共振"现象,这既会影响到汽车的操纵稳定性,也会影响行驶平顺性;二是使"振动系统"输出的振动频率避开人体敏感的范围,使振动加速度不超过人体所能承受的强度。

人体是个复杂的机械振动系统。人体对振动的反应既与振动频率及强度、振动作用方向和暴露时间有关,也与人的心理、生理状态有关。人体器官习惯于行走所引起的垂直振动的频率,如果车身振动频率与步行速度频率接近,则乘坐者不会感觉到不舒适。取步距为0.75m,

中等步行速度为 3~4km/h,则振动频率为 1.1~1.5Hz。如车身振动频率在此范围内,则可以认为是人体器官所习惯的。当振动频率低于 1Hz 时,会引起乘客晕车和恶心;当振动频率高于 1.5Hz 时,车身振动强烈,也会引起乘客疲劳和不舒适的感觉。

经长期的实践证明,采用这种简化的指标评价汽车行驶平顺性时,某些汽车虽然有较好的自由振动频率指标,但其实际的行驶平顺性并不好。因此,仅用自由振动频率来评价汽车行驶平顺性是不够的。

## 二、汽车振动的加速度

汽车振动加速度很大时,惯性载荷对人体的肌肉和器官产生影响,特别是突然振动引起加速度的变化,是乘客最不能适应的。加速度变化越迅速,人越感不适。基于这些原因,平顺性也按振动加速度来评价。为了保证汽车有良好的行驶平顺性,车身的自由频率应在 1.1~1.5Hz;振动加速度的极限容许值在 3~4m/s²,从保持所运货物完整性的观点出发,可由车身加速度来评定所允许的振动。如果车身加速度达到 1g,则未经固定的货物有可能离开车身地板,而后以很大的加速度降落。因此,为了货物完整性,应取车身振动加速度的极限值为 0.6~0.7g。

人体对振动反应的评价主要靠主观感觉判断,它是平顺性的最终评价。目前,由国际标准化组织提出的《人体承受全身振动的评价指南》(ISO 2631—1978)已被许多国家采用,我国参照 ISO 2631 制定了国家标准《汽车平顺性随机输入行驶试验方法》和《客车平顺性评价指标及极限》。ISO 2631 标准给出了振动加速度的均方根值在中心频率 1~80Hz 振动频率范围内,人体对振动反应的三种不同的感觉界限。

1. 暴露极限

当人体承受的振动强度在这个极限以下,能保持人的健康和安全。这个极限值常作为人体能够承受振动量的上限。

2. 疲劳—工效降低界限

当驾驶员承受的振动在此界限以下,能保证正常驾驶,不致太疲劳以致工作效率降低。

3. 舒适降低界限

此界限与保持舒适有关。在此极限之下时,人体对所暴露的振动环境主观感觉良好,并能顺利完成吃、读、写等动作。

图 3-9 分别为垂直和水平方向在不同暴露时间下的疲劳—工效降低界限。三个界限只是振动加速度允许值不同。"暴露极限"值为"疲劳—工效降低界限"的 2 倍(增加 6dB);"舒适降低界限"为"疲劳—工效降低界限"的 1/3.15(降低 10dB);而各个界限允许加速度值随频率的变化趋势完全相同。通过大量的振动试验表明,对于垂直振动为 4~8Hz;对于水平振动为 1~2Hz,这主要是人体的头部、心脏、胃等重要器官的共振频率都位于该区域内。频率在 2~8Hz 以下,同样的暴露时间,水平振动加速度容许值低于垂直振动,频率在 2~8Hz 以上则相反,即低频率范围内人承受水平振动的能力差。所谓暴露时间是指人体处于振动环境的时间。暴露时间越长,人体所能承受的振动强度越小。

汽车的平顺性主要取决于汽车的振动。因此,提高平顺性的主要措施有:合理设置座椅;合理设计汽车的悬架系统,使悬架的弹性特性、减振器的阻力特性匹配合理;提高减振效果;加长轴距、降低汽车的重心高度;合理分配汽车的轴荷;合理选择汽车轮胎等。

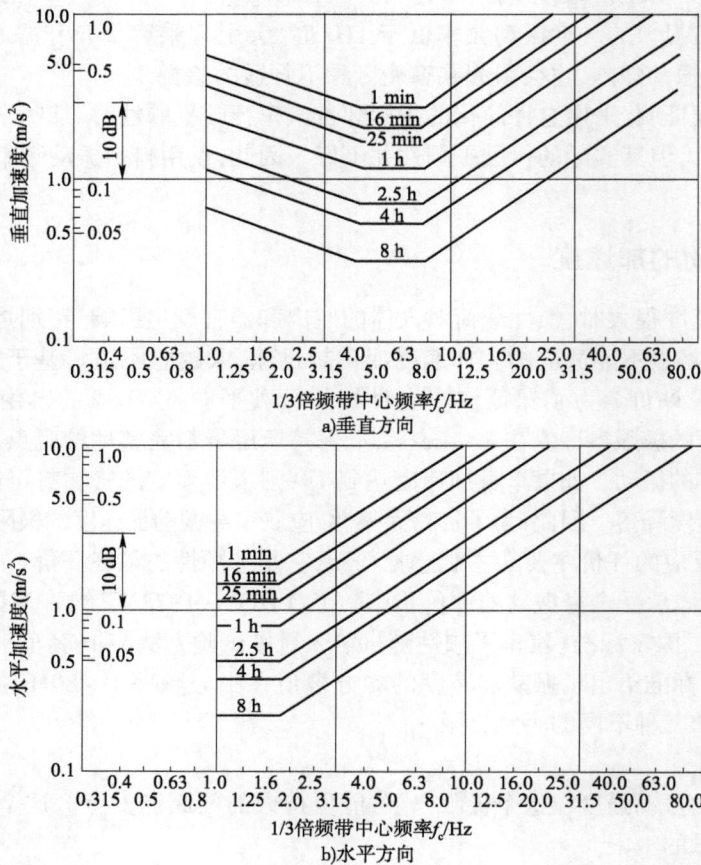

图 3-9 不同暴露时间下的疲劳—工效降低界限

# 第六节 汽车通过性及机动性

## 一、汽车的通过性

汽车的通过性,也称汽车的越野性,是指汽车在一定的载质量下能以较高的平均车速通过各种坏路及无路地带和克服各种障碍的能力。坏路及无路地带指松软土壤、沙漠、雪地、沼泽等松软地面及坎坷不平地段;各种障碍指陡坡、侧坡、台阶、壕沟等。汽车的用途不同,对通过性的要求也不一样。轿车和客车由于经常在市内行驶,通过能力就差,而越野汽车、军用车辆、自卸汽车和载货汽车,就必须有较强的通过能力。汽车通过性包括轮廓通过性、支承通过性。汽车通过性的好坏主要取决于汽车的总体布置以及汽车的外部尺寸、轴距、轮距、前悬长、后悬长和车轮的尺寸。

### 1. 轮廓通过性

轮廓通过性是表征车辆通过坎坷不平路段和障碍(如陡坡、侧坡、台阶、壕沟等)的能力。

表征汽车轮廓通过性的几何参数有:最小离地间隙、接近角、离去角、纵向通过半径、横向通过半径以及车辆通过的最大侧坡等,如图 3-10 所示。

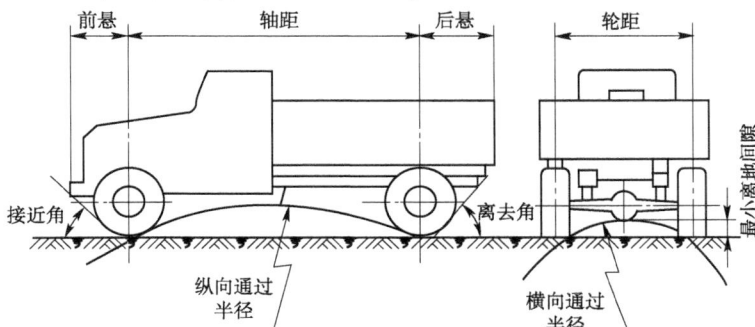

图 3-10 汽车轮廓通过性的几何参数

1)最小离地间隙 $h_{min}$

最小离地间隙是汽车除去车轮外的最低点与水平路面之间的垂直距离。它表征汽车无碰撞跨越通过石块、树桩等地面障碍的能力。汽车的前桥、飞轮壳、变速器壳、消声器和主减速器外壳通常有较小的离地间隙。该数据越大,则汽车的通过性越好,但同时使车身重心上升,影响高速行驶时的稳定性。一般具有越野功能的 SUV,最小离地间隙约为 200mm。

2)接近角 $\gamma_1$ 与离去角 $\gamma_2$

接近角与离去角指自汽车车身前、后突出点向前、后车轮引切线时,切线与路面之间的夹角。它表征了汽车接近或离开障碍物(如小丘、沟洼地等)时不发生碰撞的能力。接近角和离去角越大,则汽车的通过性越好。一般具有越野功能的 SUV,接近角和离去角约为 30°。

3)纵向通过半径 $\rho_1$

纵向通过半径指在汽车主视图上作出的,通过两轮之间底盘的最低点并与两轮相切的圆的半径。纵向通过半径越小,汽车的通过性越好。

4)横向通过半径 $\rho_2$

横向通过半径指在汽车左视图上作出的,通过左右轮之间底盘的最低点并与两轮相切的圆的半径,它表示汽车通过小丘及凸起路面的能力。

5)车辆通过的最大侧坡

如图 3-11 所示,车辆在侧坡上直线行驶时,当坡度大到使重力 $G_a$ 通过一侧车轮接地中心,而另一侧车轮的地面法向反力为零时,将发生侧翻。若重心高度为 $h_g$,轮距为 $B$,则此时有

$$G_a \sin\beta \, h_g = G_a \cos\beta \frac{B}{2}$$

$$\tan\beta = \frac{B}{2h_g}$$

式中:$\beta$——汽车不发生侧翻的极限角。

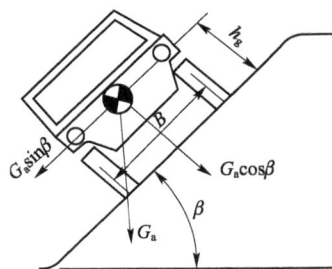

图 3-11 汽车的侧翻

所以为了防止侧翻,汽车的重心应低,轮距应宽。

**2.支承通过性**

支承通过性指车辆能顺利通过松软土壤、沙漠、雪地、冰面、沼泽等地面的能力。车辆支承

通过性主要有以下几个评价指标。

1）附着质量和附着质量利用系数

附着质量指轮式车辆驱动轴的承载质量 $G_\varphi$，附着质量利用系数 $k_\varphi$ 指车辆附着质量 $G_\varphi$ 与总质量 $G_a$ 之比。为了满足车辆行驶的附着条件的要求，应有：

$$G_\varphi \varphi \geqslant G_a \phi$$

即

$$k_\varphi \geqslant \frac{\phi}{\varphi}$$

式中：$\varphi$——附着系数；

$\phi$——道路阻力系数，$\phi = f + i$，其中，$f$ 为道路的滚动阻力系数；$i$ 为道路的坡度。

可以看出，附着质量利用系数 $k_\varphi$ 大有利于汽车在坏路面上行驶，丧失通过性的可能性就小。为了保证车辆的支承通过性，要求车辆的附着质量利用系数不低于规定值。

2）车轮接地比压

车轮接地比压指车轮对地面的单位压力。车辆在松软地面上行驶的滚动阻力系数和附着系数都与车轮接地比压直接有关。车轮接地比压小，车辙深度小，车轮的行驶阻力和车轮沉陷失效的概率就小。同样，当汽车行驶在黏性土壤和松软雪地上时，降低车轮接地比压可使车轮接地面积增加，提高地面承受的剪切力，使车轮不易打滑。车轮接地比压与轮胎气压有关，一般车轮接地比压比轮胎气压高 10%～20%。

## 二、汽车的机动性

汽车的机动性是指汽车在最小面积内活动的能力。机动性在很大程度上表征了车辆能够通过狭窄弯曲地带或绕开不可越过的障碍物的能力，因此车辆的通过性也受机动性的制约。汽车机动性的评价指标主要有：最小转弯半径、转弯通道宽度和内轮差。

### 1. 最小转弯半径 $R_H$ 和内轮差 $d$

最小转弯半径指汽车在水平路面上低速行驶转向，转向盘转到极限位置时，前外轮印迹中心至转向中心的距离（左、右转弯，取较大者），称为汽车的最小转弯半径，用符号 $R_H$ 表示，如图3-12所示。内轮差是指前内轮轨迹与后内轮轨迹半径之差，用 $d$ 表示。

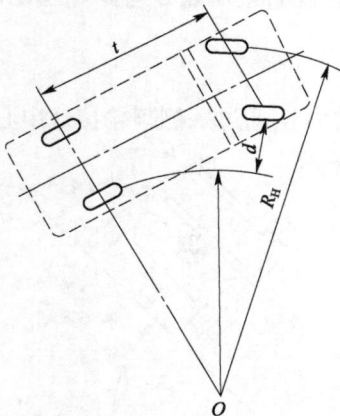

图3-12 最小转弯半径 $R_H$ 和内轮差 $d$

### 2. 转弯通道宽度

转弯通道宽度是指汽车转向时所占有的路面宽度，即车辆外廓最外点的转弯半径与外廓最内点的转弯半径间的差值。

最小转弯半径越小或转弯通道宽度越小，汽车的机动性越好。最小转弯半径的大小与汽车的轴距、转向系统有关。轴距越小，转向系统使转向轮转向的角度越大，则最小转弯半径越小。转弯通道宽度则与汽车的轮距有关，轮距越小，则转弯通道宽度越小。

# 第四章  现代汽车工业

学习目标

1. 知道现代汽车工业的发展概况和主要特点;
2. 知道汽车设计、汽车制造工艺的基本知识,理解汽车制造的主要材料;
3. 理解汽车生产过程;
4. 理解汽车的安全性能试验方法。

学习时间

6 学时

汽车的设计、制造、材料和试验是保证汽车性能的关键环节。随着科学技术的飞速发展,现代汽车工业得到了长足的发展,使得汽车的各项性能得到了极大改善,汽车的规格品种日益增多。同时,由于现代设计方法的应用和制造工艺的提高,也使得新车上市的速度大大地加快了。

本章围绕现代汽车的设计和制造过程,首先论述了现代汽车工业的发展和特点,对汽车设计的要求和现代设计方法进行了总结,简述了现代汽车的制造工艺。最后对汽车设计和使用过程中的多种汽车试验给予了阐述。

## 第一节  现代汽车工业概况

汽车工业是一项现代大工业领域。汽车工业的发展涉及许多产业及科学技术研究领域,关系到千家万户,影响着世界经济的发展。

### 一、现代汽车工业的发展

#### 1. 世界汽车工业的发展

自 1886 年世界上第一辆现代汽车问世以来,汽车的外形、技术性能、用途及产量等都发生了巨大的变化,世界的面貌也随着汽车及经济的发展而日新月异。

1) 世界汽车工业的发展历程

世界汽车工业的发展历程大体可以划分为以下几个阶段。

(1) 1886 年—20 世纪初:这是汽车工业的起步、单件简单生产阶段。汽车诞生于 1886 年,到了 1896 年,美国按同一图纸生产多辆汽车,开始了汽车产品的工业化生产,不过那时的年产量只有几千辆。

(2) 20 世纪初—20 世纪 50 年代:1918 年,美国福特公司创造了流水线生产线组装汽车法,汽车产量成倍地增加,使得汽车的生产成本大幅度下降。同时注意改进汽车外形以减小风的阻力,采用较大功率的发动机,提高车速及燃油经济性,并注意改善汽车的造型及乘坐舒适性。

(3)20世纪50—70年代:汽车形式及产量迅速增加,更加注意提高发动机功率及车速,改进生产技术,使得汽车性能有了明显的提高。在这一时期,日本丰田汽车公司提出了精益生产方式。

(4)20世纪70—90年代:自1973年石油危机爆发以后,汽车的节能、环保及安全成为汽车工业发展的主要目标。各大汽车公司开始制定全球发展战略,建立了全球化生产、经营体系。

(5)20世纪90年代以后:汽车生产除了继续追求节能、环保及安全外,更加注意驾驶操控的方便性以及乘坐的舒适性。由于计算机技术的广泛应用,使得汽车产品的开发技术及组织管理体制有了重大突破。机电一体化及电子控制技术的应用在汽车上的使用更加广泛,汽车生产开始向智能化汽车的方向发展。

2)汽车产量增长迅速

汽车问世后22年(1908年),美国福特汽车公司生产的内燃机汽车的年产量还不到1000辆,但福特汽车公司于当年创建的流水生产线大批量生产方式,使1915年的产量达到了30.8万辆。福特一家公司的产量占到了美国当时汽车总产量的3/4,而汽车生产历史较长的英、德等欧洲国家的年产量则只有美国的5%,也就是说1915年世界汽车总产量只有30多万辆。1995年,国际汽车制造商组织的统计表明,世界汽车总产量比1915年增长170倍,为5210万辆,2010年,世界汽车总产量则达到了7760.9万辆。值得一提的是,韩国的汽车工业创始于1965年,但资源有限、人口不多的韩国经过几十年的奋斗,汽车年产量已跃居世界前列,许多汽车产品已进入北美、欧洲、亚洲及其他世界各地的市场。

3)汽车性能的提高

世界汽车工业在提高产品质量及性能方面,同样取得了惊人的成就,汽车的主要性能提高有:

(1)汽车速度。汽车,这件曾经被人们称之为不用马的"马车"的最初速度只有10km/h。而现代的载货汽车,其车速可以达到90~120km/h,轿车的速度为130~240km/h,赛车的速度则达到了400km/h。原来陆上速度纪录保持者是英国人制造的ThrustSSC,成绩为763mile/h(约合1227km/h),由驾驶员安迪·格林1997年10月15日创造;2012年1月17日,美国承包商瓦尔多·斯塔克斯用核弹零件制造的高速汽车"音速之风陆地极速车",最高时速可达到2000mile/h(约合3218km/h),超过协和式飞机,它的钛燃料罐和球形结构来自于美国宇航局的航天器和弹道导弹。尽管这种汽车实际使用的可能性较小,但是却向世人有力地展示了汽车工业在设计和制造超高速运输工具方面的可能和成就,如图4-1所示。

图4-1 斯塔克斯制造的"音速之风"

（2）汽车加速性。排量为 2.0L 左右的现代轿车,0 ~ 100km/h 的加速时间仅需 8s 左右;而一些超级轿车的加速性能则更好,例如意大利罗达斯公司生产的布加迪 EB112 超级轿车的最高时速为 300km/h,0 ~ 100km/h 的加速时间仅需 4.7s。这种超级轿车价格昂贵,高达 50 万美元,而先进的赛车,0 ~ 100km/h 的加速时间仅需 3.7s。

（3）汽车的油耗。汽车的油耗与其所采用的发动机排量等因素有关,排量为 2.0L 左右的中型轿车,理论百公里油耗为 6 ~ 9L;排量为 3.0L 左右的轿车,理论百公里油耗为 9 ~ 12L;根据设计发展趋向,不久之后,实用型轿车的理论油耗有望达到 3L/100km。

（4）汽车的空气阻力系数。汽车正面迎风阻力系数 $C_D$ 的日趋减小,表示汽车外形的设计日渐完善,有利于提高汽车速度,降低油耗。现代大中型载货汽车的 $C_D$ 已由过去的 0.7 ~ 0.8 降到 0.5 ~ 0.6;轿车的 $C_D$ 已由过去的 0.4 ~ 0.5 降低到 0.3 ~ 0.4。个别轿车的 $C_D$ 已达到 0.2。表 4-1 所示为汽车空气动力学的发展历程。

汽车空气动力学经过的三个时期　　　　　　　　　　　　　　　表 4-1

| 时期 | 年代（年） | 特　点 | 代　表　车　型 |
|---|---|---|---|
| 基本型时期 | 1889—1893 | 沿用马车车型进行改造,没有形成完整的车型概念,外露的零件很多,联系松散 | |
| | 1893—1922 | 考虑了遮风挡雨和舒适性,有了完整车身的概念 | |
| 流线型时期 | 1922—1934 | 发现空气中运动物体后面存在涡流,寻求最低风阻的流线形体降低风阻系数 | |
| | 1934—1967 | 通过风洞实验,证明接近地面的半个机翼接近地面时阻力更小 | |

续上表

| 时期 | 年代(年) | 特 点 | 代 表 车 型 |
|---|---|---|---|
| 最优化时期 | 1967—1983 | 满足性能、人体工程学和工艺学。减少气动阻力，提高稳定性；进行车身局部修型；加装空气动力学的附加装置 | |
| | 1983 至今 | 综合考虑汽车的各个方面，包括安全法规等。气动造型与美学造型完美结合。车身表面无附件化 | |

(5)汽车的有害排放。汽车排放的有害气体有汽车尾气排放的一氧化碳（CO）、碳氢化合物（HC）、氮氧化物（$NO_x$）、铅（Pb）等。一氧化碳和人体红细胞中的血红蛋白有很强的亲和力，它的亲和力比氧强几十倍，亲和后生成碳氧血红蛋白（HBCO），从而削弱血液向各组织输送氧的功能，造成感觉、反应、理解、记忆力等机能障碍，重者危害血液循环系统，导致生命危险。氮氧化物主要是指 NO、$NO_2$，都是对人体有害的气体，特别是对呼吸系统有危害。在$NO_2$浓度为 $9.4mg/m^3$（$5 \times 10^{-6}$）的空气中暴露 10min，即可造成呼吸系统失调。

4）高新技术、科技成果的应用日益突出

现代科学的成就以及人们对自身生活提出的新需求，促进人们在汽车工业领域里进行新课题的研究和应用，出现了更多的新车型，例如电动汽车、太阳能汽车、氢燃料汽车、安全汽车、智能汽车、水陆两用汽车、会飞的汽车、利用风力作动力的汽车等。

5）产品开发技术日益先进，开发周期更短

现代汽车工业在产品开发方面，所采用的主要新技术及成就，体现在计算机的应用贯穿全过程、计算机技术孕育出新的汽车技术、新产品虚拟技术的开发成功、在新产品开发中实施同步工程。

6）新技术不断涌现

除在上述产品开发中采用的新技术外，在底盘、发动机各系统及零部件方面，新的结构、工作原理以及新的材料及工艺等新技术不断涌现，如 DSG、CVT、FSI、TFSI 等新技术。

7）组织管理及经营方式的发展

为了适应现代汽车工业市场竞争、产品开发的需要，世界各大汽车公司在企业战略目标、产品开发组织管理及生产方式上都有较大的变化，尽管各大汽车公司的具体做法有所差异，但是可以归纳出若干共同点,有汽车工业运作的全球化、矩阵管理方式、生产方式及生产规模的变化。

### 2.我国的汽车市场

2009 年,我国汽车工业产销量首次双双突破 1000 万辆大关,分别达到 1379.1 万辆和 1364.5 万辆,以 48% 和 46% 的增速跃居世界第一位;2017 年我国汽车产销量分别为 2901.5 万辆和 2887.9 万辆,同比分别增长 3.2% 和 3%,汽车产销量连续九年蝉联全球第一。

截至 2017 年年底,我国机动车保有量达 3.10 亿辆,其中汽车 2.17 亿辆;机动车驾驶员达 3.85 亿人,其中汽车驾驶员 3.42 亿人。从分布情况看,全国有 53 个城市的汽车保有量超过百万辆,24 个城市超过 200 万辆,7 个城市超过 300 万辆,分别是北京、成都、重庆、上海、苏州、深圳和郑州。与此同时,2017 年,全国新能源汽车保有量达 153 万辆,占汽车总量的 0.7%。我国近五年机动车保有量变化如图 4-2 所示,我国品牌汽车企业销量前 10 名的销量及企业名单如图 4-3 所示。

图 4-2　2012—2017 年我国机动车保有量变化

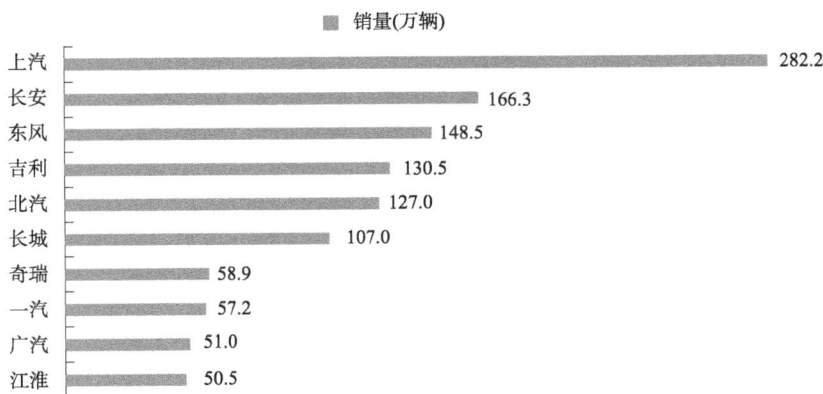

图 4-3　2017 年我国销量前 10 名品牌汽车企业及销量

## 二、现代汽车工业的主要特点

### 1.现代工业的特点

生产向专业化、批量化和多品种方向发展、技术装备向智能化、高效率的机器体系方向发展、市场需求是启动生产的发动机、技术是市场竞争的焦点、部门间的依存度不断提高、生产分工向国际化方向发展、新型的工业垄断正在形成。

**2. 现代汽车工业主要特点**

汽车工业的发展代表着现代工业的发展,在具有现代工业特点的同时,其主要的鲜明技术特点有流水作业、生产自动化、专业化生产。

# 第二节 现代汽车的设计

汽车是一个复杂的机电产品,在诞生初期,明显带有权力、地位和富有的特征。到了流水线方式进行大规模生产的时代,汽车变成为了平民大众能够普遍接受的消费品,已经进入了人们生活的各个方面,成为生活中不可缺少的部分。随着汽车技术的发展,人们对汽车的要求也是多方面的,如高速、安全、节能、美观等。为了适应人们对汽车的多方面要求,设计人员将各种新概念、新结构、新材料等科学地结合进汽车的设计之中,使汽车在技术、经济、艺术等方面达到最佳的综合效果。

## 一、设计师的工作

**1. 汽车设计开发的实际业务**

汽车设计不是一个设计师能承担所有工作的,在很多企业中是把设计业务分成外观设计、室内设计(即车厢内部设计)、色彩设计、计算机辅助设计(Computer Aided Design,CAD)、模型制作等专门小组来开展工作的。这些部门的设计业务,根据企业设为部、科、系、室等种种,但不管怎样设置,都是将设计分成专业,有组织地开展工作。近年来,为了提高设计质量和效率,出现了进一步细分化运行的倾向。汽车企业的设计组织不完全相同,其设计业务的组织和内容一般都如图 4-4 所示,可以分为 8 个业务部门。

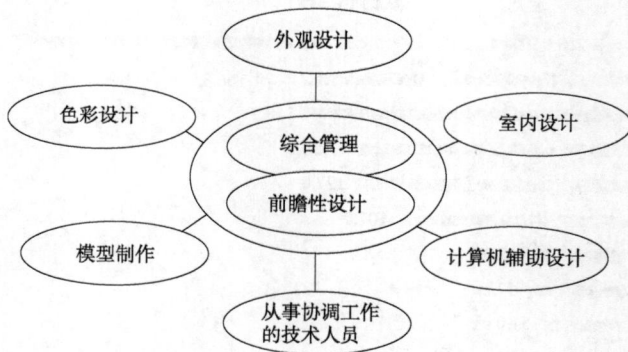

图 4-4　汽车设计开发的实际业务

**2. 外观设计**

外观设计整个画面所构成的外观造型需要有高度的造型能力和感觉(图 4-5)。此外,还需要了解和熟悉汽车的流行、市场需要和使用环境等情况。为了进行外观设计,需要制作数件缩比模型和等大模型的油泥模型进行比较研究。

图4-5 外观设计草图

### 3. 内饰设计

内饰设计主要承担汽车内饰设计(图4-6)。相关联的有汽车内饰与室内的居住性和视野等相关内容,由一些内饰的功能部件构成。除了收音机、仪表板、内装座位等大的零部件外,还有操作用的转向盘、操纵杆、制动装置、各种开关等,还有与驾驶员和乘客的体格、驾驶姿势等密切相关的问题。在使车辆的内饰漂亮的同时,还要进行详细的人机工程学的操作性研究和功能零部件之间的排列等的研究,包括驾驶员的视野、各零部件的配置(布局)和操作性等(图4-7)。与摄影人员共同研究简单的内饰模型,也是内饰设计的工作之一。

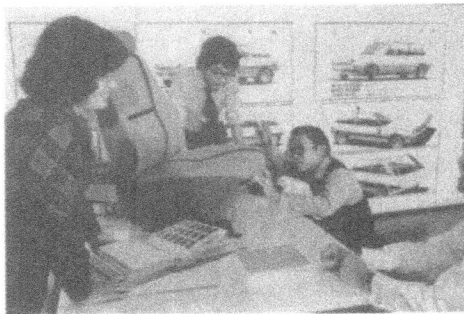

图4-6 内饰设计作业

图4-7 驾驶室

### 4. 色彩设计

色彩设计是承担色彩规划的设计业务,是设计数年后销售的车体色和汽车内装色彩的重要的专门工作(图4-8)。

## 二、设计工作人员

### 1. 模型制作

一般把专门从事模型制作的人称为模型制作师。在美国等国家模型制作师由在美术学校学习雕塑的人来承担这一工作。汽车设计的主要模型,一般是用专门制作汽车模型的油泥制成的(图4-9),它是用电烤箱加热使其变软涂在汽车模型的骨架上,制成车体的大体外形,这个阶段又称粗加工。在室温下油泥变硬,然后用专用工具按照图纸进行切削加工。

图4-8 色彩开发现场

图 4-9　油泥模型制作现场

## 2.计算机辅助设计

为了如前所述的模型加工,设计师画的图纸必须由计算机数据化。设计师渐渐开始使用计算机设计,日本的很多设计部门,都是将自己设计的形态用图纸向其他技术人员和有关部门的承担者输出(图 4-10)。草图是设计师的语言,是表现设计师所要形象的有效手法,但产品的形态和大小必须按照严格的规定标出尺寸,正确地向有关技术人员传达。

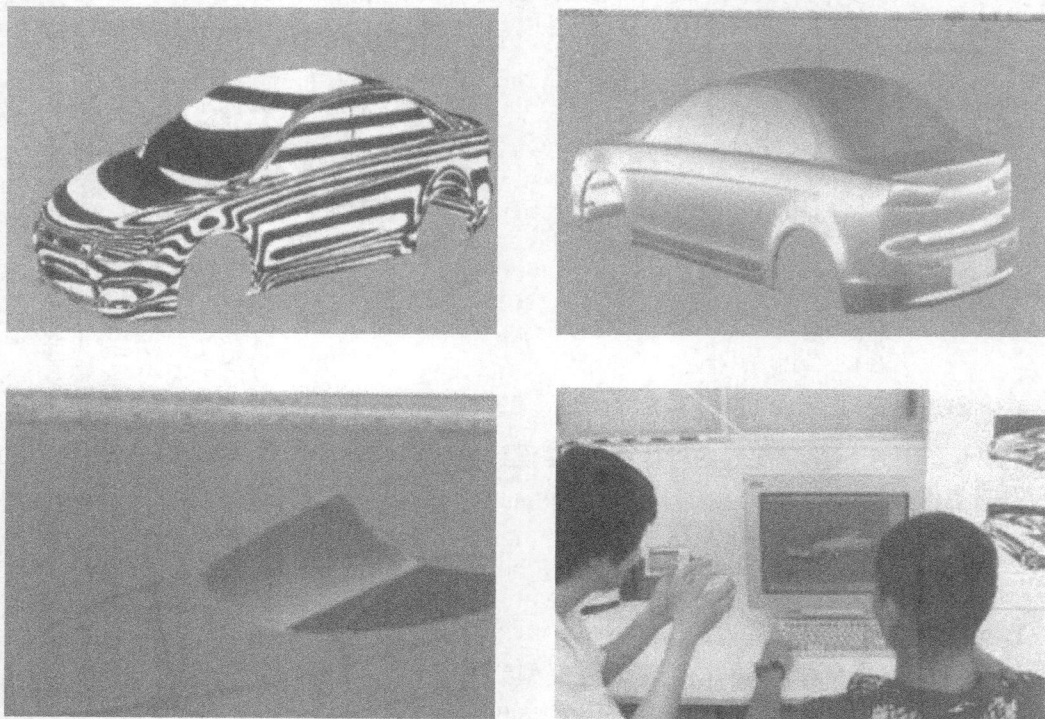

图 4-10　CAD 画面

## 3.协调工作

工作室是为了解决各种问题,在制作图纸和概略框架(图 4-11)之前,要花很多时间和精力研究解决问题的策略。设计师总是把自己理想的形态和效果优先于成本和很细的技术问题之上。由于设计者也对强度和安全性、规定的质量和成本目标等有要求,当然这两者便对立起来。

### 三、开发的综合管理

#### 1.前瞻性设计

前瞻性设计是指制定基于设计趋势等市场调查的长期战略和 CI(企业统一形象)等就将来设计的方向性立案,进行车种设计先行模型开发的工作。这种前瞻性设计部门的主要工作是进行各车种共同的、与设计有关的世界市场动向、竞争汽车的动向等资料和文献调查(图 4-12),在此基础上提出本企业面向未来的设计提案。

判断各车种设计的方向是否与设计战略和企业形象等一致,以及对消费者评价进行调查以给车种设计的决定提供资料和建议,也是这个部门重要的业务内容。

图 4-11　概略框架的研究

图 4-12　车展上的概念汽车

#### 2.综合管理

综合管理部门的工作是对上述的设计开发业务进行综合管理,其首要任务是负责招募优秀的设计师,并担负加以培养、妥善安排和劳务管理等与人事有关的业务。如果读者想成为未来的设计师,可以考虑开始与这一部门的人员接触。设计部门的资本是拥有优秀的设计师,因此,如何招募优秀的学生和设计师,有计划地培养他们,是企业对未来发展的投资,是综合管理部门的重要工作之一。

### 四、设计开发

#### 1.项目开发的组织构成

汽车开发的特征是一种项目开发。家电和家具设计的开发期一般为数周,最长也在 6 个月左右。汽车的项目开发是为期一年半到三年的长期开发。汽车即使是进行小的局部改良,也需要 6 个月,整车改良一般需要 18 个月左右。

#### 2.车种开发的 5 个阶段

如前所述,汽车开发的特点是长期的项目开发设计并与其他部门一起连动,大体上可区分为 5 个阶段,一般花费的时间如下:

(1)构想规划阶段(4~6 个月)。

(2)车型开发阶段(3~6个月)。

(3)设计确认阶段(1~2个月)。

(4)生产化阶段(8~12个月)。

(5)批量生产阶段(3~6个月)。

车种设计开发时间共需16~24个月。开发所需时间虽然会根据车种设计的变更和企业开发的规模而有长短变化，但总体来说，一个车种需要16~24个月的开发时间，这是汽车设计的特征。汽车设计开发需要24~30个月来完成。在这期间，设计师不仅仅只是画画草图和效果图，而且要与其他各个相关部门进行协调，有组织地进行设计开发工作。

# 第三节　汽车先进制造技术

先进制造技术(AMT)是以工艺过程为主体，将计算机、信息、自动化、管理等科学技术综合应用于制造过程的高科技技术群体(NC、CNC、FMS、CIMS、RPM等)，是国家重点发展和改造传统制造业的重要技术领域。应用先进制造技术，促进产业升级，乃是汽车产业赖以生存与发展的重要措施。

## 一、机械制造系统自动化与计算机辅助制造

机械制造系统自动化的目的是减少工作的劳动强度、劳动量，减少人为因素的影响，提高生产率和产品质量。同时还减少作业面积、人员，并降低产品成本。这对于汽车这样大批大量生产的产品，无疑是非常必要的。制造系统自动化可分为单一品种大批量生产的自动化和多品种小批量生产的自动化两大类。

### 1.柔性制造系统

柔性制造系统(简称FMS)是指以数控机床、加工中心及辅助设备为基础，将柔性的自动化运输、存储系统有机地结合起来，由计算机对系统的软硬件资源实施集中管理和控制而形成的一个物料流与信息流密切结合的、没有固定的加工顺序和工作节拍的自动化制造系统，主要适用于多品种、中小批量生产的高效自动化制造系统。柔性制造系统的适应范围很广，如图4-13所示，图中柔性制造单元、柔性制造生产线都属于柔性制造系统的范畴。

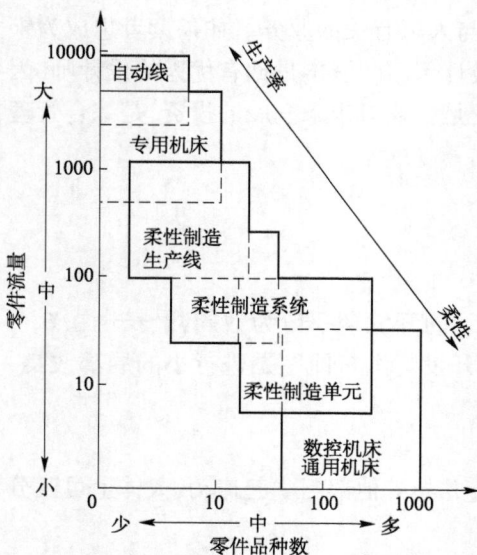

图4-13　柔性制造系统的适应范围

### 2.柔性制造系统的组成

一个功能完善的柔性制造系统一般由以下4个具体功能系统组成，即自动加工系统、自动物流系统、自动监控系统和综合软件系统。图4-14给出了上述组成的基本框图。

1)自动加工系统

FMS的自动加工系统，一般由加工设备、检验设备和清洗设备等组成，是完成加工的硬件系统。它的

功能是以任意顺序自动加工各种零件,并能自动更换工件和刀具。FMS 中所使用的加工设备,一般为数控机床和加工中心,以加工中心最为常用。加工中心是一种具有自动换刀装置(Automatic Tool Changer,ATC)的复合型数控机床。工件在一次装夹中,可以完成对不同加工表面的多功能(如铣削、镗削、钻削、攻螺纹等)的连续加工,因而可以大大提高加工精度和效率。自动换刀装置(ATC)主要包括刀库和刀具自动交换用的机械手等。刀库可设置在机床主轴的上部、内壁或侧壁上,一般可容纳 20 ~ 30 把刀具,大型的可存放 100 把左右。刀库的设置形式主要有转塔式、链式、盘式和鼓式等。

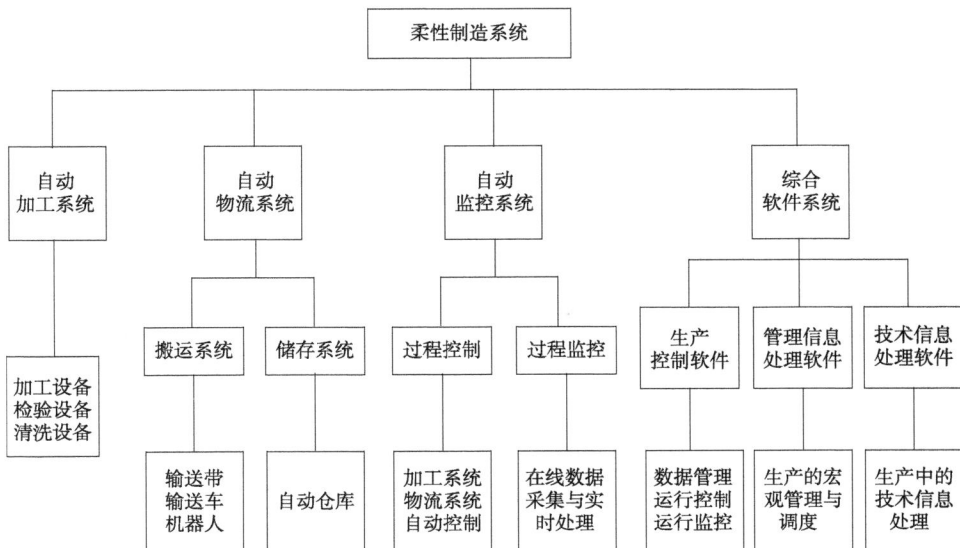

图 4-14　柔性制造系统的基本组成框图

2)自动物流系统

为实现柔性加工,FMS 应能按照不同的加工顺序,以不同的运输路线按不同的生产节拍对不同产品零件同时加工。同时,为提高物料运动的准确性和及时性,系统中还应具有自动化储料仓库、中间仓库、零件仓库、夹具库和刀具库等。自动搬运和储料功能是 FMS 提高设备利用率,实现柔性加工的重要条件。FMS 中的自动物流系统一般由存储、搬运等子系统组成,包括运送工件、刀具及切削液等加工中所需"物料"的自动搬运装置,装卸工作站及自动化仓库等。

3)自动监控系统

利用各种传感测量和反馈控制技术,及时地监控和诊断加工过程并作出相应的处理,是保证 FMS 正常工作的基础。FMS 自动监控系统包括过程控制和过程监视两个子系统,其功能分别是进行加工系统及物流系统的自动控制,以及在线状态数据的自动采集和处理。

4)综合软件系统

这是将以上三者综合起来的综合软件系统。它应包括生产计划和管理程序、动加工及物料存储、输送以及故障处理程序的制定与运行、生产信息的论证及系统数据库的建立等。

FMS 是一个物料流与信息流紧密结合的复杂的自动化系统。

### 3.计算机辅助制造（CAM）

利用计算机分级结构将产品的设计信息自动地转换成制造信息,以控制产品的加工、装配、检验、试验、包装等全过程,以及与这些过程有关的全部物流系统和初步的生产调度,这就是计算机辅助制造(CAM)。

计算机辅助制造过程是一个庞大的系统工程,一个大规模的计算机辅助制造系统就是一个计算机分级结构的网络,它由两级或三级计算机组成。其中,中央计算机控制全局,提供经过处理的信息;主计算机管理某一方面的工作,并对下属的计算机工作站或微型计算机发布指令和进行监控;而计算机工作站或微型计算机则承担单一的工艺过程控制或管理工作。图 4-15 表示了计算机辅助制造系统的分级结构。

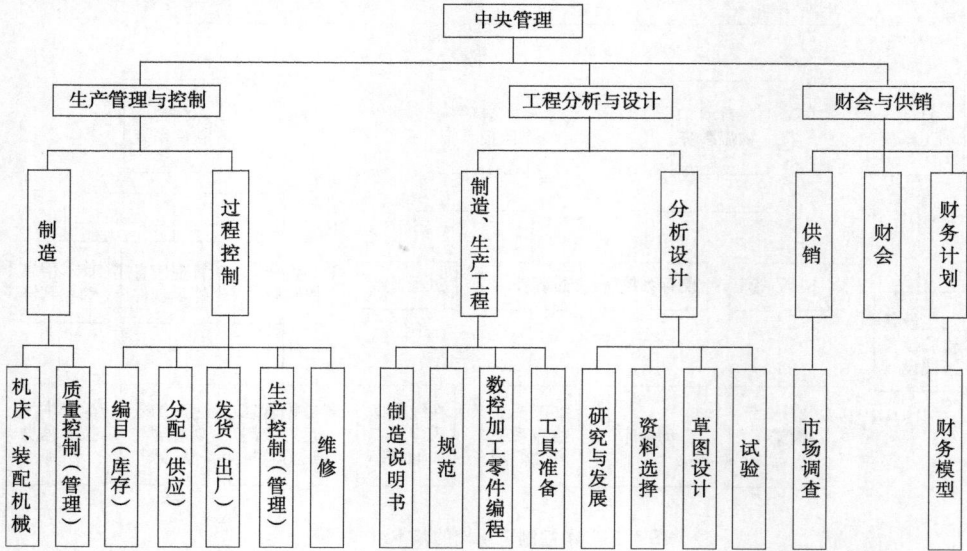

图 4-15　计算机辅助系统的分级结构

计算机辅助制造系统的组成可分为硬件系统和软件系统两方面:硬件方面有数控机床、加工中心、输送装置、装卸装置、存储装置、检测装置、计算机等;软件方面有数据库、计算机辅助工艺过程设计、计算机辅助数控程序编制、计算机辅助工装设计、计算机辅助作业计划编制与调度、计算机辅助质量控制等。

### 4.计算机集成制造系统（CIMS）

计算机集成制造系统是在计算机技术、信息技术和自动化制造技术( 如 CAD/CAM、FMS 等)基础上,通过计算机及其软件,将制造工厂全部生产活动所需的种种分散的自动化系统有机地集成起来,是适合于多品种、小批量生产的总体高效益、高柔性的智能制造系统,是目前计算机控制制造系统自动化技术的最高层次。CIMS 是一个信息与知识高度集成的制造系统。

## 二、快速成型制造技术

RPM( Rapid Prototyping/Parts Manufacturing)技术,即快速原型/零件制造,是涉及 CAD 技术、数据处理技术、数控技术、测试传感技术、激光技术及材料技术等高科技技术的综合与交叉应用新技术。RPM 技术是制造技术的一项重大突破,是先进制造技术的重要组成部分,RPM 技术具有广阔的应用前景。

**1. 快速成型制造的基本原理**

RPM 技术是由 CAD 模型直接驱动的快速制造任意复杂形状的三维实体技术的总称。其原理采用离散/堆积成型原理。对于冲压模具而言,其过程是:先由三维 CAD 软件设计出所需模具零件的计算机三维曲面或实体模型,然后根据工艺要求,将其按一定厚度分层,将原来的三维计算机模型变成二维平面信息(截面信息),即离散的过程。而后将分层后的数据进行一定的处理,输入加工参数,产生数控代码,在计算机控制下,数据系统以平面加工方式,有序地连续加工出每个薄层,并使诸薄层自动粘接而成型,这便是材料堆积的过程。最后得到理想的零件(或产品)。

**2. 快速成型技术在汽车工业中的应用**

由于 RPM 技术的特点,目前已广泛应用于航天航空、汽车、机械、电子及电器、轻工、医疗卫生等许多领域中。RPM 技术在汽车工业中的应用主要为新产品开发、快速模具制造、车身覆盖件模具快速制造 3 个方面。

在新产品开发时,通过快速制造出物理原型,便可尽早地对设计评估,缩短设计反馈的周期,方便而快速地进行修改设计,从而提高了产品开发的成功率,降低开发成本,缩短总体开发时间。

# 第四节　汽车制造材料

材料是人类生产和生活所必需的物质,人类社会的发展伴随着各种材料的不断开发和利用。材料、能源、信息被称为现代技术的三大支柱,材料是汽车工业的基础。

## 一、汽车材料的组成

汽车材料包括制造汽车各种零部件用的汽车工程材料,以及汽车在使用过程中使用的燃料和工作液等汽车运行材料。

**1. 汽车工程材料**

汽车工程材料包括金属材料、非金属材料和复合材料三大类。

1)金属材料

即纯金属及合金,有黑色金属(钢铁)、有色金属($Cu$、$Al$、$Ti$、$Mg$……)。图 4-16 所示是金属材料在汽车车身上的应用。

2)非金属材料

有机高分子材料(主要成分为 $C$、$H$),如塑料、橡胶、合成纤维等,以及无机材料,如玻璃、水泥、陶瓷等。图 4-17 所示为塑料在轿车上的应用部位,图 4-18 所示为玻璃在轿车上的应用。

3)复合材料

如玻璃、纤维、增强塑料等。

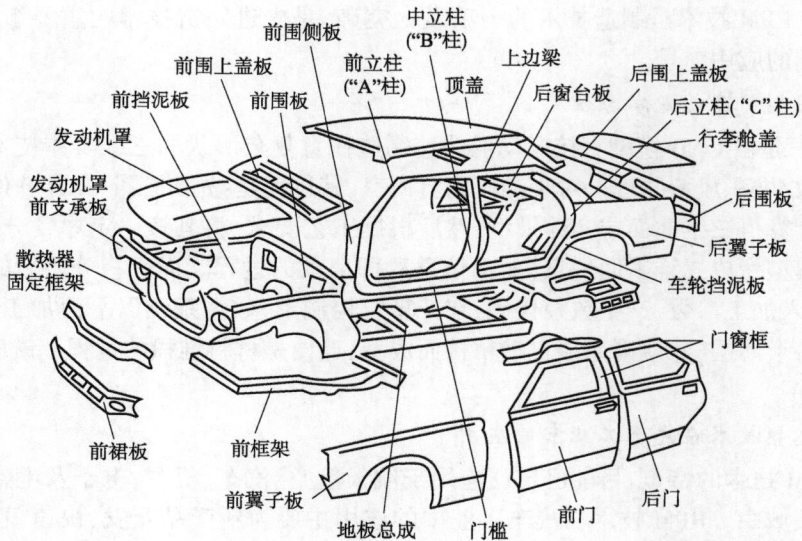

图4-16 金属材料组成的汽车车身

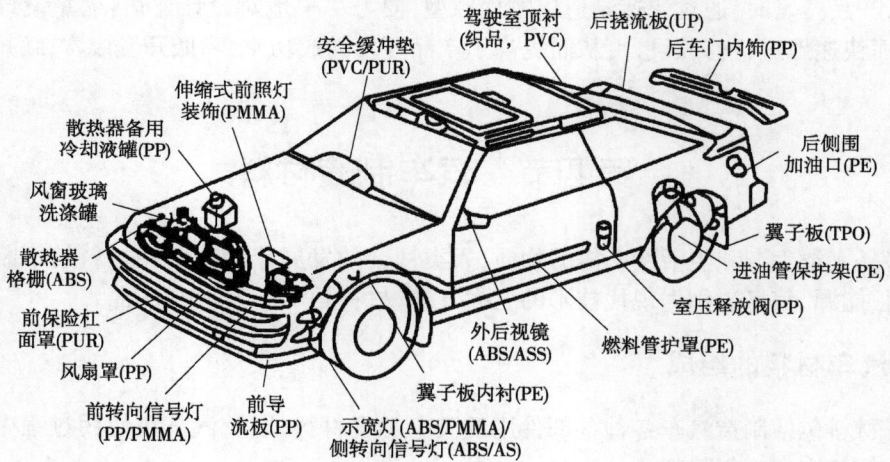

a)汽车外部

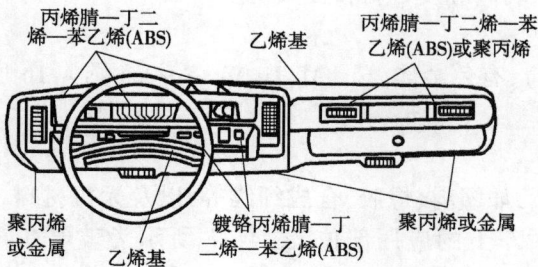

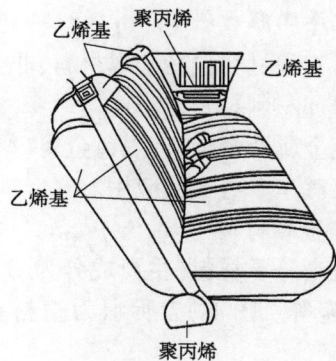

b)汽车内部

图4-17 塑料在轿车上的应用

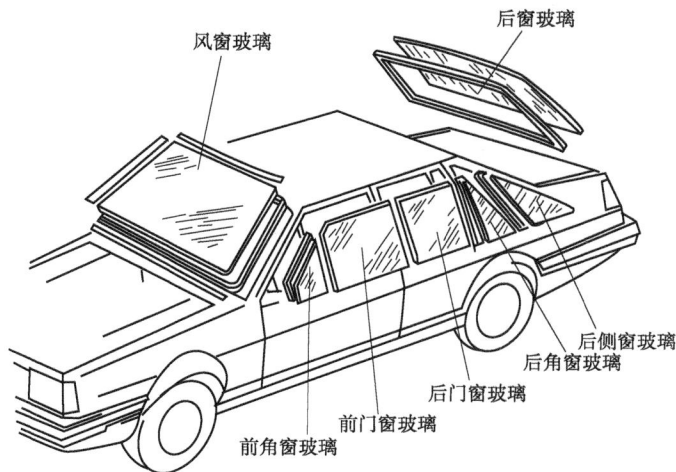

图 4-18　轿车上的玻璃

### 2.汽车运行材料

汽车使用的燃料、润滑剂及其他工作液和轮胎等被称为汽车的运行材料,通常是指在车辆运行过程中,使用周期较短、消耗费用较大、对车辆使用性能有较大影响的一些非金属材料。图 4-19 为轮胎按胎面花纹的分类。

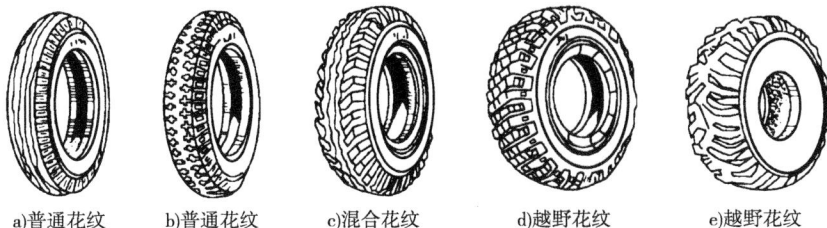

a)普通花纹　　b)普通花纹　　c)混合花纹　　d)越野花纹　　e)越野花纹

图 4-19　轮胎胎面花纹

### 3.汽车材料的应用

以现代轿车应用的材料为例,按照质量来换算,钢材占汽车自重的 55% ~60%、铸铁占 5% ~12%、有色金属占 6% ~10%、塑料占 8% ~12%、橡胶占 4%、玻璃占 3%、其他材料(油漆、各种液体等)占 6% 。汽车材料应用的总趋势就是,以非金属材料代替部分金属材料,在金属材料中以非铁金属取代钢铁。

## 二、汽车材料的发展

汽车材料的发展方向是使汽车轻量化和减少污染。

汽车材料总的发展趋势是:在汽车的结构材料中,钢铁材料所占比例将逐步下降,有色金属、陶瓷材料、复合材料、高分子材料等新型材料的用量有所上升。在性能可靠的条件下,将尽可能多地采用铝合金、复合材料等轻型、新型材料取代钢铁材料。

现代汽车使用的几种新型材料如下。

**1. 镁合金**

镁合金是以镁为基础加入其他元素组成的合金。其特点是：密度小（1.8g/cm³），比强度高，弹性模量大，散热好，减振性好，承受冲击载荷能力比铝合金大，耐有机物和碱的腐蚀性能好。主要合金元素有铝、锌、铈、钍以及少量的锆或镉等。目前使用最广泛的是镁铝合金，其次是镁锰合金和镁锌锆合金。在实用金属中镁是最轻的金属，镁的密度大约是铝的2/3，是铁的1/4。图4-20为汽车转向盘镁合金铸件。

图4-20  汽车转向盘镁合金铸件

**2. 形状记忆合金**

记忆合金具有形状记忆效应，记忆合金在发生塑性变形后，经加热形状记忆合金恢复原来的形状。分为单程记忆合金、双程记忆合金和全程记忆合金等三类。SMA的形状记忆效应源于热弹性马氏体相变，这种马氏体一旦形成，就会随着温度下降而继续生长，如果温度上升它又会减少，以完全相反的过程消失。两项自由能之差作为相变驱动力。两项自由能相等的温度 $T_0$ 称为平衡温度。只有当温度低于平衡温度 $T_0$ 时才会产生马氏体相变，反之，只有当温度高于平衡温度 $T_0$ 时才会发生逆相变。在 SMA 中，马氏体相变不仅由温度引起，也可以由应力引起，这种由应力引起的马氏体相变称为应力诱发马氏体相变，且相变温度同应力呈线性关系。

在汽车上的应用有：汽车的散热器护栏活门、汽车冷却风扇离合器等。不久的将来，汽车的外壳也可以用记忆合金制作。如果不小心碰瘪了，只要用电吹风加温就可恢复原状，既省钱又省力，很是方便。

**3. 复合材料**

复合材料（Composite Materials），是由两种或两种以上不同性质的材料，通过物理或化学的方法，在宏观上组成具有新性能的材料。各种材料在性能上互相取长补短，产生协同效应，使复合材料的综合性能优于原组成材料而满足各种不同的要求。复合材料的基体材料分为金属和非金属两大类。金属基体常用的有铝、镁、铜、钛及其合金。非金属基体主要有合成树脂、橡胶、陶瓷、石墨、碳等。增强材料主要有玻璃纤维、碳纤维、硼纤维、芳纶纤维、碳化硅纤维、石棉纤维、晶须、金属丝和硬质细粒等。

复合材料具有比强度高、耐腐蚀、密度低等特点，如玻璃纤维增强塑料、碳纤维等，在客车车身上应用较多。芳纶纤维多用在汽车的轮胎帘子线、高压软管、摩擦材料、高压气瓶等。全碳纤维车身奥迪 R8 5.2 FSI，售价高达 232.80 万元人民币，全球限量 10 辆。

**4. 纳米材料**

纳米材料是指在三维空间中至少有一维处于纳米尺度范围（1～100nm）或由它们作为基本单元构成的材料，这相当于 10～100 个原子紧密排列在一起的长度。纳米材料具有卓越的性能和特殊功能，如采用纳米材料可以对汽车发动机曲轴表面进行纳米粉涂层处理，纳米膜可用于汽车尾气处理的气体催化材料。

**5. 其他材料**

如超导材料、储氢材料、分离膜材料具有特殊性能和功能。储氢材料在一定温度和氢气压强下能迅速吸氢,适当加温或减小氢气压强时又能放氢的材料。多为易与氢起作用的某些过渡族金属、合金或金属间化合物。由于这些金属材料具有特殊的晶体结构,使得氢原子容易进入其晶格的间隙中并与其形成金属氢化物。其储氢量可达金属本身体积的 1000 ~ 1300 倍。氢与这些金属的结合力很弱,一旦加热和改变氢气压强,氢即从金属中释放出来。氢在金属中的这种吸收和释放,取决于金属和氢的相平衡关系,并受温度、压强和组分的制约。通常,储氢材料的储氢密度很大,甚至高于液态氢密度。已实用和研究发展中的储氢材料主要有:①镁系储氢合金;②稀土系储氢合金;③钛系储氢合金;④锆系储氢合金。储氢材料用途广泛,除用于氢的存储、运输、分离、净化和回收外,还可用于制作氢化物热泵;以储氢合金制造的镍氢电池具有容量大、无毒安全和使用寿命长等优点;利用储氢合金可制成海水淡化装置和用于空间的超低温制冷设备等。

# 第五节　汽车生产实施过程

新车开发的过程一般包括以下四个阶段:规划阶段、设计阶段、试验阶段、生产阶段。

## 一、规划阶段

作为新车开发的前奏,在规划阶段要结合市场调研的结果,分析市场需求,同时结合社会环境保护的发展规划和汽车相关新技术的发展状况来确定新车开发的定位,从而相应确定新车开发的布置及配置方案,如车内空间大小、座位数多少、舒适性配置及各总成、各部件装置的配置及布置等。当然,新车的布置及配置方案在新车的后续设计加工中会根据具体情况进行相应的修改和完善。

## 二、设计阶段

作为新车的设计和生产,其所采用的车型、具有的性能和体现的风格都应具有新的表现,具有使人眼前一亮的震撼感觉,这样才能使所生产出来的新车在市场销售、品牌提升等方面达到预期的设想。

除了车形外,新车的性能(动力性、经济性、舒适性等)也是新车设计的一个主要方面。不同挡位、不同使用环境的汽车设计会侧重不同的汽车性能。各种汽车新技术的开发和采用对提升汽车性能起到保障作用。

汽车作为科技与文化的结合体,体现出不同的风格。不同时代、不同国家设计出具有不同风格的汽车,其实汽车的风格与一个国家和地区的文化具有密不可分的联系。如何在新车的设计中展现自己民族或地区的文化特征也是在新车设计阶段要考虑的。

确定了新车的车形、性能和风格后,接下来就是将新车的构想直观化,通过创作新车的素描草图来展现新车的基本风格。利用素描草图可以将新车的车型、风格等直观展现,对于不满意的地方可以进行修改和完善。

## 三、试验阶段

对新车的试验包括动力性、经济性、安全性、操纵稳定性等性能试验及使用条件试验等。

通过对新车的这些试验,可以较早发现设计中存在的缺陷,进行及时纠正和完善。设计人员的构思和设想很完美,但有时在加工制造技术上实现起来困难很大,这时就要衡量设计和加工的利弊,找到合适的平衡点。有些设想只停留在试验阶段,由于其弱点使其在新车的实际应用中受到一定的限制。这时就要对设计图纸进行局部调整。通过对批量生产前的新车进行试验发现设计中存在的缺陷以便对设计图纸作出及时的修改和完善是新车设计中很重要的一个环节。

## 四、生产阶段

当新车样车经过多次试验、评价合格后,就可以批量生产了。现在的汽车生产线自动化程度很高,由于采用了流水线作业方式,大量地使用机器人和机械手进行作业。汽车生产机械化程度的提高,一是可以从繁重的机械加工劳动中解放出来,二是可以保证加工的精度和质量。操作人员只需要进行一些简单的操作即可,比如安装驾驶室附件、车标等。图4-21所示是大众汽车总装配线。

图4-21　大众汽车总装配线

汽车生产过程包括动力总成的制造、车体制造和整车装配三部分。动力总成的制造又包括动力总成的零件制造、发动机加工装配和变速器加工装配;车体制造包括白车身制造及车身喷涂等操作;最后将动力总成和车体组装在一起就完成了整车生产。

### 1.汽车总成的零件制造

汽车总成的零件制造过程中涉及的生产工艺包括铸造、锻造、辊压等。零件加工工艺的选择与汽车零部件的材料性能和加工精度要求相关。汽缸套、活塞、飞轮等采用合金铸造的生产工艺;滚动轴承滚道、齿轮毛坯等采用锻造的生产工艺;而轿车中的等速联轴器等则采用冷锻的生产工艺。

### 2.汽车车体制造

此过程主要是完成白车身的制造、车身喷涂和内饰装配。除内饰装配外,在白车身制造和车身喷涂过程中均为全机械化无人操作。

汽车的车身是将冲压成型后的车体面板装到车骨架上,再装上车门和车身发动机罩,以及挡泥板和翼子板等而成。这种在喷涂前的状态的车身称为白车身。白车身制造主要包括车体面板冲压成型和车体焊接两大工艺。

车体用面板是由薄钢板在专用机器上经过弯曲和翘度校正后,裁成车用尺寸,经过冲压设备依次进行深冲、切边、弯曲、钻孔等操作后而形成的。整个过程均在流水线上自动完成,无须人工参与。

车身用面板加工完成后是车体的焊接装配。激光技术主要用于车身拼焊、焊接和零件焊接。塑料焊接技术已被成功地运用于汽车保险杠、仪表板和制动灯、方向指示器、汽车门板以及其他与发动机有关的零部件制造工业中。等离子的焊接工艺应用在油箱的两个半圆边缘的焊接。焊接过程中焊接操作及焊接质量的检测均由焊接机器人或机械手来完成,需要将车固定在特定的位置以便焊接机器人进行准确的操作。

车身喷涂时首先要进行车身防锈处理。现在的汽车厂多采用浸渍处理方式来进行车身防锈处理,就是把整个车体浸没在盛满处理液的槽中。这种方式可使车身全部得到均匀处理,同时提高防锈性能,然后采用电泳法涂底漆,采用自动喷漆机械装置喷漆。喷漆机械采用过程控制并安装在喷漆室的顶部和两侧。喷漆的循环速度为110m/s,喷射率为1400 cm/min。自动喷枪喷不到的部位由手动喷涂。

### 3. 汽车整车装配

汽车整车装配就是将汽车总成和车体组装在一起,同时安装汽车电子和电气设备,完成新车的整车装配过程。

# 第六节　汽　车　试　验

由于汽车的使用条件复杂,汽车工业所涉及的技术领域极为广泛,致使许多理论问题研究得还不够充分,因此汽车工业特别重视试验研究。汽车的设计、制造过程始终离不开试验,无论是设计思想和理论计算、初步设计、技术设计、汽车定型还是生产过程,都要进行大量的试验。

## 一、汽车整车性能试验

汽车性能试验是为了测定汽车的基本性能而进行的试验。主要包括以下这些试验。

### 1. 动力性能试验

对常用的三个动力性能指标,即对汽车的最高车速、加速和爬坡性能进行实验。

最高车速试验的目的是测定汽车所能达到的最高车速,我国规定的测试区间是1.6km试验路段的最后500m。

加速试验一般包括起步到给定车速、高速挡或次高速挡,以及从给定初速加速车速两项试验内容。

爬坡试验包括最大爬坡度与爬长坡两项试验。最大爬坡度试验最好在坡度均匀、测量区间长20m以上的人造坡道上进行,如果人造坡道的坡度对所测车不合适(例如坡道过大或过小),可采用增、减载荷或变换排挡的办法做试验,再折算出最大爬坡度;爬长坡试验主要用来检查汽车能否通过坡度为7%~10%、长10km以上的连续长坡,试验中不仅要记录爬坡过程中的换挡次数、各挡位使用时间和爬坡总时间，还要观察发动机冷却系统有无过热、供油系统有无气阻或渗漏等现象。

### 2. 制动性能试验

汽车制动性能的优劣直接关系到汽车行驶的安全性，用制动效能和制动效能的稳定性评价。常进行制动距离试验、制动效能试验(测定制动踏板力和制动减速度关系曲线)、热衰退和恢复试验、浸水后制动效能衰退和恢复试验等。

### 3. 操纵稳定性试验

试验类型较多，如用转弯制动试验评价汽车在弯道行驶制动时的行驶方向稳定性；用转向轻便性试验评价汽车的转向力是否适度；用蛇形行驶试验来评价汽车转向时的随从性、收敛性、转向力大小、侧倾程度和避免事故的能力；用侧向风敏感性试验来考察汽车在侧向风情况下直线行驶状态的保持性；用抗侧翻试验考察汽车在为避免交通事故而急打转向盘时汽车是否有侧翻危险；用路面不平度敏感性试验来检查汽车高速行驶时承受路面干扰而保持直线行驶的能力；用汽车稳态回转试验确定汽车稳态转向特性等。

### 4. 平顺性试验

平顺性主要是根据乘坐者的舒适程度来评价的，所以又称乘坐舒适性，其评价方法通常根据人体对震动的生理感受和保持货物的完整程度确定。典型的试验有汽车平顺性随机输入行驶试验和汽车平顺性单脉冲输入行驶试验，前者用以测定汽车在随机不平的路面上行驶时，其振动对乘员或货物的影响；后者用以评价汽车行驶中遇到大的凸起物或凹坑冲击振动时的平顺性。

### 5. 通过性试验

一般在汽车试验场和专用路段上进行通过性试验，项目包括通过垂直障碍物试验、通过凸岭试验、通过水平壕沟试验、通过路沟试验、通过弹坑试验和涉水试验等。

### 6. 安全性试验

安全性试验项目很多，而且耗资巨大，特别是碰撞安全试验，除正面撞车试验外，近来还增加侧面撞车试验。可以进行实车撞车试验，也可以进行模拟试验或撞车模拟计算；但不少国家规定新车型必须经过实车撞车试验，以验证其撞车安全性。

C-NCAP(China New Car Assessment Programme，即中国新车评价规范) 是将在市场上购买的新车型按照比我国现有强制性标准更严格和更全面的要求进行碰撞安全性能测试，评价结果按星级划分并公开发布，旨在给予消费者系统、客观的车辆信息，促进企业按照更高的安全标准开发和生产，从而有效减少道路交通事故的伤害及损失。C-NCAP要求对一种车型进行车辆速度 50km/h 与刚性固定壁障 100% 重叠率的正面碰撞、车辆速度 56km/h 对可变形壁障 40% 重叠率的正面偏置碰撞、可变形移动壁障速度 50km/h 与车辆的侧面碰撞等三种碰撞试验，根据试验数据计算各项试验得分和总分，由总分多少确定星级。评分规则非常细致严格，最高得分为 51 分，星级最低为 1 星级，最高为 5 + 。图 4-22 ~ 图 4-24 分别是正面碰撞、正面偏置碰撞和车辆的侧面碰撞示意图。

图 4-22　正面 100% 重叠刚性壁障碰撞试验

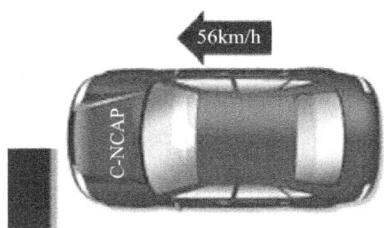

图 4-23　正面 40% 重叠可变形壁障碰撞试验

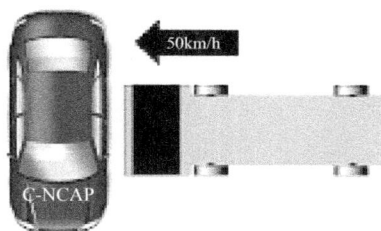

图 4-24　可变形移动壁障侧面碰撞试验

碰撞中的人体模型(俗称假人)分别如图 4-25～图 4-28 所示,模拟人身体的各个部位。

图 4-25　Hybrid Ⅲ 假人

图 4-26　EuroSID Ⅱ 假人

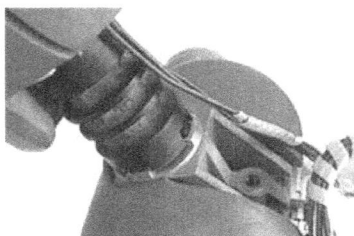

图 4-27　模拟人颈部结构

图 4-28　HybridC Ⅲ模拟人胸部结构

2017 年 12 月 31 日,美国第三大新闻杂志《U. S. News & World Report》根据 IIHS(美国公路安全保险协会)、NHTSA(美国高速公路安全管理局)等机构的撞击测试结果,分析了各个车型的安全得分,并依据品牌进行了分类,得出品牌的平均分,排出了 2017 十大安全汽车榜单,见表 4-2。

**2017 年度世界安全汽车榜单**　　　　　表 4-2

| 排名 | 汽车品牌 | 说　　明 |
|---|---|---|
| 1 | Volvo 沃尔沃,9.8 分 | 沃尔沃以安全技术著称,各种安全黑科技都应用在车上。沃尔沃的碰撞测试成绩一直都是名列前茅 |
| 2 | Mercedes-Benz 奔驰,9.73 分 | 全新一代的奔驰车型系列,从 A 级到 S 级,包括 V 级车,从造型设计到新技术应用,以及产品质量安全性,每一个环节都是几个品牌中最有优势的 |

续上表

| 排名 | 汽车品牌 | 说明 |
|---|---|---|
| 3 | BMW 宝马 ,9.72 分 | 运动操控性是宝马最大的卖点,而在安全性上也不逊色。全新一代宝马 5 系、3 系都获得 IIHS 的最高 TSP + 评价,宝马全新 5 系在 25% 小面积偏置碰撞、40% 正面偏置碰撞、侧面碰撞、车顶抗压强度及头枕/座椅五项测试中,均获得了优秀(G)的成绩 |
| 4 | Mazda 马自达,9.7 分 | 作为日系车企中的二线品牌,在 IIHS 碰撞测试中,马自达多款车型获得 TSP + ,这得益于 Skyactiv 创驰蓝天技术的进化,全新第二代 CX – 5 的表现更是直接拉高了马自达的安全成绩 |
| 5 | Audi 奥迪,9.7 分 | 奥迪在安全技术方面的投入一点也不少,像奥迪 A3 就得到过 9.3 的分数,顶配奥迪 A6 则获得了满分 10 分 |
| 6 | Acura 讴歌,9.69 分 | 作为本田旗下的豪华品牌,Acura 讴歌在北美市场的表现一直以来都是比较稳定的,讴歌新推出的 TLX 以及 ILX、MDX 的安全成绩都非常好 |
| 7 | Subaru 斯巴鲁 ,9.63 分 | 在中国不瘟不火的 Subaru 斯巴鲁,在北美市场的表现几乎可以用主流一线车企的神勇状态来形容,全年销量超过 60 万辆,取得这一成绩最重要的就是其安全性和操控性两大卖点。拥有全时四驱技术的斯巴鲁,拿到了 9.63 分。斯巴鲁的 EyeSight 驾驶辅助系统非常智能,可以与豪车的安全黑科技相媲美 |
| 8 | Hondas 本田,9.51 分 | 本田在美国市场的表现一直都不错,思域、CR – V 车型尤其卖得好。而作为科技控的本田,在安全配置上确实很有一套,本田拥有 Honda SENSING 的安全系统,集合诸如前部碰撞预警、自动紧急制动以及并线辅助等应用,增强了碰撞测试的成绩,而本田思域在安全性的表现中也拿到了 10 分的成绩 |
| 9 | Lexus 雷克萨斯,9.5 分 | 丰田集团旗下的豪华汽车品牌,雷克萨斯的可靠性在 J. D Power 的排名一直在前列,虽然丰田未能进入前十榜单,但雷克萨斯以平均分为 9.5 分的成绩排名第九。其中像雷克萨斯 GS 以及 CT Hybrid 两款车型甚至拿到了安全评测的满分 10 分 |
| 10 | Buick 别克,9.45 分 | 别克是地道的美国品牌,其安全性评价排在第十位 |

## 二、汽车零部件试验

汽车零部件种类繁多,其试验主要包括性能、强度、耐久性等内容。发动机是汽车中最重要的组成部分,其性能试验主要有功率、怠速、空转特性、负荷特性、调速特性、起动、机械效率、多缸工作均匀性、排放和噪声等试验。对发动机的重要零部件(如曲轴、连杆、活塞等运动件和缸盖、缸体等固定件)应进行强度试验,整机和重要部件常需进行耐久性试验,重要部件的耐久性试验可在专门的试验台上进行,整机的耐久性试验则在发动机台架上进行。

## 三、汽车试验场

汽车试验场,又称试车场,是重现汽车使用过程中遇到的各种道路条件和使用条件,进行汽车整车道路试验的场所,为满足汽车的试验要求,汽车试验场将实际存在的各种道路经过集中、浓缩、不失真地强化形成典型化的道路。汽车试验场的主要试验设施是集中修筑的各种试验道路,如高速环形跑道、高速直线跑道、可靠性强化试验路段、耐久性试验跑道、爬坡试验路以及特殊试验路段,如噪声试验路段、"比利时路"、搓板路、随机波形路、扭曲路、越野路、涉水路等。

海南汽车试验场始建于 1958 年,是我国第一个现代化湿热气候的汽车道路试验基地。试验场设在海南省五指山区琼海市加积镇,海拔670m,年平均温度23.9℃,年平均湿度85%,是对车辆进行湿热气候实验的理想场所。

襄樊汽车试验场始建于1985年,隶属东风汽车工程研究院。试验场占地面积2902亩,内有高速环道、直线性能路、2号综合路、比利时环道等近30km试验路面和溅水池、标准坡、灰尘洞等试验设施。试验场设有汽车整车、总成、零部件等试验室十余个,国家进出口车商检试验室两个,可满足国内外机动车辆的新产品开发试验、产品质量鉴定的需要,是一个集室内零部件台架试验、整车试验以及道路试验、服务保障于一体的综合性的汽车产品研发阵地,同时还具有汽车质量监督检验、进出口汽车商品检验、机动车排气污染监督检验、新产品定型以及汽车专用仪器和汽车检测线检验校准等能力,是目前全国功能最全、管理最好、服务一流的现代化汽车试验基地。图4-29所示是试验道路组成图。

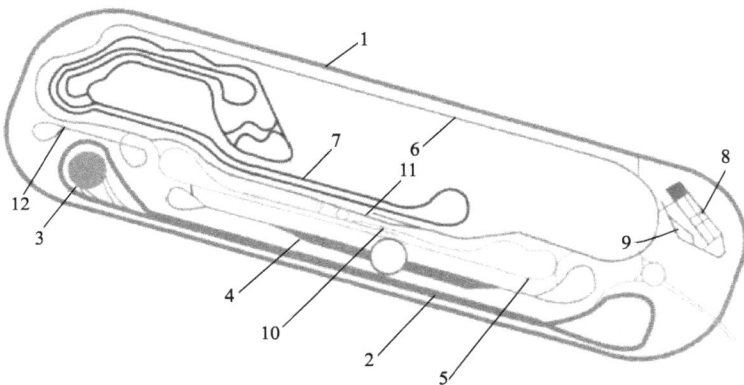

图4-29 襄樊汽车试验场道路组成图

1-高速环道;2-综合性能路;3-圆广场;4-1号综合路;5-石起跑道(比利石路);6-2号环道;7-2号综合路;8-标准坡道;9-自卸车试验区;10-溅水池;11-涉水池;12-灰尘洞

此外,我国还有位于安徽省定远县境内的解放军总装备部定远汽车试验场、具有寒带气候特点的一汽集团吉林农安汽车试验场(国内唯一具有侧向风试验设备的汽车试验场)、交通运输部北京汽车试验场、上海大众轿车试车场、长安大学汽车试验场等。

**1. 试验场的道路设施**

汽车试验场的道路设施主要有:

(1)高速环形跑道。按一定的规律铺上各种石块的汽车试验道路。高速环形跑道是平面形状,长度为4~8km,多数采用两端圆形路和中间直线路的形状,也有椭圆形或其他形状;设有3~5条车道。这种跑道的设计最高车速通常在200km/h以上,可供汽车长时间持续高速行驶,以考验汽车的高速性能和零部件的可靠性。

(2)高速直线跑道。高速直线跑道是水平直线路,长度为2.5~4km,可供汽车作动力性、制动性和燃料经济性试验。为了节省建设费用,许多试验场将高速直线跑道设置在高速环形跑道的直线部分,两者结合使用。

(3)可靠性、耐久性试验道路。模仿汽车使用寿命中在各种好路和坏路上行驶的情况,在汽车试验场内,除了建造沥青路外,也建造沙土路和各种不同的砾石路,以便进行强化试验,使汽车能在较短的行驶里程内就能暴露问题。

（4）扭曲试验路。汽车在这种道路上行驶时，车身和车架、前后轴、悬架，以及汽车传动系都产生反复扭转，以考验这些部件的性能。

（5）坡路。汽车试验场通常还建有各种坡度的坡路，用以检验汽车的爬坡能力，还可考察驻车制动器（手刹）在坡道上的停车能力、汽车在坡路上起步时离合器的工作状况等。

（6）操纵性、稳定性试验设施。操纵性、稳定性试验设施最常见的是圆形广场，直径100m，可供汽车转向或绕"8"字形行驶试验。有的圆形广场还备有洒水装置，使地面生成均匀的水膜以测试汽车侧滑情况。易滑路是用来试验汽车在冰雪或附着条件很低的路况下的行驶性能和制动性能，采用磨光、洒水、冰雪等方法降低路面的附着系数。横向风路段是考验汽车空气动力稳定性的设施。丰田汽车公司是在试车道路旁排列有15个直径为2.7m的大型风扇，可产生类似垂直于道路的横向风，以考验汽车在横向侧风作用下的操纵性能。

（7）涉水池。涉水池有浅水池（水深约0.2m）或深水池（水深1~2m）两种，用以检查汽车涉水时水对汽车各种部件的影响，如电气设备、制动器、发动机进/排气管浸水后的工作情况等。图4-30所示为某一越野汽车在野外涉水试验。

图4-30　汽车野外涉水试验

**2. 汽车暴晒试验场**

2011年7月15日，国家机动车产品质量监督检验中心暴晒试验场在新疆吐鲁番正式建成，包括主干道道路、实验室、机动车动态试验道路、气象数据监测等，静态试验场已完全具备挂样试验的条件。这个为机动车产品打造的"烤验"场占地面积2000亩，是目前国内占地面积最大的干热环境暴晒试验场，拥有各种试验台架200余台，汽车试验道路5km左右，可开展各种材料（包括建筑材料）、汽车、太阳能光伏电池、涂料等自然干热大气环境老化试验。

## 四、汽车风洞

汽车风洞就是用来研究汽车空气动力学的一种大型试验设施。其实风洞不是个洞，而是一条大型隧道或管道，里面有一个巨型扇叶，能产生一股强劲气流。气流经过一些风格栅，减少涡流产生后才进入试验室。风洞的最大作用是用来测量汽车的风阻，风阻的大小用风阻系数 $C_D$ 表示，风阻系数越小，说明它受空气阻力影响越小。当然，除了用来测量风阻外，风洞还可以用来研究气流绕过车身时所产生的效应，如升力、下压力，还可以模拟不同的气候环境，如炎热或寒冷、下雨或下雪等情况。这样，工程师们便可以知道汽车在不同环境下的工作情况，特别是散热器散热、制动器散热等问题。

# 第五章　新能源汽车

学习目标

1. 知道各种汽车替代燃料的特点；
2. 知道醇燃料、气体燃料、双燃料及其他新燃料汽车的结构、基本工作原理；
3. 理解电动汽车的特点、分类；
4. 理解纯电动汽车、燃料电池汽车、混合动力汽车的结构与工作原理；
5. 知道太阳能汽车的工作原理及结构。

学习时间

4 学时

从 20 世纪 70 年代出现石油危机以来，一些国家很重视汽车代用燃料的研究及应用，当前开发及应用代用能源首先是为了降低排放，同时扩大汽车燃料供应的品种以满足未来的需要。一种能源可否作为汽车能源，主要取决于它的综合性能。经过多年的研究，发现可能用于汽车的石油替代能源有：电能、氢气、甲醇、乙醇、天然气、液化石油气、二甲醚、太阳能和生物质能等。这些能源有的处于研究开发阶段，如电能、氢气、二甲醚、太阳能和生物质能等；有的已经获得实用，甚至有了一定的规模，如天然气汽车、液化石油气汽车和醇类汽车都已有几十年的应用历史，保有量均达数百万辆以上。相对于目前汽车的基本能源——汽油和柴油，这类替代能源仍属于新能源，从应用角度看，数百万辆只能算是初具规模，仅为世界汽车保有量 9 亿辆的 1% 左右。

截至 2017 年，我国电动汽车、新能源汽车销售量已达到 77 万辆，保有量达 153 万辆，占世界保有量的 50%。现在世界范围内，从传统汽车逐步向电动汽车发展，已经成为一个趋势。中国的电动汽车发展是世界电动汽车转型升级的一个重要环节。

# 第一节　概　　论

## 一、现阶段新能源汽车的发展概况

现在应用及研究中的新能源汽车包括醇类汽车（甲醇汽车、乙醇汽车等）、气体燃料汽车（天然气汽车、液化石油气汽车、氢气汽车等）、混合动力汽车（内燃机＋电动机）、蓄电池电动汽车、太阳能汽车、双燃料汽车等，其中醇类汽车、气体燃料汽车、混合动力汽车都装有内燃机

---

（发动机），而电动汽车、太阳能汽车则不装备内燃机（发动机）。由于采用新能源后对汽车发动机性能、整车性能有较大影响，以及新能源汽车产业化所带来的技术、成本、政策和社会影响等一系列问题，使得当前投入使用的新能源汽车在汽车保有量中只占很小的比例。

**1. 醇燃料汽车**

为了减少对进口石油的依赖，充分利用本国资源，实现汽车燃料多样化，世界各国根据自己不同的能源情况，都在研究并采用醇类燃料，包括甲醇、乙醇、丙醇、丁醇及其异构体等，以替代汽油、柴油。一些国家已经提出 M100、M15、M85 等燃料规范，并根据醇燃料的燃烧特点研制了多种着火改善剂。

甲醇的来源丰富，生产工艺也比较成熟。研究表明，随着掺烧比例增大，甲醇汽车的输出功率增大，热效率增加。我国甲醇燃料试点推广工作主要在山西省，该省煤炭资源丰富，具有大规模生产低成本甲醇的独特优势。在建设 20 万 t 甲醇生产基地的同时，该省"十五"规划中的"煤制甲醇—清洁燃料汽车"项目也由试验示范阶段转入产业化阶段。在 2001 年 6 月，甲醇燃料已推广到全省 6 个城市的公交旅游车辆中使用，运行情况良好。

在国家有关部门和山西省政府的支持下，晋中市甲醇汽车产业化工程项目被列入山西省"十五"规划中，在晋中 11 个县范围内推广使用 300 辆甲醇中型客车和 150 辆甲醇城市出租车，并建设标准甲醇加油站两个，且改造部分加油站，初步形成煤制甲醇—甲醇发动机—完善的燃料输送系统—技术服务系统的区域性产业化示范基地，使甲醇汽车初具产业化规模。近年来，甲醇在汽车发动机中的应用又开辟了一条新的途径，即将甲醇作燃料电池的填料，这更进一步地拓宽了甲醇作为汽车代用燃料的应用领域。

我国是世界甲醇生产第一大国，2010 年产能占全球 49%，甲醇消费量 2093 万 t。目前浙江、江苏、山西、陕西、上海、河南和河北等 14 个省市，正在通过政府推动试点甲醇燃料，甲醇作为车用替代燃料，已初步形成产业链，其中华普、奇瑞等汽车制造商已具备甲醇汽车量产条件。

乙醇作为汽车发动机（内燃机）的燃料由来已久，世界上第一台内燃机就是以乙醇为燃料的。在 1909 年，美国人 Henry Ford 设计并制造了世界上第一辆燃用乙醇的汽车；20 世纪 20～30 年代，美国、巴西、德国、法国、新西兰等国先后将乙醇与汽油混合燃料用于汽车；20 世纪 70 年代，两次能源危机之后，醇类开始较大规模地获得应用。目前，有 40 多个国家和地区开发应用了醇类汽车，其中以美国和巴西最多。

**2. 气体燃料汽车**

气体燃料汽车主要是以天然气、石油气及氢气等气体为燃料，气体燃料汽车比常规的液体燃料汽车具有较好的低排放性能，所以气体燃料汽车在各国受到普遍关注。但是汽车经过结构变动及参数调整后使用气体燃料，在最高车速、加速性及燃油经济性等方面，往往还达不到原有水平，甚至会出现缺火及爆震现象。

天然气汽车由于其排放性能好、技术成熟、安全可靠，被世界各国公认为当前最理想的替代燃料汽车。到 2010 年，我国已有 30 个省、自治区、直辖市的 80 多个城市推广天然气汽车，初步形成了较为完整的产业链。天然气汽车和加气站主要集中在气源地附近和西气东输管网到达地，如四川省、山东省、乌鲁木齐市、西安市和兰州市等。2010 年，我国天然气汽车（含底盘）产量达到 15 万辆，整车年产量超过 6 万辆，产品覆盖客车、轿车、货车、市政专用车等。

**3.双燃料汽车**

双燃料汽车是指既能使用气体燃料,又能使用液体燃料的双燃料汽车,双燃料汽车有两层含义:一是在同一辆车上可以切换两种不同的燃料,例如在柴油机上既可以使用柴油,又可以使用醇类燃料或天然气;另一种含义是在同一辆车上同时使用两种燃料或是两种以上的燃料。

**4.纯电动汽车和燃料电池汽车**

纯电动汽车是最早提出的,也是最能彻底解决污染的一个方案。因为一直未能很好地解决电池容量、续驶里程、充电时间、配套设施以及最关键的制造成本高等难题,纯电动汽车的产业化一直处于徘徊状态。目前,国外纯电动汽车发展重点是小型乘用车和大型公交车、市政、邮政等特殊用途车辆,技术攻关的重点集中在提高电池性能、降低成本方面。而纯电动汽车在我国自主品牌厂商中的研发力度已大大增强,图5-1所示为比亚迪纯电动汽车 e6。

一些汽车公司在汽车上采用了燃料电池技术,燃料电池利用氢气与氧气发生化学反应,释放出能量和无污染的水,如图5-2所示为本田汽车公司研发的燃料电池电动车 FCX Clarity,该车于2008年6月开始量产,所携带燃料电池最大功率可达100kW。燃料电池的优势,是利用车载燃料在车上发生化学反应,直接生成电能来驱动电机,从而绕开了需要大容量蓄电池这一技术和成本瓶颈。当前主要的技术难题,落在了氢气的生产和储存上面。目前世界各大汽车厂商的燃料电池技术都已达到了相当高的水平,面临的问题主要是制造成本高,如果燃料电池汽车要想获得较大发展,就必须解决成本问题。我国的燃料电池技术经过多年研发,提高了环境适应性。

图5-1 比亚迪纯电动汽车 e6　　　　图5-2 本田汽车公司研发的燃料电池电动汽车 FCX Clarity

**5.混合动力汽车**

混合动力汽车就是有两种或两种以上的动力系统共同工作,提供驱动力的混合型电动汽车。通常意义上的混合动力是指油电混合动力,包括汽油、柴油和电能的混合。当车起步或停车时,发动机会自动熄火,完全由电机提供动力;而在车辆进入行驶状态后,发动机则参加工作,这样汽车始终在发动机工作最稳定的转速下行驶,避开了既耗油、排放又差的低转速区,不仅油耗更低、性能更完善,而且在成本控制、实用性能方面也基本达到了传统汽车的水准。

## 二、各种车用替代燃料的基本比较

各种车用替代燃料的储量、物理及化学特性各不相同,它们的优、缺点及在汽车上的应用情况见表5-1。

各种车用替代燃料的比较 　　　　　　　　　　表 5-1

| 燃料 | 资源情况 | 目前使用类型 | 优　点 | 缺点及存在问题 |
|---|---|---|---|---|
| 天然气 | 陆地及海洋矿产、资源丰富 | 压缩天然气及双燃料汽车 | 辛烷值高、燃料成本低、CO 排放低、形成臭氧的可能性小、无蒸发排放 | 储运不便、汽车改动较大、加速性能及续驶里程有待提高、缸外混合时发动机性能欠佳、需要投资基础建设 |
| 石油气 | 石油矿藏伴生气，资源丰富 | 液化石油气及双燃料汽车 | 基本和天然气一样，稍有差异 | 基本和天然气一样，稍有差异 |
| 甲醇 | 可由煤、天然气、原油残渣、木材、生物质、海藻等生产 | 掺烧（M5、M15）、M100 醇燃料汽车 | 资源丰富、是可再生能源、车辆性能好、比能耗较低、$NO_x$、CO 排放物低、液态易于储运、技术比较成熟 | 目前燃料制备及汽车改装费用高、容积油耗高、纯甲醇汽车冷起动及低负荷性能有待提高、需进一步降低未燃醇及甲醛排放、需投资扩大醇生产设施 |
| 乙醇 | 甘蔗、薯类、玉米等谷物、生物质纤维、野生植物 | 掺烧（E5、E15等）、E100 醇燃料汽车 | 基本和甲醇一样，稍有差异 | 资源来源靠发展农业及林业、需要降低乙醇排放，其他和甲醇基本一样 |
| 氢气 | 水、煤、渣油等 | 在内燃机中掺烧氢、气态及液态氢汽车都在开发中，尚未推广 | 燃烧产物只有水及 $NO_x$，是理想的清洁燃料，热效率高 | 成本高、储运不便、缸外形成混合气的方式使功率下降、易产生回火、爆震，缸内形成混合气的方式则不会 |

# 第二节　新燃料汽车

## 一、醇燃料汽车

醇类燃料主要指甲醇和乙醇。燃用甲醇的汽车称为甲醇汽车，燃用乙醇的汽车称为乙醇汽车，二者统称为醇类汽车。

### 1. 甲醇汽车

甲醇（$CH_3OH$）可以与汽油或柴油按一定比例配制成混合燃料，也可以直接采用甲醇作为发动机的燃料。甲醇性能最接近传统燃料汽油、柴油，并且使用甲醇后某些有害排放物含量下降，所以把甲醇看作是一种有前途和现实意义的代用燃料。目前，奇瑞汽车、上海华普和一汽集团等汽车厂商已经成功研发了纯甲醇燃料汽车，图 5-3 所示的海域三厢 M100 甲醇代用燃料轿车是由吉利制造的全国首辆从整车厂生产线下线的甲醇代用燃料轿车。

图 5-3　海域三厢 M100 甲醇代用燃料轿车

1）甲醇燃料的应用

目前市场上的甲醇汽油主要有 M15（甲醇掺入 15%）和 M85（甲醇掺入 85%）。M15 为低比例甲醇汽油，M85 为高比例甲醇汽油。

M15 甲醇汽油不需改变汽车发动机的结构，可直接使用。对汽车的动力性能几乎没有影响，其消耗量与汽油相同，低温起动性好。M15 甲醇汽油具有降低排放、节省石油、安全方便等特点。

M85 甲醇汽油相对 M15 甲醇汽油来说具有更好的排放，更好的经济性。但是必须要对汽车发动机做必要的改动，如更换耐醇的燃料泵、更换燃料供给系统的橡胶管路、加大燃料供给量等才能保证动力性不降低，保证汽车安全运行。

M100 全甲醇燃烧装置需对传统汽油机的燃料供给系统、散热系统、变速器等进行重大改进，改进后的发动机可 100% 燃烧甲醇，不用汽油，运行成本比汽油机降低了 25%，其动力性与普通汽油发动机相当。尾气排放中 CO 和 HC 减少 55%～90%，环保效果突出。甲醇汽油的成本较低，车辆使用甲醇汽油比传统汽车油耗可降低 7%～25%。

2）甲醇燃料汽车的特点

（1）甲醇车用燃料的优点：

①甲醇辛烷值高，能显著提高混合燃料的辛烷值，增强抗爆性，可以通过提高发动机的压缩比，来提高发动机的热效率。

②甲醇是高含氧量物质，它在汽缸内完全燃烧时所需要的过量空气系数可以远小于燃用汽油时所要求的值，燃烧更为充分。

③挥发性好，有利于与空气的混合。甲醇汽油的可燃界限宽，燃烧速度快，可以实现稀薄燃烧，对排气净化及降低油耗有利。

④可显著降低尾气排放。甲醇具有很高的氧含量，燃烧更加完全，有助于减少汽车尾气中一氧化碳（CO）和碳氢化合物（HC）的排放。

⑤在高油价下，甲醇价格就有明显优势。

⑥使用方便，对于现有的汽油车，无须任何改动装置，既可以使用汽油，也可以使用低比例甲醇汽油。

（2）甲醇作为车用燃料的缺点包括以下几个方面：

①甲醇吸湿性强，与汽油互溶性差，会造成混合燃料的稳定性、遇水分层问题。

②甲醇蒸发潜热高，导致汽车低温起动性差。

③甲醇对汽车燃料供给系统中的橡胶件具有溶胀作用。

④甲醇的低热值不到汽油一半，能量密度较低，燃油箱容积需适当放大。

⑤甲醇使润滑油变稀，会加剧磨损，甲醇汽车用润滑油中需要加防腐抑制剂。

⑥甲醇有毒，怠速工况下甲醇汽车排放的甲醛（非常规排放）为普通汽油车的 3～6 倍。

⑦使用甲醇燃料（M85，M100）时，需要另建储运、加注和销售设备系统，并建立安全防护系统。

**2.乙醇汽车**

乙醇（$CH_3CH_2OH$）俗称酒精，是制造化工产品的原料，也是化学工业上常用的溶剂，并有杀菌作用，用作消毒清洁剂、防腐剂。乙醇可用含糖作物（如甘蔗、甜菜等）、含淀粉作物（木薯、土豆、玉米等）等为原料制取。

1）乙醇在汽车上的应用

乙醇在汽车上的应用方式主要是燃料乙醇,图5-4所示为瑞典萨博(SAAB)汽车公司于2008年在北美国际车展上发布的Saab 9-4X BioPower生物乙醇概念车。燃料乙醇是通过对乙醇进一步脱水,再加上适量变性剂制成。目前,我国试点推广的E10乙醇汽油是在汽油中掺入10%的变性燃料乙醇而成。

图5-4　萨博(SAAB)汽车公司的Saab 9-4X BioPowe 生物乙醇概念车

2）乙醇燃料汽车的特点

（1）乙醇燃料在汽车上应用的优点:

①乙醇辛烷值高,抗爆性好。

②乙醇氧含量高,碳氢比低,有利于燃烧完全,且燃烧干净,热效率较高,污染轻微,有利于降低排放。与普通汽油相比,应用乙醇汽油可降低尾气中CO排放量20%~30%,减少HC排放量约12%。

③乙醇的汽化潜热比汽油高约3倍,混合燃料蒸发汽化可以促使进气温度进一步降低,有利于增加发动机进气量,提高发动机功率。

④乙醇资源较为丰富,生产技术成熟,当乙醇掺混比例小于10%时,无须对汽车发动机做大的改动。

⑤乙醇是一种有机溶剂,具有较好的清洁作用,能有效清除油箱及油路系统中燃油杂质的沉淀和凝固,具有良好的油路疏通作用。

（2）乙醇燃料在汽车上应用的不利因素:

①由于乙醇的热值比车用汽油低,导致使用乙醇汽油的车辆油耗增加。与普通汽油相比,使用E10乙醇汽油时,油耗略有增加,但车辆的动力性能、加速性能及冷起动性能没有明显变化。

②乙醇的蒸发潜热大,低温下不易起动,导致汽车的动力性和经济性有所下降。

③乙醇作为一种化工溶剂,对汽车供油系统、油泵、加油枪的橡胶部件有一定的溶胀作用。

④乙醇抗水性差,乙醇汽油在少量水的存在下容易发生分层。

⑤乙醇生产成本相对较高。

## 二、气体燃料汽车

1863年煤气内燃机已用在了汽车上,但由于其储存、携带不方便,才让位于汽油和柴油内燃机。目前,由于环境污染日趋严重,石油资源面临危机,燃气汽车又重新受到各国的重视,天然气汽车和液化石油气汽车得到迅速发展。此外,氢燃料内燃机汽车技术也发展很快,2007年6月,我国自主研发的国内首台可用于批量生产的氢内燃机在重庆长安汽车集团点火成功,标志着我国氢内燃机技术取得突破性进展。

### 1.天然气汽车

天然气是地表下岩石储集层中自然存在的以轻质碳氢化合物为主体的气体混合物的统称。其主要成分甲烷($CH_4$)占85%~95%,还含有少量的乙烷、丙烷和丁烷等,天然气的密度约为空气的 60% 。天然气按其来源有气田气、油田伴生气和煤层气之分。

1）天然气汽车的应用

（1）压缩天然气汽车。压缩天然气（Compressed Natural Gas，CNG）一般指经加压到 20MPa 左右，可供车辆发动机作为燃料使用的气态天然气（主要成分为甲烷）。将天然气以高压状态储存在车载高压储气瓶中作为燃料的汽车称为压缩天然气汽车，图 5-5 所示是大众的压缩天然气汽车途安 EcoFuel。

（2）液化天然气汽车。液化天然气（Liquefied Natural Gas，LNG）是指经低温液化后，可供

图 5-5　大众的压缩天然气汽车途安 EcoFuel

车辆发动机作为燃料使用的液态天然气。一般以 1 ~ 2MPa 的压力、−162 ~ −125℃ 的低温将天然气以液态储存在储气罐内。将天然气低温液化并储存在车载绝热储气罐中作为燃料的汽车称为液化天然气汽车。

（3）吸附天然气汽车。吸附天然气（Adsorbed Natural Gas，ANG）是指利用某些物质对天然气的吸附效应，以常压或低压状态储存在其载体中的天然气。某些物质在不太高的压力下（3.5 ~ 6MPa），可吸附 100 ~ 180 倍体积的天然气，理论上可达到 20MPa 时压缩天然气的储气量。将天然气以中压状态储存在吸附罐中作为燃料的汽车称为吸附天然气汽车。

2）天然气汽车的特点

（1）天然气汽车的优点：

①天然气来源丰富。在我国天然气可以开采上百年，而石油只够开采 20 多年。

②天然气的辛烷值和自燃点比汽油高，燃烧时的许用压缩比高，燃烧完全，因此热效率高；且天然气的价格比汽油低。

③排放污染少。与汽油相比，天然气的燃烧比较完全，故其排放物中 CO 低 90% 左右，HC 低 50% 左右，微粒低 40% 左右；天然气的燃烧温度较汽油低，故其 $NO_x$ 排放浓度低 30% 左右；天然气成分中含碳元素较少，故在发热量相同时排气中的 $CO_2$ 低 23% 左右。

④发动机使用寿命长。天然气含硫极少，故燃烧产物中硫化物极少，使制约发动机使用寿命的腐蚀性磨损大为减轻，大修周期延长。此外，天然气或液化石油气都是以气态供入汽缸，对汽缸壁的冲刷作用小，对润滑油的污染轻，也会使磨损减轻。

（2）与汽油发动机相比，天然气汽车的缺点是：动力性较低、储气瓶占用空间大、加气站建设费用高。

**2. 液化石油气汽车**

液化石油气（Liquid Petrol Gas，LPG）是一种在大气温度条件下，只要稍加压力（1.6MPa 左右）便成为液态碳氢化合物的混合物，其主要成分为丙烷和丁烷。将石油气在低压状态以液态储存在车载储气瓶中作为燃料的汽车称为液化石油气汽车。

液化石油气在汽车上应用，其优缺点接近天然气汽车。

**3. 氢燃料内燃机汽车**

氢气发动机的燃烧方式有预混合火花点燃方式和缸内直喷压燃式两种。氢气在常温常

图 5-6　福特的 E-450 型氢燃料内燃机汽车

压下是无色、无味、无毒的气体。氢气是最轻的元素，其密度仅为空气的 1/14.5。氢的沸点为 −252.8℃，属超低温。氢的自燃点为 400℃，比汽油和柴油的自燃点高。图 5-6 所示是福特的 E-450 型氢燃料内燃机汽车。

1）氢气用作汽车能源的主要优点

（1）来源非常丰富。氢可用水作原料，在地球上取之不尽、用之不竭；也可以以天然气、煤、硫化氢为原料制取。

（2）污染很少。氢气燃料是唯一不含碳的燃料，废气中的主要成分是氢燃烧后的生成物 $H_2O$、空气中的 $N_2$、燃烧后空气中剩余的 $O_2$ 以及在高温下生成的 $NO_x$。

（3）热效率较高，燃料消耗率低。

2）氢气用作汽车能源的主要缺点

（1）氢的制取成本高。

（2）储带不便。在氢气的三种储带方式中，气态储带，能量密度低的缺点很突出，续驶里程短。液态储带要求 −253℃ 的超低温，无论液态氢或储液罐，成本都很高，且储存中，每天会由于蒸发而损失掉 3% 的氢，绝热性能良好的冷藏罐正在研制之中。金属氢化物吸附储带方式进展较大，似有更好的前景。

（3）氢的密度很小，但单位容积热值低。这都会影响氢气发动机的动力性。

## 三、双燃料汽车

双燃料汽车可以在原有的汽油机或柴油机汽车上通过对发动机结构及参数的改变来进行改造，使用双燃料的目的是在现有的技术基础上方便地使用清洁能源，对车辆的改动量小。现在应用最多的就是采用 CNG 或 LPG 与汽油或柴油的双燃料汽车。

### 1. 汽油机上使用双燃料

汽油机上使用双燃料有两种方式，一种是在原有化油器的中体与下体之间布置简单的混合器，利用喉管的真空度将气体燃料吸入汽缸；另一种是电控喷气技术，按照喷射位置有缸外供气方式和缸内供气方式，前者包括进气道混合器预混合式和进气道喷射式，后者主要包括缸内高压喷射式和低压喷射式。

### 2. 柴油机上使用双燃料

柴油机上使用双燃料主要有以下几种方式：双喷油泵及喷油器法，即安装有两套喷油泵及喷油器，一套是喷柴油，另一套则用于喷另一种液体燃料；共用一套喷油泵及喷油器，同时改变供油系统以适应要求，使用原有喷油泵及喷油器向气缸喷柴油，气体燃料则通过混合器使两种燃料的组分形成乳化或混合燃料。

## 四、其他新燃料汽车

### 1. 二甲醚燃料汽车

二甲醚燃料汽车是指以二甲醚或二甲醚柴油混合为燃料的汽车。在煤炭转化和深层加工的产品中,二甲醚(分子式为 $CH_3OCH_3$,简称 DME)由于十六烷值高,具有良好的自燃特性,非常适用于压燃式发动机。二甲醚本身含氧且能迅速与新鲜空气形成良好的混合气,在压燃式发动机上燃用能够实现高效、超低排放、柔和且无烟燃烧。因此二甲醚被看作是压燃式发动机的理想燃料。

1)二甲醚作为汽车燃料的优点

(1)二甲醚燃料具有高效率和低污染的优点,无须任何废气循环和处理装置,炭烟排放为零,可实现无烟燃烧;并可降低发动机噪声 10dB 以上,所排放尾气无须催化转化处理就能满足美国加利福尼亚有关汽车超低排放尾气的标准(ULEV)。

(2)二甲醚液化后直接用作汽车燃料,其燃烧效果优于甲醇燃料,还克服了其低温起动性能和加速性能差的缺点。

(3)常规发动机代用燃料,如液化石油气、天然气、甲醇等的十六烷值都小于 10,只适用于点燃式发动机;而二甲醚的十六烷值大于 55,与柴油相比,二甲醚的十六烷值高,可直接压燃,具有优良的压缩性,燃烧性能更好。

(4)与液化天然气相比,二甲醚的理论空气量、烟气量比液化天然气分别低 38% 和 37%,而理论燃烧温度、混合热值又比液化天然气分别高 8.7% 和 7.4%,并且在储存、运输和使用上比液化天然气更安全。

2)二甲醚用作汽车燃料的缺点

(1)以常规技术生产二甲醚,成本略高于柴油,需改进工艺流程,采用新工艺,扩大规模,降低成本。

(2)在柴油机上用二甲醚,需对气态二甲醚加压,使其变成液态,需增加设备及控制措施。另外,需对加气站进行必要的改造,才能推广使用。

(3)二甲醚的黏度较柴油低,需加入添加剂使其黏度接近柴油;二甲醚对金属无侵蚀性,但对橡胶等有不利影响。

**2. 生物柴油汽车**

生物质是指由光合作用而产生的各种有机体,包括所有的动物、植物和微生物。生物质能是将太阳能以化学能形式储存在生物中的一种能量形式,是一种以生物质为载体的能量,它直接或间接地来源于植物的光合作用,可转化成常规的固态、液态和气态燃料,是一种可再生能源。

在生物质液体燃料的研究开发中,乙醇和生物柴油是主要的研究开发对象,生物柴油(Biodiesel)是指以油料植物和水生微藻植物等的油脂,以及废餐饮油等为原料油通过酯交换工艺制成的甲酯或乙酯燃料。生物柴油既可以替代柴油纯烧,也可按一定比例(2% ~30%)与柴油掺烧。图 5-7 所示是使用大豆生物柴油作为燃料的美国生物柴油汽车。

1)生物柴油用作汽车能源的主要优点

(1)生物柴油是一种可再生能源,其资源不会枯竭。

(2)生物柴油的生产、加工、消费是碳的一个有

图 5-7　美国生物柴油汽车

机的循环过程。生物柴油的原料植物通过光合作用把太阳能转化为可以储存的生物能，通过加工制成生物柴油，生物柴油经过消费以后，其中的碳以 $CO_2$ 的形式回到大气中去，作为下次光合作用的原料。

（3）与普通柴油相比，生物柴油具有环境友好特点，废气对人体损害低于柴油，因而对城市环境治理极为有利。

（4）生物柴油无毒，闪点高达200℃以上，储存、运输和使用十分安全。

（5）使用生物柴油时，无需改动柴油机，可直接添加使用。

2）生物柴油用作汽车能源的主要问题

（1）生物柴油热值比柴油低，发动机的功率将有所下降。

（2）生物柴油的成本高，不同原料生产的生物柴油比矿物柴油价格高30%～100%。

（3）生物柴油黏度比矿物柴油略高，喷入汽缸雾化效果较差，混合气形成不均匀，造成燃烧不完全，发动机的经济性下降。

（4）生物柴油对某些天然橡胶和塑料有降解作用，使用高比例的生物柴油，油路必须使用耐腐蚀的橡胶和塑料元件。

# 第三节　电动汽车

1837年在英国出现了第一辆电动汽车。此后，电动汽车发展很快。但是，电动汽车充电时间长、续驶里程短，限制了它的应用。随着内燃机汽车的发展，电动汽车逐渐被替代。20世纪末，在环境污染日趋严重和石油资源面临危机的压力之下，世界各国又兴起了研究、开发和使用电动汽车的热潮。

电动汽车大致可分为三类：纯电动汽车、燃料电池电动汽车和混合动力电动汽车。

## 一、纯电动汽车

纯电动汽车（Electric Vehicle，EV），它是指驱动能量完全由电能提供的、由电机驱动的汽车。电机的驱动电能来源于车载可充电储能系统或其他能量储存装置。纯电动汽车无须再用内燃机，因此，纯电动汽车的电动机相当于传统汽车的发动机，蓄电池相当于原来的油箱，由于电能是二次能源，可以来源于风能、水能、热能、太阳能等多种方式。图5-8所示为2011年10月28日，武汉市首批运营的纯电动公交车，该车由东风扬子江汽车（武汉）有限责任公司生产。

图5-8　武汉首批运营的纯电动公交车

**1.纯电动汽车的结构**

纯电动汽车由底盘、车身、蓄电池组、电机、控制系统和安全保护系统等组成。由于电机具有良好的牵引特性,因此蓄电池汽车的传动系统不需要离合器和变速器。车速控制由控制器通过调速系统改变电机的转速即可实现。图5-9所示为纯电动汽车结构示意图。

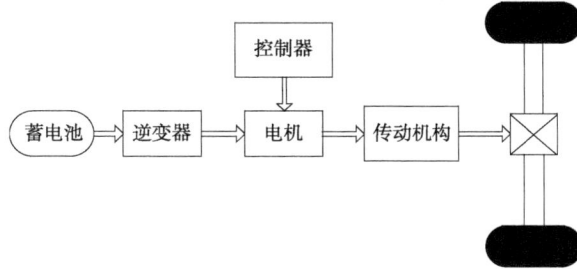

图5-9　纯电动汽车结构示意图

1)蓄电池组

电动汽车上的蓄电池也称为动力电池,其作用是储存电能,在充电过程中,将电能转变为化学能储存在蓄电池内。在放电过程中,将蓄电池内的化学能转变为电能输出。蓄电池的种类很多,有铅酸蓄电池、金属氢化物镍蓄电池和锂离子蓄电池等。表5-2所示是美国先进蓄电池联合会对动力电池的性能要求所制定的中长期发展目标。从已经达到的指标和发展看,一般认为新型铅酸蓄电池、金属氢化物镍蓄电池和锂离子蓄电池等是最有潜力的电动汽车动力电池。

美国先进动力电池的中长期发展目标　　　　　　　　　　表5-2

| 性　能 | 中期性能 | 长期性能 | 性　能 | 中期性能 | 长期性能 |
|---|---|---|---|---|---|
| 比能量/[(W·h)/kg] | 80~100 | 200 | 使用温度(℃) | -30~60 | -40~85 |
| 比功率(W/kg) | 150~200 | 400 | 充电时间(h) | <6 | <3~6 |
| 使用寿命(年) | 5 | 10 | 充放电效率 | >75% | >80% |
| 循环寿命(次) | 600 | 1000 | 自放电 | <15%(48h) | <15%(月) |
| 价格/[美元/(kW·h)] | <150 | 100 | 维护方式 | 免维护 | 免维护 |

2)驱动电机

驱动电机的主要性能要求是:使用寿命长、输出转矩与转动惯量之比大、过载系数高、高速操纵性能好、少维修或不维修、外形尺寸小、自身质量轻、容易控制以及成本低。电动汽车使用的电机主要有直流电机、感应电机、永磁无刷电机和开关磁阻式电机四类。

近年来,主要发展交流感应电机和永磁无刷电机系统。与直流电机系统相比,其突出优点是体积小、质量轻、效率高、基本免维护和调速范围广。

**2.纯电动汽车的优点**

纯电动汽车本身不排放污染大气的有害气体,即使按所耗电量换算为发电厂的排放,除硫和微粒外,其他污染物也显著减少,由于电厂大多建于远离人口密集的城市,对人类伤害较少,而且电厂是固定不动的,集中排放,清除各种有害排放物较容易,也已有了相关技术。电动汽车还可以充分利用夜晚用电低谷时富余的电力充电,使发电设备日夜都能充分利用,大大提高其经济效益。

### 3.纯电动汽车的关键技术

发展纯电动汽车必须解决好四个方面的关键技术：电池技术、电机驱动及其控制技术、电动汽车整车技术以及能量管理技术。

1）电池技术

动力电池是纯电动汽车的动力源，一直制约着电动汽车的发展。电动汽车用电池的主要性能指标是比能量、能量密度、比功率、循环寿命和成本等。要使纯电动汽车能与燃油汽车相竞争，关键就是要开发出比能量高、比功率大、使用寿命长的高效电池。

2）电力驱动及其控制技术

驱动电机系统是电动汽车的关键部件，要使电动汽车有良好的使用性能，驱动电机应具有调速范围宽、转速高、起动转矩大、体积小、质量小、效率高，且有动态制动强和能量回馈等特性。

3）电动汽车整车技术

电动汽车是高科技综合性产品，除电池、电动机外，车体本身也包含很多高新技术，如采用轻质材料如镁、铝、优质钢材及复合材料，优化结构，可使汽车自身质量减轻30%~50%；实现制动、下坡和怠速时的能量回收；采用高弹滞材料制成的高气压子午线轮胎，可使汽车的滚动阻力减少50%；汽车车身特别是汽车底部更加流线化，可使汽车的空气阻力减少50%。

4）能量管理技术

电动汽车要获得非常好的动力特性，必须具有比能量高、使用寿命长、比功率大的蓄电池作为动力源。而要使电动汽车具有良好的工作性能，就必须对蓄电池进行系统管理，包括对电池组的充电与放电时的电流、电压、放电深度、再生制动反馈电流、电池的自放电率以及电池温度等进行控制。

## 二、混合动力电动汽车

混合动力汽车是指能够至少从下述两类车载储存的能量中获得动力的汽车：可消耗的燃料；可再充电能/能量储存装置。

通常意义上的混合动力是指油电混合动力，包括汽油、柴油和电能的混合。按照动力系统结构形式，混合动力电动汽车分为串联式、并联式和混联式三种。图5-10所示为代表本田最先进混合动力技术的混合动力汽车 FIT Hybrid。

图 5-10　本田混合动力汽车 FIT Hybrid

### 1.混合动力电动汽车的结构及工作原理

1）串联式混合动力电动汽车

如图5-11所示，为串联式混合动力电动汽车系统示意图。发动机发出的机械能通过发电机转化为电能，转化后的一部分电能经由电动机和传动装置驱动车轮，另一部分给蓄电池充电。

当汽车减速滑行、低速行驶或短时停车时，发电机的发电功率大于电动机所需的功率，控制器将多余的电能向蓄电池充电；当汽车处于起步、加速、高速行驶或爬坡工况时，发电机发出的功率低于电动机所需的功率，蓄电池则向电动机提供额外的电能。这种混合动力电动汽车具有低的排放污染,这是因为发动机驱动的是发电机,与汽车行驶状况无关,发动机可在最佳转速下工作,因此燃烧效率高、排放污染低。

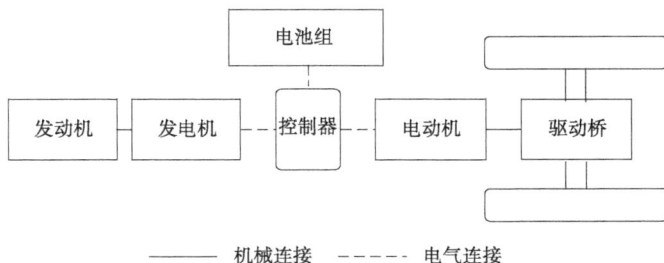

图 5-11　串联式混合动力电动汽车系统示意图

2)并联式混合动力电动汽车

如图 5-12 所示,并联式混合动力电动汽车有发动机和电动机两套驱动系统。可以同时使用电动机和发动机作为动力源来驱动汽车,这种设计方式可以使其以纯电动汽车或低排放汽车的状态运行。

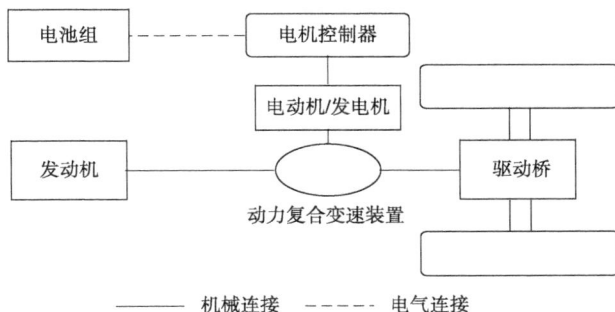

图 5-12　并联式混合动力电动汽车系统示意图

电动机以发电机工况工作时,可以给蓄电池充电,不再需要额外的发电机。

在车辆行驶时,以发动机为主要动力源。在车辆起步或加速时,则使电动机工作,作为辅助驱动力。当处于低负荷工况时,则电动机功能转变为发电机功能,向蓄电池充电。其次,在车辆制动或下坡减速行驶时,则通过制动能量回收系统进行制动能量回收,进行发电,并向蓄电池充电。发动机和电动机可分开工作,也可一起协调工作共同驱动车轮。并联式混合动力电动汽车可以在比较复杂的工况下使用,应用范围比较广,但是对发动机工作状态的优化和对能量系统的管理则提出了更高的要求。

并联式混合动力电动汽车系统两大动力总成的功率可以互相叠加,发动机功率和电动机/发电机功率为电动汽车所需最大驱动功率的 0.5~1 倍,因此,可以采用小功率的发动机、电动机/发电机,使得整个动力系统的装配尺寸、质量都较小,造价也更低,续驶里程也比串联式混合动力电动汽车的长一些,其特点更加趋近于内燃机汽车。并联式混合动力驱动系统通常被应用在小型混合动力电动汽车上。

3)混联式混合动力电动汽车

混联式混合动力电动汽车是串联式与并联式的综合,其结构示意图如图 5-13 所示。发动机发出的功率一部分通过机械传动输送给驱动桥,另一部分则驱动发电机发电。发电机发出的电能输送给电动机或蓄电池,电动机产生的驱动力矩通过动力复合装置传送给驱动桥。混联式驱动系统的控制策略是:在汽车低速行驶时,驱动系统主要以串联方式工作;当汽车高速稳定行驶时,驱动系统则以并联工作方式为主。

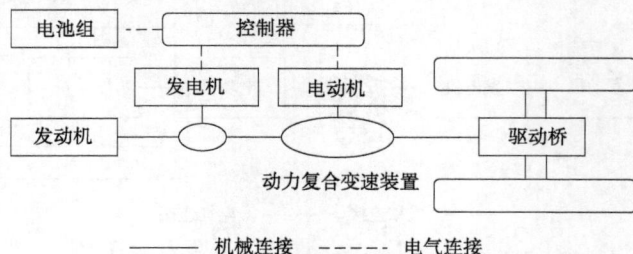

图 5-13　混联式混合动力电动汽车系统示意图

　　混联式驱动系统充分发挥了串联式和并联式的优点,能够使发动机、发电机、电动机等部件进行更多的优化匹配,从而在结构上保证了在更复杂的工况下使系统在最优状态工作,所以更容易实现排放和油耗的控制目标,因此是最具影响力的混合动力电动汽车。与并联式相比,混联式的动力复合形式更复杂,因此对动力复合装置的要求更高。目前的混联式结构一般以行星齿轮机构作为动力复合装置的基本构架。

　　**2.混合动力电动汽车的特点**

　　1)混合动力电动汽车的优点

　　(1)采用混合动力后,可按平均需用的功率来确定内燃机的最大功率,此时内燃机处于油耗低、污染少的最优工况下工作。需要大功率而内燃机功率不足时,由电池来补充;负荷少时,富余的功率可发电给电池充电,由于内燃机可持续工作,电池又可以不断得到充电,故其续驶里程和普通汽车一样。

　　(2)可以十分方便地回收制动、下坡时的能量,提高整车的经济性。

　　(3)在市区,可关停内燃机,由电池单独驱动,实现"零"排放。

　　(4)有了发动机可以解决耗能大的空调、取暖、除霜等纯电动汽车遇到的难题。

　　(5)可以利用现有的加油站加油。

　　(6)可让电池保持在良好的工作状态,不发生过充、过放电,延长其使用寿命,降低成本。

　　2)混合动力电动汽车的缺点

　　长距离高速行驶时,混合动力电动汽车相对传统汽车基本不能省油。

## 三、燃料电池电动汽车

　　燃料电池是通过电化学反应将燃料的化学能直接转变为电能的高效率发电装置。1839年,英国物理学家廉·格拉夫爵士成功地实现了电解水的逆反应,即由氢气和氧气结合而产生电流,这种装置称为燃料电池。燃料电池电动汽车(FCEV)是电动汽车的一种,其电池的能量是通过氧气和氢气的化学作用直接变成电能,而不是经过燃烧获得的。燃料电池电动汽车的工作原理是,作为燃料的氢在汽车搭载的燃料电池中,与大气中的氧发生化学反应,从而产生电能驱动电动机,进而驱动汽车。图 5-14 所示为金龙联合汽车工业(苏州)有限公司和清华大学联合研制的海格 KLQ6129GQH2 氢燃料电池城市客车。

图 5-14　海格 KLQ6129GQH2 氢燃料电池城市客车

燃料电池电动汽车的氢燃料可通过几种途径得到:直接携带纯氢燃料,或者装有燃料重整器,将化石类燃料转化为富氢气体。单个燃料电池必须结合成燃料电池组,以便获得足够的动力,满足车辆使用要求。

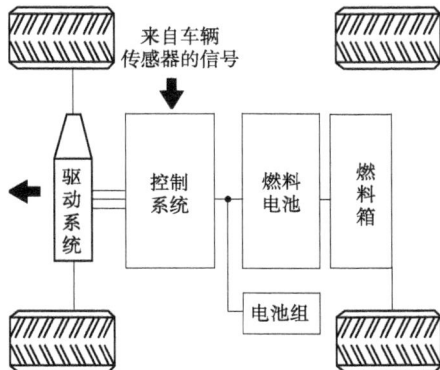

图 5-15　燃料电池电动汽车的组成

**1.燃料电池电动汽车的结构组成与工作原理**

1)燃料电池电动汽车的结构组成

燃料电池电动汽车仍然保留了车辆的行驶系统、悬架系统、转向系统和制动系统等。燃料电池电动汽车是以电力驱动为唯一的驱动模式,如图 5-15 所示,主要由燃料电池组、控制系统、驱动系统和蓄电池组等部分构成,其电气化和自动化的程度大大高于内燃机汽车。燃料电池电动汽车的外形和内部空间等与普通汽车几乎没有差别,两者不同之处主要在于动力系统。

(1)燃料电池组是 FCEV 的主要电源,是将储存在燃料和氧化剂中的化学能通过电极反应直接转化为电能的发电装置。

(2)燃料电池控制系统用于控制燃料电池的反应过程,一般用燃料电池管理系统模块对燃料电池状态进行监控和检查。

(3)燃料电池的电流需要经过专用的大功率动力转换器,将燃料电池产生的直流电转换为稳压直流电,然后经过逆变器转换为交流电输送给驱动电动机,驱动车轮转动。

(4)通常在 FCEV 上还要装配一个蓄电池组作为辅助电源,其作用是:

①用于 FCEV 快速起动。

②用于储存 FCEV 再生制动时反馈的电能。

③为燃料电池汽车控制系统、照明系统等电气设备提供低压电源。

2)燃料电池的工作原理

燃料电池在能量转换过程中,$NO_x$ 及 $SO_x$ 的排放量很少。所以,将煤、石油、天然气这些化石燃料或其他生物质燃料转换成氢能,然后再以氢/氧固体燃料电池的形式转换成电能有利于降低排放。

燃料电池的工作原理如图 5-16 所示,气体燃料连续不断地被供入负极,空气(氧气)被连

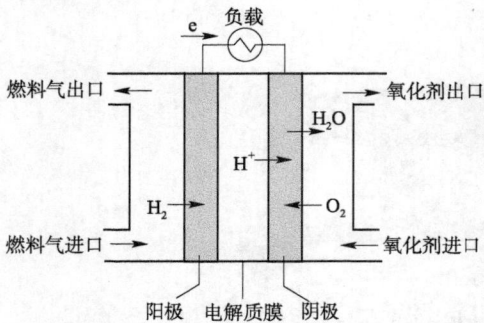

图 5-16　燃料电池工作原理

续不断地供入正极,在正负电极处发生电化学反应,从而产生电能。燃料电池在将燃料能转化为电能的过程中,不需要复杂的机械传动装置,不需要润滑剂,没有振动与噪声。

水的电解反应是:

$$2H_2O + 电流 \rightarrow 2H_2 + O_2$$

燃料电池的反应是:

$$2H_2 + O_2 \rightarrow 2H_2O + 电流$$

负极:

$$2H_2 \rightarrow 4H^+ + 4e^-$$

正极:

$$O_2 + 4H^+ + 4e^- \rightarrow 2H_2O$$

燃料电池性能与普通蓄电池性能的区别是:

(1)燃料电池是将燃料的化学能转变为电能的装置。但燃料电池在产生电能时,参加反应的反应物质在经过反应后,不断地消耗且不再重复使用,因此,要求不断地输入反应物质。燃料电池的技术性能确定后,只要源源不断地供给燃料,就可以源源不断地产生电能,其放电特性是连续进行的,但是燃料电池是不可以充电的"电池"。

(2)普通蓄电池是一种能量储存装置,不产生电能。蓄电池的活性物质随蓄电池的充电和放电反复进行可逆性化学变化,活性物质并不消耗,一般只需要适当地添加一些电解液等。普通蓄电池的技术性能确定后,必须先充电,将电能储存到电池中,才能在工作时输出电能,而且在电能消耗完后,必须在充电后才能重复使用。

3)燃料电池的燃料

燃料电池的燃料主要有氢气、甲醇、汽油和其他类型的碳氢化合物。

(1)氢气是燃料电池最佳燃料,直接使用氢,可以使燃料电池辅助系统大大简化,效率提高,无排放污染。但目前氢的制取工艺较复杂,成本也较高。若将氢气储存在车载压缩罐内,则压缩罐的体积大,续驶里程短;若将氢气低温液化,采用液态储带,则难度大、费用高。

(2)甲醇和汽油都是碳氢化合物,通过重整器可将甲醇和汽油中的氢转化出来,再送入燃料电池转换成电能,这比直接携带氢气更为方便和经济。

在内燃机汽车中,汽油热量转换为汽车驱动力的效率仅为12%～15%。如果将汽油经过重整器重整为氢气,以氢气作为燃料电池的原料产生电,并通过电动机驱动汽车,则汽油能量转换为汽车驱动力的效率可以达到34%左右。不但效率得到大幅度提高,而且排放污染显著降低。目前,作为能量转换的燃料电池还处在研究阶段,作为将甲醇和汽油转变为氢气的重整器仍存在一些技术上的问题,有待于进一步研究。

**2.燃料电池电动汽车的工作过程**

燃料电池产生的直流电经过控制器变为交流电,由感应式电动机经传动系统驱动车轮。

车载蓄电池组在汽车起动时为汽车提供电能,汽车起动后由燃料电池为汽车驱动系统提供电能。当汽车能量消耗大时,燃料电池与蓄电池组共同为汽车驱动系统提供电能;当汽车能量需求较小时,燃料电池为汽车驱动系统提供电能的同时,还给蓄电池组进行充电。

**3.燃料电池电动汽车的特点**

1) 低排放

燃料电池通过电化学的方法,将氢和氧结合,直接产生电和热,排出水,而不污染环境。以甲醇、汽油等为燃料的燃料电池汽车虽也产生二氧化碳,但其排放量比内燃机的要少得多,且没有 $NO_x$、$SO_x$、HC 或微粒等污染排放。

2) 燃料多样化

燃料电池所使用的氢来源于甲醇、汽油、天然气和化工、氧气工业的副产品,还可从食品废弃物、粪便、秸秆和下水污泥等可再生有机物发酵产生的沼气中提取。燃料来源的多样化有利于能源供应安全和利用现有的交通基础设施。

3) 效率高、性能好

由于燃料电池没有活塞或涡轮等机械部件及中间环节,其效率大为提高,为内燃机的 2 ~ 3 倍。燃料电池汽车在成本和整体性能上(特别是续驶里程和补充燃料时间上)也明显优于其他类型的电动汽车。

# 第四节　太阳能汽车

## 一、概述

太阳能是一种巨大的能源,每天到达地球表面的太阳辐射能约相当于 2.5 亿万桶(1 美桶 $= 158.9873dm^3$) 石油,太阳能可以再生。在工业越来越发达而环境污染越来越严重的今天,太阳能是清洁能源,太阳能可以在当地取得,大大节省了在使用矿物燃料时所需的运输费用。

太阳能汽车是将太阳能转换为电能的汽车,图 5-17 所示是奔驰公司开发的 F0 太阳能汽车。太阳能汽车使用太阳能电池把光能转化为电能,存储在电池中,用于驱动汽车电机。太阳能是取之不尽、价格低廉和零污染的理想能源,缺点是要依赖天气,且能量转换效率低,造价高。

图 5-17　太阳能汽车

## 二、太阳能汽车的工作原理

### 1.太阳能汽车工作原理

太阳能汽车的能量流程图如图 5-18 所示,由太阳能电池板在向日自动跟踪器的控制下始终正对太阳,接受太阳光,并转换成电能,向电动机供电,再由电动机驱动汽车行驶,它实际上是一种电动汽车,其工作原理与串联式混合动力汽车基本相同。

### 2.太阳能混合动力电动汽车工作原理

由于太阳能电池的能量较小,而且受天气的影响,在阴天、下雨时,太阳能电池的转换效率降低或停止,所以太阳能汽车往往与蓄电池组共同组成太阳能混合动力电动汽车。当太阳强

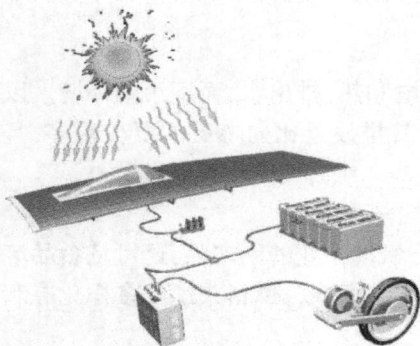

图 5-18 太阳能汽车

烈,转换为电能充足时,由太阳能电池板将太阳能转换为电能后,通过充电装置向动力电池组充电,也可以由太阳能电池板直接提供电能,通过电流变换器将电流输送到驱动电动机,驱动汽车行驶,其驱动模式相当于串联式混合动力电动汽车。当太阳较弱或阴天时,则靠蓄电池组对外供电。

### 三、太阳能汽车的构造

太阳能汽车主要由太阳能电池组、自动阳光跟踪系统、驱动系统和控制器等组成。

**1. 太阳能电池组**

太阳能电池组是太阳能汽车的核心,由一定数量的单体电池串联或并联组成,如图5-19所示。太阳能单体电池由半导体材料制成,当太阳光照射在该半导体材料时,半导体材料将产生电流。电池的电流大小与太阳光照射强度和太阳能电池面积的大小成正比。车用太阳能电池将很多太阳能电池排列组合成太阳能电池板,以产生所需要的大电流和高电压。

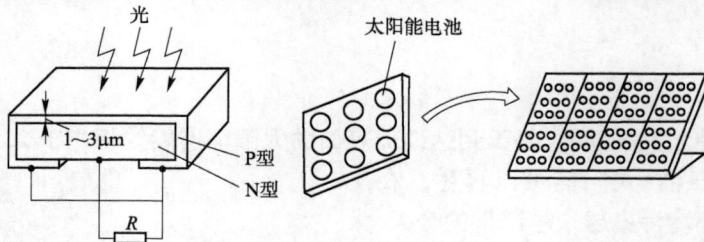

图 5-19 太阳能电池和电池板

**2. 向日自动跟踪器**

由于太阳相对位置的不断变化,太阳能电池板接受太阳辐射能量也在不断变化。向日跟踪器的作用就是保持太阳能电池板正对着太阳,最大限度地提高太阳能电池板接收太阳辐射能的能力。

**3. 驱动系统**

太阳能汽车采用的驱动电动机主要有交流异步电动机、永磁电动机和直流电动机,其驱动系统与纯电动汽车基本相同。

**4. 控制器**

控制器的作用主要是对太阳能电池组进行管理和对电动机进行控制,其作用与纯电动汽车控制系统相同。

# 第六章 汽车商务

**学习目标**

1. 知道汽车金融的基本知识和我国汽车金融的发展趋势；
2. 知道汽车营销观念和汽车营销模式；
3. 理解汽车维修服务的内容和服务运营管理；
4. 知道汽车保险的分类及保险的理赔方法；
5. 知道二手车评估、定价以及交易流程。

**学习时间**

6 学时

汽车商务是指关于汽车所进行的一切商务活动,包括汽车交易、汽车金融、汽车维修服务、保险及理赔和二手车的评估及交易等。

## 第一节 汽 车 金 融

### 一、汽车金融

汽车金融业是指以商业银行、汽车金融公司、保险公司、信托联盟组织及其关联服务组织为经营主体,为消费者、汽车生产企业和汽车经销商提供金融服务的市场经营活动领域。汽车金融服务是在汽车的生产、流通与消费环节中融通资金的金融服务活动,包括为最终用户提供零售性的消费贷款或融资租赁,为经销商提供批发性的库存贷款,为各类汽车用户提供汽车保险,为汽车服务企业提供营运资金融资等活动。汽车金融公司是为我国境内的汽车购买者提供贷款并从事相关金融业务的非金融机构,包括中资、中外合资和外资独资的汽车金融机构。

### 二、开展汽车金融业务的主要机构

从国外从事汽车金融服务的机构来看,服务提供方主要的类型有商业银行、汽车金融服务公司、信托公司、信贷联盟、保险公司等。

#### 1. 商业银行

其作用表现在:一方面是直接参与汽车信贷业务,为个人消费者或汽车厂商、汽车销售商提供融资需求;另一方面是为其他的汽车金融机构提供资金上的支持。比如汽车金融公司在自身资金周转不利的情况下可以向商业银行金融资金拆借等。20 世纪 60 年代中期,美国商业银行提供了 56% 的汽车贷款,1998 年年底美国商业银行的这一比例有所下降,但仍然高达 35%。目前,商业银行提供的汽车消费信贷服务,也是我国汽车金融服务的主要形式。

### 2. 汽车金融服务公司

汽车金融服务公司是办理汽车金融业务的企业,通常隶属于汽车销售的母公司,向母公司经销商及其下属零售商的库存产品提供贷款服务,并允许其经销商向消费者提供多种选择的贷款或租赁服务。设立汽车金融服务公司是推动母公司汽车销售的一种手段,由于它们与汽车制造商、经销商关系密切,具有成熟运作的经验和风险控制体系,整合资源能力更强,优势更突出。

### 3. 信托公司

汽车金融服务也是目前信托公司从事的主要业务之一。近年来,信托公司的资产组合越来越趋于分散化,它们与商业银行的差别也越来越小,而且自 20 世纪 70 年代以来,这类非银行金融机构开始大力开拓新的业务领域,并采取许多措施提高其竞争力。

### 4. 信贷联盟

信贷联盟是由会员共同发起,旨在提高会员经济和社会地位,并以公平合理的利率为其会员提供金融服务的一种非营利性信用合作组织。加入某一信贷联盟的条件是与信贷联盟中的其他会员存在共同利益或共同点。

### 5. 保险公司

汽车金融是汽车服务环节必不可少的一部分,但是只要涉及"金融",伴随的就是"风险",所以,无论是社会管理部门还是汽车金融服务的供需双方都有规避风险的偏好。另一方面,保险公司是进行风险管理的专业商业机构,客观上哪里有风险,哪里就是保险公司生存的市场。因此,汽车金融服务领域中,保险公司是一个相对重要的参与主体。

## 三、汽车金融服务的作用

完整的汽车金融业服务体系具备三项主要职能:为厂商维护销售体系、整合销售渠道、提供市场信息;为经销商提供存贷融资、营运融资、设备融资;为直接用户提供消费信贷、租赁融资、维修融资、保险等业务。

## 四、汽车金融公司和商业银行提供的车贷业务对比

### 1. 提供担保不同

通过银行贷款购车时,一般需要购车者提供户口本、房产证等资料,同时通常还需以房屋做抵押,并找担保公司担保,缴纳一定的保证金及相关手续费。而汽车金融公司则不需贷款购车者提供任何担保,只要购车者有固定的职业和居所、稳定的收入及还款能力,个人信用良好,就可申请办理贷款购车。

### 2. 首付比例有别

目前多数银行的车贷规定首付款为车价的 30%,贷款年限一般为 3 年,需缴纳车价 10% 左右的保证金及相关手续费。相较而言,汽车金融公司的首付比例低,贷款时间长。一般汽车金融公司要求的首付款最低为车价的 20%,最长贷款年限为 5 年,不用缴纳抵押费,只要消费者在厂家授权的销售店办理"一站式"购车、贷款、保险等全部业务就可以。

**3. 还贷方式不同**

汽车金融公司为客户提供了 3 种还款方式,分别是等额本金、等额本息和智慧型。其中"智慧型"还款是一种全新的还款方式,以一款价格 6.88 万元的新赛欧首付 2.58 万元、贷款 3 年为例,如果采取等额本息还款方式,平均月还款额在 1300 元左右;如果选用"智慧型"每月还款则只要 985 元,最后一个月还款金额最多,为 1.4 万余元。

**4. 利息率高低有别**

汽车金融公司的利息率通常要比银行高一些,银行的车贷利率是依照银行利率确定,而汽车金融公司的利率通常要比银行现行利率高出一些,例如上海通用汽车金融公司车贷利息率为 7.94% ,比银行利息率高 1.91% 左右。当然也有些金融公司为提高部分非畅销车型的销量,也会采取免息贷款业务,如福特金融公司的免息贷款业务。通过汽车金融公司贷款买车,车要抵押给金融公司,客户不还款车就会被收回,客户的档案将会上"黑名单",再次贷款买车几乎没有可能性。银行贷款同样是将车抵押给银行,如果客户不能还款,也会将车收回。逾期还款,金融公司与银行都要收取相应的滞纳金。

## 五、未来我国汽车金融走向

在欧美等发达国家,汽车金融服务经过近百年的发展,已成为位居房地产金融之后的第二大个人金融服务项目。目前,在全世界每年超过 1.3 万亿美元的汽车销售总额中,现金销售额为 30% 左右,近 3900 亿美元,而汽车金融服务融资为 1 万亿美元左右,约占 70% 。我国个人汽车信贷近年来增长迅猛,是仅次于个人房贷的第二大个人信用市场,但是目前我国的车贷率(贷款买车的比例)还不到买车人数的 20% ,远远低于全球市场 70% 的平均水平。因此发展汽车金融对我国来说非常重要。

# 第二节　汽车市场营销

## 一、汽车市场营销概述

### 1. 汽车市场营销的含义

汽车市场营销就是汽车企业为了更好更大限度地满足市场需求,为达到企业经营目标而进行的一系列活动。其基本任务有两个:一是寻找市场需求;二是实施一系列更好地满足市场需求的活动(营销活动)。本书所称的汽车营销,是汽车市场营销的简称。

汽车市场营销是一种从汽车市场需求出发的管理过程。其核心思想是交换,是一种买卖双方互利的交换,即双方得到满足,双方各得其所。汽车市场营销是一门经济学方面的、具有综合性和边缘性特点的应用学科,是一门将汽车与市场营销结合起来的"软科学"。在某种意义上说,它不仅是一门学科,而更是一门艺术。其研究对象是汽车企业的市场营销活动和营销管理,即如何在最适当的时间和地点,以最合理的价格和最灵活的方式,把适销对路的汽车产品送到用户手中。

### 2. 汽车营销观念

现代汽车企业的营销观念是随着汽车市场的产生而产生,并随其发展而演进、变化。汽车营销观念的发展变化,大体上经历了五个阶段,即生产观念、产品观念、推销(销售)观念、市场营销观念及社会营销观念。其中,生产观念、产品观念和推销观念合称为传统营销观念,是"以企业为中心的观念",这种汽车营销观念是以汽车企业利益为根本取向和最高目标来处理营销问题。而后两种观念则合称为现代汽车营销观念,分别是"以用户为中心的观念"和"以社会长远利益为中心的观念"。

1)生产观念

生产观念又称生产导向。这种观念是西方国家在20世纪20年代以前主要流行的经营思想,它的基本特征是"以产定销",企业能生产什么就卖什么,生产多少就卖多少。

在这一经营观念指导下,汽车企业经营的中心是生产,表现就是如何提高生产效率,扩大生产规模。规模一扩大,产品成本和价格就会下降,用户就能买得到和买得起,从而又有利于产量进一步扩大,并形成良性循环。这种观念是在汽车市场处于卖方市场的条件下产生的。生产观念能够作为汽车企业经营的指导思想的主要原因在于当时生产力水平还不够高,社会普遍存在物质短缺现象,这种观念可以达到以低价为竞争手段的市场扩张的策略目的。20世纪初期,美国福特汽车公司总裁亨利·福特决定只制造经济实惠的单一品种——黑色的T型车,不管消费者需要什么样的汽车。

2)产品观念

生产观念注重以量、低成本取胜,而产品观念则表现为以质取胜。其基本理念是:当社会物质短缺、市场供不应求的局面得到缓和后,只要企业生产的汽车产品质量过硬,经久耐用,就一定会有良好的市场反应,受到用户的欢迎,企业就会立于不败之地。这种观念在商品经济不很发达的社会有一定的合理性,在现代市场经济高度发达的条件下,这种生产观念也是不适宜的。因为现代汽车市场上卖方竞争激烈,而且用户需求的层次不断提高,质量再好的老的汽车产品,如不能及时得到更新以满足汽车市场的更高要求,也就不能保证企业市场长青。

3)推销观念

推销观念或销售观念产生于20世纪30年代初期。当时,由于资本主义世界经济大危机,包括汽车在内的大批产品供过于求,销售困难,卖方竞争加剧,资本主义经济从卖方市场逐渐转向买方市场。在激烈的市场竞争中,许多企业的经营思想发生改变,不仅是重视生产问题,也开始逐渐重视产品的销路问题,各种促销技术在企业得到运用,并逐步形成了一种推销经营哲学。其基本理念是:企业经营的中心工作从生产领域转向流通领域。以销售为中心就必须大力施展推销和促销技术,达到引导顾客的需求、培养需求和创造需求,努力扩大销售。促销的基本手段就是广告和人员推销。

4)市场营销观念

市场营销观念或市场主导观念,是一种以汽车用户需求为导向、"一切从汽车用户出发"的观念,通过整体的营销手段满足用户的需求,从而获得利润。它把企业的生产经营活动看做是一个努力理解和不断满足用户需要的过程,而不仅仅是生产或销售产品的过程;是"发现需要并设法满足之",而不是"将产品制造出来并设法推销之"的过程;是"制造适销对路的产品",而不是"推销已经制造出来的产品"的过程。"顾客至上""顾客是上帝""顾客永远正确"等口号是其营销观念的反映。

市场营销观念有四个主要支柱,即:用户需求、目标市场、整体营销、通过满足用户需求达到盈利率。这一观念使得用户与公司的关系趋向双赢，即在满足用户需求的同时，也实现了企业自身的目标。

5）社会营销观念

市场营销观念自其产生后的几十年里得到企业界的广泛接受，但随着社会经济的发展，这种观念的局限性逐渐表现出来，主要表现为：一个企业在市场观念的指导下，其最大利益的获取是建立在极大地满足自己用户的基础上，该企业在满足自己的用户和追求自己最大利益的同时，却不能满足用户总体需求以及损害社会的利益。比如，在这种观念下，企业只从用户需要出发，产品适销对路，达到自己的盈利率，而极少考虑大量不可再生资源日益枯竭、生态环境的破坏、社会效益等，这样就严重威胁着社会公众的利益和消费者的长远利益。20世纪70年代，作为市场营销观念的补充，又出现了社会营销观念。

社会营销观念的决策主要有四个组成部分：用户的需求、用户利益、企业利益和社会利益。它要求企业用系统方法把这四个方面的因素适当协调起来，拟出最佳营销策略。

## 二、汽车营销模式

我国汽车行业的营销渠道模式主要有：特许经营专卖店、普通经销商、汽车园区和车展。这几种主要营销模式的特点如下。

### 1. 特许经营专卖店

专卖店一般实行单一品牌营销的4S店（整车销售Sale、售后服务Service、配件供应Spare-part、信息反馈Survey），受到了汽车生产厂家的青睐，成为当前汽车销售的主要模式。特许专卖店的营销队伍需要素质良好、文化水平较高、接待礼仪规范、身份表示醒目等。

4S店有利于培养客户的品牌忠诚度，树立品牌形象，集中资源为消费者提供完善而周到的售后服务，便于实现市场信息收集和提高客户的信息管理。但4S店规模大、投资多，风险也大，店面的建设易流于形式，市场划分区域化，容易造成不平等竞争，限制了市场的全面展开。

### 2. 汽车交易市场

顾名思义，就是众多种类的汽车集中在一个场地内交易的市场。它的特点是车辆品种繁多、选择余地较大，有些还有工商、交警、银行、保险公司以及部分维修、维护商家进驻。但环境不很幽静，销售人员情况复杂。

汽车交易市场内营销对象的特殊性，更容易形成规模效应，满足不同层次消费者的需求，对管理服务进行集中监督，市场经济特点突出，容易形成综合的社会效益，投资风险相对较小、灵活，能够较快地适应市场变化；但市场价格竞争激烈，容易造成恶性竞争，另外，售后服务的提高也成为发展的瓶颈。

### 3. 普通经销商

普通经销商一般是同时代理多种品牌汽车的销售，通常会集我国内外各种品牌、价格、档次的车，由多个代理经销商分销，形成集中的多样化交易场所，使购车人在一地即可接触到大多数的汽车品牌，便于比较选购。

多品牌经营店便于消费者对不同品牌的汽车进行比较，易于满足不同消费者的需求，最大限度地利用营销资源，可以降低运营成本，提高经销商抗拒风险的能力。但也会受到外界大环境的影响产生滞销,某些品牌车型的利润空间小使得投资风险变大,和生产商之间的协调具有一定难度。

### 4.汽车园区

汽车园区是最能吸引汽车消费者的场所,在汽车的销售、维修、配件等方面,由于其功能齐全,更能综合展现汽车文化、科技、旅游和娱乐等功能,对于客户购车来说非常方便。汽车园区通常以3S、4S店群为主要形式,具有先进的营销模式、多元功能的汽车交易中心、售后服务中心、信息交流中心和国内外汽车厂商咨询服务中心,具有规模宏大、环境优美、整洁、效益显著、交易广泛等特点,体现了汽车营销由单一专卖店走向集约化的趋势,是我国汽车营销模式发展方向之一。但汽车园区建筑面积大,投资大,一般选择在郊区,存在着一定的地域劣势,给汽车的售后服务带来不便,用户关系不稳定,也会造成用户的流失。四种不同汽车经销模式的优缺点比较见表6-1。

四种不同汽车经销模式的优缺点比较 表6-1

| 模式 | 优　点 | 缺　点 | 模式 | 优　点 | 缺　点 |
|---|---|---|---|---|---|
| 4S店 | 品牌形象好,客户忠诚度高,可用资源多,售后服务完善,信息反馈及时 | 投资规模大,建店要求高,限制竞争 | 普通经销商 | 便于客户比较,降低运营成本,充分利用资源,抵御经营风险 | 部分产品滞销,总体利润较低,厂家协调难度大 |
| 汽车交易市场 | 投资风险小,体制较灵活规模宣传效应,满足不同需求,集中监督管理,社会效益较好 | 竞争激烈,价格混乱,利润降低,软、硬件条件差 | 汽车园区 | 多元化功能,规模化效益,一站式服务,环境较优雅 | 投资规模大,地域限制多,用户易流失 |

## 三、4P营销理论

汽车市场营销就是汽车企业为了更好、更大限度地满足市场需求,为达到企业经营目标而进行的一系列活动。其基本任务有两个:一是寻找市场需求;二是实施一系列能更好地满足市场需求的活动(营销活动)。本书所称的汽车营销是汽车市场营销的简称。

长期以来,国内外有很多学者都对汽车市场营销理论进行了研究,其中运用最广的就是4P理论,以下就对4P理论进行介绍。

### 1.4P理论的产生

市场营销组合中有四个可以人为控制的基本变数,即产品(Product)、价格(Price)、(销售)渠道(Place)和促销(Promotion),由于这四个变数的英文均以字母"P"开头,所以又称"4P's"。企业市场营销活动所要做的就是密切注视不可控制的外部环境的变化,恰当地组合"4P's",千方百计使企业可控制的变数(4P's)与外部环境中不可控制的变数迅速相适应,这也是企业经营管理能否成功、企业能否生存和发展的关键。

4P理论的产生要追溯到1953年,尼尔·博登(Neil Borden)在美国市场营销学会的就职演说中创造了"市场营销组合"(Marketing Mix)这一术语,其意是指市场需求或多或少地在某种程度上受到所谓"营销变量"或"营销要素"的影响。为了寻求一定的市场反应,企业要对这些要素进行有效的组合,从而满足市场需求,获得最大利润。20世纪60年代,美国学者麦卡锡教授在其《营销学》中最早提出了著名的4P营销组合策略。麦卡锡教授认为,一次成功和完整的市场营销活动,意味着以适当的产品、适当的价格、适当的渠道和适当的促销手段,将适当的产品和服务投放到特定市场的行为。

**2.4P 理论的内容**

1)产品

产品是指能够提供给市场被人们使用和消费并满足人们某种需要的任何东西,产品注重开发的功能,要求产品有独特的卖点,把产品的功能诉求放在第一位。产品的组合,主要包括产品的实体、服务、品牌、包装。它是指企业提供给目标市场的货物、服务的集合,包括产品的效用、质量、外观、式样、品牌、包装和规格,还包括服务和保证等因素。

例如,一汽集团生产的重型载货汽车、中型载货汽车、轻型载货汽车、高级轿车、中级轿车、普及型轿车、微型轿车等,这就是产品组合,而其中"重型载货汽车"或"中型载货汽车"等就是产品线,每一大类里包括的具体品牌、品种则为产品项目。图6-1所示为某一汽车生产厂家的汽车产品组合示意图。

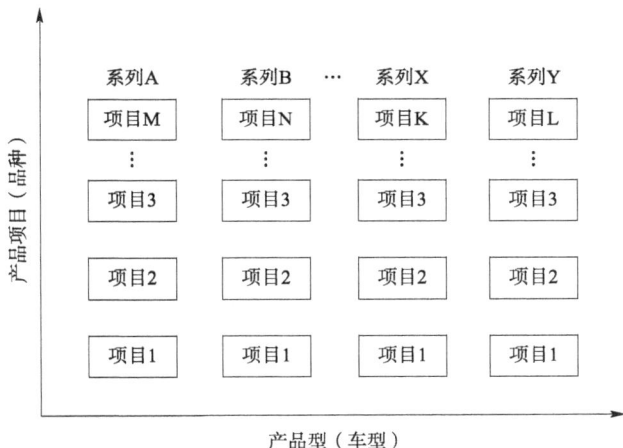

图6-1 汽车产品组合示意图

2)价格

价格是指顾客购买产品时的价格,包括折扣、支付期限等。价格或价格决策,关系到企业的利润、成本补偿以及是否有利于产品销售、促销等问题。影响定价的主要因素有三个:需求、成本、竞争。最高价格取决于市场需求,最低价格取决于该产品的成本费用,在最高价格和最低价格的幅度内,企业能把这种产品价格定多高,则取决于竞争者同种产品的价格。

(1)汽车产品的定价策略。价格确定是汽车定价的开端。所谓价格确定,是指企业为了实现自己的定价目标,根据汽车市场的供需状况等,为汽车确定适当价格,从而有利于市场营销和汽车促销的价格策划。

一般来说,企业的产品定价,并非确定一个确切的数值,而是划定一个大致的范围,这个大致的范围,我们称为"定价幅度"。其中,定价幅度的上限,是企业努力争取的目标;定价幅度的下限,是企业尽力避免的结果。以定价幅度来为汽车定价,不但可以保证企业的经济效益,而且可以提高汽车定价的灵活性，产生既有利于生产厂家也有利于中间商的结果。但是，在相当多的情况下，企业大都采取"最低限价"的形式，即下有底线、上不封顶的形式来为汽车定价。1996年，上汽集团汽车销售总公司曾作出决定，从7月1日起，调低部分桑塔纳新车的售价，并以此为基础，实行"最低限价"的销售政策；自此以后，天汽集团汽车销售公司和东风集团汽车销售公司分别于1997年、1998年都采取了这种"自我约束、自我规范、平等竞争、相互监督"的定价机制。

①就低定价策略。就低定价策略，也可以称为低价位渗透策略，是指企业以较低的成本利润率为汽车定价，以求通过"薄利多销"来实现利润指标的定价策略。

低价促销是一种比较常见的促销手段，它利用人的求实、求廉心理定价，一般只适用于价格弹性较大的产品，即消费者对价格反应敏感的产品，如生活资料的定价。一般来说，品牌投入期和产品衰退期的汽车，常常会采取就低定价的策略。前者的目的是为了迅速占领市场，后者的目的是为了加快更新换代。

②就高定价策略。就高定价策略，也可以称为高价位取值策略，是指企业以较高的成本利润率为汽车定价，以求通过"厚利少销"来实现利润指标的定价策略。

新车就高定价是最为常见的定价策略。新车刚刚投入市场，用户尚且缺乏了解，无疑为新车的就高定价提供了基础。1997年4月23日，本田在泰国首都曼谷举行了"都市"新车发布会。尽管"都市"的价位早已被媒体捧上了云天，但是，揭开盖头，人们还是感到"比预想的要贵"。其中，最廉价者也高达39.8万铢，约合170万日元。对此，本田的松下课长解释说："虽然贵了2万~3万铢，但为了让人感到社会地位，使该车具有高级感，用户也是可以接受的。"使汽车具有高级感，使车主具有地位感，这位课长说得多好啊！事实也确实如此，"都市"自投入市场以来，销售最快和销量最高者，不是39.8万铢的经济型车，而是44.8万铢的高档车。在我国，广州本田"雅阁"也被炒到了42万元，比原定价位29.8万元高出了30%。

③统一定价策略。统一定价策略是一种无视市场差异，以单一价格面对整体市场的定价策略。2000年，东风公司对于新推出的轻型货车"小霸王"，制定了"封闭区域、控制资源、恒定价格"的策略，从而使"二传手"和"皮条客"们失去了存在的市场。一位湖南用户想买5辆东风"小霸王"，长途电话打到襄樊专营部，询问能否买到"优惠车"。结果发现，他们得到的报价竟与湖南市场上的零售价格一样。

④差异定价策略。差异定价策略是一种在市场细分的基础上分别定价的策略。这种差异既可表现为针对销售者的价格差异，如经销价和代理价、批发价和零售价；也可表现为针对消费者的价格差异，如以用户为基础的定价和以关系为基础的定价。

(2)汽车价格的调整策略。所谓价格调整，是指企业在汽车销售的过程中，根据企业营销战略的发展变化和汽车销售市场的价格波动，以及市场竞争对手的价格特点，对已经确定下来的汽车价格进行调整，从而有利于市场营销和汽车促销的价格策划。

同价格确定一样，价格调整也有一个"调价幅度"。但是，调价幅度与定价幅度又不尽相同。一般来说，调价幅度的上限应是升价调整的极限，超过了这个极限，消费者的需求就会下降；调价幅度的下限应是降价调整的心理极限，低于这个极限，消费者也会视而不见。

①降价调整策略。所谓降价调整，是指企业通过将汽车价格在原来的基础上下调的形式来达到其调价目的的价格策略。一般来说，企业之所以进行降价调整，不外乎生产成本降低、

生产能力过剩、需求弹性增大、市场竞争加剧,以及为了适应经济形势、照顾客户关系等几个方面的原因。据国外有关专家估计,由于桑塔纳已经形成规模生产,生产成本降低,边际效益增大,且生产线投资已经回收完毕,即便以 7.8 万元定价,仍然有利可图。2000 年 3 月,上汽帕萨特亮相京城,其性价比高于桑塔纳 2000。质高价低,桑塔纳 2000 要保持其市场份额,就必须降价。

价格调整讲究适时、适度、规矩、主动四原则。所谓适时,即把握好降价调整的时机;所谓适度,即把握好降价调整的尺度;所谓规矩,即中规中矩,这就是说,降价是一种循规蹈矩的行为;所谓主动,即伺机而动,这就是说,降价调整并非是一种被动的防御策略,而是一种主动的进攻战术。但是,就其形式而言,降价调整又可分为形式类降价和实质类降价两种类型。

形式类降价调整是一种直截了当的降价形式,即"明降"或现金形态进行的降价调整,如价格折扣或优惠、让利或返还利润、减收或免收费用、低息或无息贷款等。美国汽车市场价格竞争的显著特点就是现金回扣,几乎所有汽车生产厂家都向用户提供这种所谓的"福利"。就价格折扣而言,又可分为累计数量折扣和非累计数量折扣两种类型。其中累计数量折扣也可以称为积点优惠,即根据用户在一定时期内购买本企业产品的累计数量或金额向他们返还一定比率的企业利润;非累计数量折扣也可称为一次性数量优惠,即根据用户一次性购买本企业产品的数量或金额向他们返还一定比率的企业利润。

②升价调整策略。所谓升价调整,是指企业通过将汽车价格在原来的基础上上调的形式来达到其调价目的的价格策略。一般来说,企业之所以进行升价调整,大都是因为成本上涨、通货膨胀、市场需求强劲和产品开发加快等原因。除此以外,选装配件增加、豪华程度提高,技术含量增加、安全系数提高等也是价格上涨的原因。且不说新增加的空调、音响、电动车窗、自动变速器、安全气囊、ABS 和催化净化器等都比较昂贵,仅就电子装置而言,20 世纪 80 年代,一辆普通轿车上的电子装置只需要 700 美元,而现在则已经超过了 2000 美元。

3)渠道

(1)分销渠道的概念。渠道是指在商品从生产企业流转到消费者手上的全过程中所经历的各个环节和推动力量之和,主要包括分销渠道、储存设施、运输设施、存货控制,它代表企业为使其产品进入和达到目标市场所组织、实施的各种活动,包括途径、环节、场所、仓储和运输等。汽车分销渠道就是指汽车的销售渠道或分配渠道。

分销渠道的主要职能有以下几个方面:

①售卖。即将产品卖给最终用户。这是分销渠道最基本的职能和作用。

②投放。即决策好将何种产品、以何种数量、在何时投放到哪个市场上去,以实现企业的营销目标,并获取最佳效益的功能。

③物流。也称实体储运职能,即保质保量地将产品在指定时间送达指定地点的功能。

④研究。即收集市场信息,进行市场预测的功能。

⑤促销。即进行关于所供应的物品的说明性沟通。

⑥接洽。即寻找可能的购买者并与之进行沟通。

⑦融资。即为补偿渠道工作的成本费用而对资金的取得与支出。

⑧服务。即为用户提供满意的服务的功能。对汽车产品来说,售后服务是很重要的。

⑨风险承担。即承担与渠道工作有关的全部风险。

此外,销售渠道还有信息反馈、自我管理、谈判等功能。

(2)汽车分销渠道的类型。不同的汽车生产企业从自身的特点出发,为了不同的目标市场,汽车分销渠道各不相同。随着产品经济的发展,分销渠道日益多样化,但归纳起来有以下几类基本模式:

①汽车生产企业直售型(零层渠道模式)。汽车生产企业不通过任何中间环节,直接将汽车销售给消费者。这是最简单、最直接、最短的销售渠道。其特点是产销直接见面,环节少,有利于降低流通费用,及时了解市场行情,迅速开发与投放满足消费者需求的汽车产品。但这种销售模式需要生产企业自设销售机构,因而不利于专业化分工;难以广泛分销,不利于企业拓展市场。但是,随着电子商务的发展、普及和完善,相信这种模式会被汽车企业作为重要的销售渠道之一。

②汽车生产企业转经销商直售型(一层渠道模式)。汽车生产企业先将汽车卖给经销商,再由经销商直接销售给消费者。这是经过一道中间环节的渠道模式。其特点是,中间环节少、渠道短,有利于生产企业充分利用经销商的力量,扩大汽车销路,提高经济效益。我国许多专用汽车生产企业、重型车生产企业都采用这种分销方式。

③汽车生产企业经批发商转经销商直售型(二层渠道模式)。汽车生产企业先把汽车批发销售给批发商(或地区分销商),再由其转卖给经销商,最后由经销商将汽车直接销售给消费者。这是经过两道中间环节的渠道模式,也是销售渠道中的传统模式。其特点是中间环节较多,渠道较长。一方面,有利于生产企业大批量生产,节省销售费用;另一方面,也有利于经销商节约进货的时间和费用。

④由汽车生产企业经总经销商转经销商直售型(二层渠道模式)。汽车生产企业先委托并把汽车提供给总经销商(或总代理商),由其销售给经销商,最后由经销商将汽车直接销售给消费者。这也是经过两道中间环节的渠道模式。其特点是中间环节较多,但由于总经销商(或总代理商)不需承担经营风险,易调动其积极性,有利于开拓市场,打开销路,这种分销渠道在我国的大、中型汽车生产企业的市场营销中较为常见。

⑤汽车生产企业经总经销商与批发商后转经销商直售型(三层渠道模式)。汽车生产企业先委托并把汽车提供给总经销商(或总代理商),由其向批发商(或地区分销商)销售汽车,批发商(或地区分销商)再转卖给经销商,最后由经销商将汽车直接销售给消费者。这是经过3道中间环节的渠道模式。其特点是总经销商(或总代理商)为生产企业销售汽车,有利于了解市场环境,打开销路,降低费用,增加效益。缺点是中间环节多,流通时间长。

4)促销

促销是公司或机构用以向目标市场通报自己的产品、服务、形象和理念,说服和提醒他人对公司产品和机构本身信任、支持和注意的任何沟通形式。促销主要包括广告、人员推销、营业推广与公共关系等。

## 四、我国汽车营销渠道模式现状及发展趋势

### 1. 我国汽车营销渠道模式现状

随着汽车行业方面的竞争加剧,原有营销渠道的不足也逐渐暴露了出来,主要表现在以下方面。

1）缺乏战略营销的理念与管理

尽管汽车业界已认识到规模经济的重要性,并把规模经济看成是优先于财务的企业关键目标,但在以竞争优势与竞争能力为导向的管理体系建立方面,长期没有形成分析未来市场需求、判断产品定位走势、建立滚动开发设计的汽车需求战略管理与开发体系,这一问题导致一部分优势企业的市场占有率开始下滑。

2）汽车营销渠道管控体系不完善

渠道商务政策的完善性、返利制度的合理性以及激励制度的有效性,都会直接影响渠道的管控能力。汽车厂家都是通过对产品的控制,特别是对产品利润的控制来实现对经销商的管理,厂家处于绝对控制地位。然而,一旦产品出现滞销,厂商关系就会恶化。经销商为了完成厂家的任务指标和获得利润,就必不可免地会降价、窜货,甚至低于进价销售,这不仅乱了厂家的价格体系,还严重影响了品牌形象。

3）汽车营销渠道服务能力不足

目前,国内汽车企业普遍存在重营销、轻服务的现象,营销渠道服务能力不足主要体现在以下几个方面:备件供应不及时、备件供货率不能满足备件缺货;部分高档车的进口部件普遍缺货;对于专营店无法解决的技术难题,厂家的技术支持还不能满足需求;商家不仅需要产品的营销广告,也需要增加服务营销广告的投入。

4）汽车营销渠道忠诚度降低

无论是国内还是国外汽车厂家,其销售体系一般都是以自己为中心,强调对渠道的控制。当汽车市场快速发展时,可以依靠经销商所获得的高额利润来维持其对生产商的忠诚度;但当汽车市场竞争激烈,经销商利润不断降低时,就会导致经销商对厂家的忠诚度逐渐降低。

**2. 我国汽车营销渠道发展趋势**

我国的特殊国情,以及各种不同形式的汽车营销渠道都有其不同的优缺点,都有其特定的使用范围和消费群体,这就决定了我国新的汽车营销渠道不能建立单一的模式,要依据市场规律和变化,结合企业特征和消费者的个性需求建立多种形式的汽车营销渠道模式。未来的汽车营销渠道发展主要应该体现在以下几个方面。

1）汽车营销渠道的发展趋于扁平化

扁平化是指营销渠道的层次要尽可能地少,厂商与消费者的距离要尽可能地拉近,降低渠道的经营成本。

扁平化的营销渠道不仅能大大降低运营成本,而且在信息反馈上也有着十分独到的优势,使得汽车生产厂家能在终端与用户直接沟通,做好售前、售中和售后的衔接服务,更加充分地满足客户需求。这一点是企业在进行营销渠道变革时需要考虑的重要因素,以避免营销渠道的变革风险。

2）汽车营销渠道的发展趋于信息化和一体化

信息化是指对营销渠道所进行的信息化建设,用于提高企业营销渠道的信息反馈速度。比如,订货、车型选择、订单处理、资金往来、物流配送等都可以在网上实现或通过网络提供信息支持。一体化是指整合服务资源,实现营销渠道建设的一体化,即整车销售、维修服务、配件供应的全面整合。

3）汽车售后服务趋于完善化

如今，售后服务在汽车销售中所起的作用越来越大，这几乎成为我国汽车企业的共识。根据我国质量协会、全国用户委员会的一项调查显示，汽车售后服务的受关注程度高达95.5%。事实上，汽车售后服务市场是汽车产业链中最稳定的利润来源，可占据总利润的60%~70%。

4）汽车营销渠道的网络化

这种新的营销渠道模式正在逐渐地改变汽车销售方式，对汽车的营销将会产生很大影响，具体体现在：首先，汽车网络营销改变了汽车的销售模式，只要进入汽车制造企业的网站，用户便可便捷地了解这个品牌4S店的销售网络，进行查询、网上订单下载等；其次，网络营销为用户提供了方便，只要点击鼠标，就可在互联网上任意选择和直接订购，并且在计算机屏幕上会即刻呈现出所选的车型、颜色和车的立体模型，为用户提供直接的感受。客户还可以在各大汽车公司的网站之间任意转换，对同类型汽车性能进行比较；再次，每个汽车企业网站上都有客户评论，浏览的客户直接点击就能了解大家对这个企业或者某个车型的评论（如诚信度、性能、售后服务等），非常便于比较选择。

总之，只有把握好市场需求和经济发展的方向，才能做好汽车市场营销渠道的改进和应用。新的、适合市场的营销渠道必然取代旧模式，这为汽车制造企业、经销商和汽车消费者之间的联系和利益起着决定性的作用。

# 第三节　汽车维修服务

## 一、汽车维修服务概述

随着汽车保有量越来越多，汽车后市场的规模必定日益壮大。

### 1.维修服务基本理念

"维修服务工作"包含两个层面的工作，既是直接面对顾客的前方服务，也是支援前方工作的后方服务，两者相得益彰，缺一不可。汽车维修服务所追求的重点是，针对顾客提出的要求，如何快速而准确地提供超过其预想的优质服务。

### 2.汽车维修企业的经营管理

企业，是指从事商品生产和商品经营（流通或服务）等经济活动，满足社会需求、获取盈利的基本经济组织。

在社会主义市场经济条件下，企业也是具有法人资格、享有民事权利并承担民事义务，依法"自主经营、自负盈亏、自我发展、自我约束"的独立经济核算单位。

企业管理是企业管理者对企业中人、财、物、信息和时空实施统一管辖和治理的全过程。

企业管理具有二重性：一方面，不管社会制度如何，所有企业管理的共性职能或一般职能，都是必须合理地组织劳动、统一指挥生产；另一方面，不同社会制度下的企业管理，其个性职能或特殊职能（社会属性），都必须要维护和完善与其社会制度相适应的生产关系。

## 二、汽车维修顾问工作概述

汽车维修服务顾问是第一个接待客户、直接与客户进行沟通的人。来到维修厂的客户总是带着很多关心的问题,有时甚至带着担心或愤怒的情绪。汽车维修服务顾问的服务水平与素质将影响到客户对企业的第一印象,将决定客户是否信赖这家企业或是否能够成为企业(品牌)的忠实客户,也就是说,汽车维修服务顾问对汽车维修企业起着至关重要的作用。

**1. 维修服务顾问在维修企业中的重要作用**

1)联系客户与维修企业的唯一桥梁

汽车维修企业与修车客户之间的沟通,主要通过汽车维修服务顾问来实现。维修服务顾问在工作中应担任双重角色。对于维修企业而言,维修服务顾问代表客户将运用维修企业的资源按照客户需求完成车辆的维修任务;对客户而言,维修服务顾问代表专营店(品牌)的服务品质。

2)维系并提高客户对企业(品牌)的忠诚度

汽车维修服务顾问是客户在维修企业遇到的第一人,客户对汽车维修服务顾问的认可决定企业的形象。汽车维修服务顾问应为客户提供满意的服务,以取得客户对维修企业的信赖,以至对品牌的信赖,从而成为本品牌的忠实客户。

3)服务质量是影响企业获利的重要因素

汽车服务顾问的服务水平,是企业技术、服务和管理水平的集中体现。汽车维修企业应为客户提供舒适的服务,并且以竞争力的价格,第一次就迅速的做好维修,以提高客户的满意度和汽车服务的竞争力。

4)维修服务顾问与其他部门的关系

在包含了整车销售、零配件供应、售后服务、信息反馈等"四位一体"的汽车4S销售专卖店中,当一辆新车销售协议签订之后,汽车销售顾问会将售后服务部的经理及服务顾问介绍给新车车主,与此同时,也意味着服务的转接。在车辆的使用过程中,所有的维护及修理工作由售后及维修部门来完成。汽车维修服务顾问应协助客户对其车辆进行必要的维护及修理,以实现车辆性能最优化。汽车维修服务顾问应将客户的意愿传达给维修车间,并协调配件管理及其他相关部门的工作。

服务经理是服务顾问的直接领导者,出现特殊问题难以解决或接到客户投诉时,汽车维修服务顾问在接待客户的过程中,应及时求助服务经理。服务经理除具备服务顾问的工作能力之外,还应对汽车维修服务顾问的工作进行监督与指导。

**2. 汽车维修企业的售后服务**

1)售后服务的重要性

优秀的售后服务成就一个良好的汽车品牌,越来越多的消费者已经逐渐体验到"买车就是买服务"这个道理。售后服务的品牌效应、细致程度,是打动消费者的两个重要方面。汽车界有一句名言,"第一辆车是销售人员卖出去的,第二辆、第三辆车是售后卖出去的。"由此可以看出,售后服务是多么的重要。

2)服务的特性

服务具有无形性、异质性、不可分割性和易逝性等特点。

(1)服务的无形性。服务本来是一种无形产品,是人的一种心理感应,是一种绩效或行为,而不是实物。无形化的服务做有形化的展示是指通过有形的设施、设备以及服务人员对顾客更细致的照顾和关心的有形表现。汽车服务企业应通过向客户提供优质的服务体验或额外的服务来获得客户满意度。

（2）服务的异质性。对于许多服务企业来说，必须在顾客到达的几分钟内作出响应。服务提供者由于个性化差异，对服务的理解及提供的方式有较大的区别。服务本身可变性很强，服务质量取决于服务人员、时间、地点和方式。所以，汽车维修服务企业应推进标准化流程，使用可量化的行为标准来规范服务顾问的行为。例如，上海大众的"服务核心过程"、丰田的"关怀客户的七步法"等，规范服务顾问的行为，从而提高客户满意度。

（3）服务的不可分割性。服务的不可分割性，即服务本身无法和服务提供者分割开来，很多的服务、创造、传递和消费是同时进行的。要求顾客和服务人员都必须了解整个服务传递过程，才能实现顾客的真正满意，但是在服务中很难实现两者之间的全过程的不可分割。因此，服务中产生差错是不可避免的，重要的是对产生差错进行服务补救。首先，重视顾客问题，承认问题的存在，分析失误的原因，对服务失误进行评估，并能在恰当的时候对顾客道歉。其次，是建立一个服务补救预警系统，在问题出现前预见到问题并予以避免。再次，有效处理顾客抱怨和投诉，顾客投诉是发现服务失误的一个重要来源，须设计方便顾客投诉的程序，引导顾客投诉。最后，尽快解决问题，一旦发现服务失误，服务员必须在失误发生的同时迅速解决失误，防止失误升级。

（4）服务的易逝性。服务是不可储藏的，不能储存以供今后销售或使用，顾客通常是随机到达的，就使得短时间内的需求有很大的不确定性。因此，服务业企业要想保持需求和能力的一致性，难度是很大的。维修车间可以通过维修预约提高服务效率；另外，可以为预约客户做好充分的服务前期的准备工作。

3）售后的差异化服务

（1）专享顾客与服务顾问一对一。专属制的实施，把现有顾客资源按照服务顾问人数进行划分，每个服务顾问都有专管的部分顾客名单，在服务流程方面，从预约、接待、维修过程跟进、结算的全过程由专属服务顾问进行接待。维修完毕后，由服务顾问进行回访，客服部进行监督。

实行专属制的优点是服务顾问的工作方向及绩效关联更明确，对专属顾客服务更到位，提醒及时，沟通更畅通，个人业绩与接待工作的成效更明确；缺点是服务顾问的数量不够时，容易混淆，顾客预约服务暂未形成习惯。

（2）配合公司会员俱乐部和 VIP 顾客的来访。除丰富顾客休息区原有功能外，增加包括影音休闲、台球、咖啡吧台、精品选购、网上冲浪等功能区。针对地区特点，对车辆单次维修费超过 3000 元的顾客，赠送免费沐足券一张。此举大大方便了顾客，使顾客在车辆维护的同时获得休闲享受，其优点是让顾客感受到超越期望的服务享受；缺点是硬件投入较大。

（3）为顾客制订维修服务优惠套餐。例如把别克系列车型固定维修里程、维护检查、更换配件及服务内容编制成顾客容易接受的服务套餐方式，把烦琐的服务套餐变得简单明了，由服务顾问进行提醒后顾客清晰明了且执行优惠套餐价格，即成为方便顾客的"傻瓜"式套餐。其优点是"傻瓜"式套餐服务既简单又优惠，实惠到家，受到顾客好评；缺点是实行套餐后，公司服务价格相对下降，但提高了顾客满意度。

（4）维修过程电子看板及闭路监控系统实施。安装监控车间维修过程的电子看板管理系统和电视闭路监控系统，让顾客在维修接待室便知道自己车辆维修的全过程，并且知道自己车辆在哪个维修阶段,让顾客以最简单的方式获得相关信息,维修作业完成后以短信息方式通知顾客前往前台结算提车。其优点是提高了顾客满意度,增强了维修过程控制及管理,让车主安心等待,减少进入车间的机会,既可减少事故,同时也可提高顾客对维修车辆的管理水平;缺点是初次投入成本比较高。

(5)双顾问接待制。在车辆入厂时,安排两个服务顾问跟进车辆维修全过程,减少接待等待时间,原则上配备一个技术接待、一个业务接待。维修过程中,由技术接待跟进车辆维修过程的进度,并每半小时通过业务接待向车主进行反馈,直至维修完毕送客离店。其优点是缩短了维修过程及接待过程的周期,确保维修进度把握,提高顾客接待满意度;缺点是人员配备在车辆不多的情况下显得偏多。

(6)向顾客提供代步用车。对于重大事故车辆或配件购置等原因造成车辆维修周期过长,根据顾客车辆维修情况,为顾客提供代步用车服务,待顾客车辆维修好后再进行调换。在为顾客提供代步用车服务的同时收取一定的质押金,主要用于缴纳顾客在使用车辆过程中的违章处罚金,车辆收回后在 10 个工作日后返回该款项。其优点是为顾客着想,提高其方便程度,增加了顾客的满意度;缺点是成本增加。

4)售后服务理念

服务产品同其他有形产品一样,强调产品要能满足不同的消费者需求。消费者需求在有形产品中可以转变成具体的产品特征和规格,同时这些产品特征和规格也是产品生产、产品完善和产品营销的基础。但是,对于服务产品来说,这些具体的规格犹如空中楼阁一般。因而服务企业需要明确"服务产品"的本质或"服务理念"。

服务企业在定义服务理念时,必须保持服务系统中前台和后台的一致性。单纯考虑前台的需要,而忽略了后台要求的服务理念绝不是成功的理念;反之亦然。服务理念还要能明确地表达出服务企业需要雇员提供什么标准的服务,消费者可能期望获得什么标准的服务。

上海汽车工业(集团)总公司(以下简称"上汽"),随着服务品牌的出台,成为全球首个于产品上市之前就初步完成对服务体系构架建设的汽车厂家。服务品牌的推出,表示了上汽对客户体验的尊崇,也表达了上汽为客户打造领先的、差异化服务的信心与决心。上汽将"6C for 1C"的服务理念贯穿始终,构筑了"以客为尊"的核心架构,体现了上汽对车主价值最大化的不懈追求。上汽"尊荣体验"品牌推出了多项举措开创国内先河的服务措施,比如全国首家对修补漆作出终身质保的承诺,全国首家 6:30—8:30 早间预约接车服务,全国首家对客户作出维修进度的时间承诺等,充分显示了上汽荣威"尊荣体验"服务品牌的差异化优势,同时也可以看出,该服务品牌是为荣威 750 目标客户群度身打造的,使其享受独一无二的尊崇服务体验。

"6C for 1C"的服务理念:

Credibility and Honesty 诚信——以诚信为本。

Commitment of QuaJity 质量保证——以质量为中心。

Convenience 便捷——以用户最大便捷为原则。

Communication 沟通——以客户需求为导向。

Comfort 舒心——以用户舒心满意为宗旨。

Cost 用车成本——以降低用户用车成本为目标。

# 第四节　汽车保险与理赔

## 一、汽车保险的概念与特点

### 1.保险的概念与特点

"保险"一词,最先是由日本人从英文"insurance"和"assurance"翻译过来,后为我国所用。其英文的含义是以经常性地缴纳一定的费用为代价来换取遭受危险损失时获得补偿。这种解释虽不完整,但在一定程度上反映了保险的基本特征。现在,多数学者都认为保险是一种保障手段,是对危险造成的损失进行补偿的制度。它是指人们为了保障日常生产和生活的稳定,对同类危险事故发生所造成的损失或经济需要,运用多数单位的力量建立共同准备金并根据合理的数学计算建立的经济补偿制度或金钱给付的安排。一般的商业保险应当具有以下特征。

1)保险是一种合同关系

保险不同于社会保险,也不同于其他法律或者社会团体建立的社会保障制度。这里所指的保险是一种商业保险关系。这种关系是以合同为基础,有关保险人、被保险人的关系是一种合同关系。根据保险合同的约定,投保人有缴纳保险费的义务,保险人有收取保险费的权利,被保险人有在合同约定的事故发生时获得经济补偿或给付的权利,而保险人有提供合同约定的经济补偿或给付的义务。

2)承保的风险事故是否发生或何时发生都是不确定的

保险合同中约定承保的风险事故或事件是否发生或者何时发生,都是不确定的,因为假如约定的事故肯定不会发生,那么就没有必要保险;反之,假如约定的事故或事件一定会发生,那么,没有一个保险人愿意承保,除非投保人交付的保险费不低于损失总额。所以,只有在订立合同时,风险事故只是有可能发生。到底是否发生,何时发生,发生时造成的损失有多大,都是不确定的。如此,当事人之间的保险关系才能成立。

3)承保的风险事故是无法预见或难以控制的

保险承保的风险事故或事件的发生是投保人与保险人都无法预见或者难以控制的。因此,倘若在订立保险合同时,保险人或者投保人知道事故或事件已经发生,或者投保人在订立保险合同后故意制造事故或事件,则有关保险合同无效。

4)承保的风险事故发生后,保险人承担赔偿、给付责任

保险人在承保的风险事故发生后承担赔偿或给付责任。履行此项责任时,一般应支付相当损失金额的钱币。个别特殊情况下,也可以按约定或协议提供实物或提供某种服务以履行其义务。

### 2.汽车保险的概念与特点

汽车(机动车辆)保险是以机动车辆本身及其相关利益为保险标的的一种不定值财产保险。这里的机动车辆是指汽车、电车、电瓶车、摩托车、拖拉机、各种专用机械车、特种车。机动车辆保险一般包括基本险和附加险两部分。基本险又分为车辆损失险和第三者责任险。

机动车辆保险的基本特征,可以概括为以下几点。

1）保险标的出险率较高

机动车辆是陆地的主要交通工具。由于其经常处于运动状态,总是载着人或货物不断地从一个地方开往另一个地方,很容易发生碰撞及其意外事故,造成人身伤亡或财产损失。由于车辆数量的迅速增加,一些国家交通设施及管理水平跟不上车辆的发展速度,再加上驾驶员的疏忽、过失等人为原因,交通事故发生频繁,汽车出险率较高。

2）业务量大,投保率高

由于汽车出险率较高,汽车的所有者需要以保险方式转嫁风险。各国政府在不断改善交通设施,严格制定交通规章的同时,为了保障受害人的利益,对第三者责任保险实施强制保险。保险人为适应投保人转嫁风险的不同需要,为被保险人提供了更全面的保障,在开展车辆损失险和第三者责任险的基础上,推出了一系列附加险,使汽车保险成为财产保险中业务量较大,投保率较高的一个险种。

3）扩大保险利益

机动车辆保险中,针对汽车的所有者与使用者不同的特点,机动车辆保险条款一般规定:不仅被保险人本人使用车辆时发生保险事故保险人要承担赔偿责任,而且凡是被保险人允许的驾驶员使用车辆时,也视为其对保险标的具有保险利益,如果发生保险单上约定的事故,保险人同样要承担事故造成的损失,保险人须说明机动车辆保险的规定以"从车"为主,凡经被保险人允许的驾驶员驾驶被保险人的汽车造成保险事故的损失,保险人须对被保险人负赔偿责任。

4）被保险人自负责任与无赔款优待

为了促使被保险人注意维护、养护车辆,使其保持安全行驶技术状态,并督促驾驶员注意安全行车,以减少交通事故,保险合同上一般规定:驾驶员在交通事故中所负责任,车辆损失险和第三者责任险在符合赔偿规定的金额内实行绝对免赔率;保险车辆在保险期限内无赔款,续保时可以按保险费的一定比例享受无赔款优待。以上两项规定,虽然分别是对被保险人的惩罚和优待,但要达到的目的是一致的。

## 二、我国汽车保险的种类

机动车辆保险是随着机动车辆的出现而产生的一项保险业务。它不仅是运输工具保险中最主要的险种,也是整个财产保险中最重要的业务来源。在各国非寿险业务中,机动车辆保险均占有举足轻重的地位,在我国财产保险中则属于第一大险种。

### 1. 机动车辆保险的风险

机动车辆保险虽然属于财产保险的范畴,但是它所承保的车辆却不是静止在某一地点上,而是不断处于移动状态,因此与机动车辆有关的风险有两种。

1）机动车辆本身所面临的风险

与其他处于静止状态的财产一样,机动车辆本身也受自然灾害和意外事故的威胁,有可能导致车辆自身损毁的直接损失以及车辆停驶引起的间接经济损失。

2）机动车辆本身所创造的风险

机动车辆自诞生以来,一方面大大提高了人们的工作效率,方便了人们的生活,但另一方面也使得交通事故数量急剧增加,造成社会公众的人身伤害和财产损失。

为了有效转移上述两种风险,世界各国的机动车辆保险均设立了机动车辆损失险(或者称为车身险)和第三者责任保险。机动车辆损失险承保机动车辆因保单责任范围内的自然灾害和意外事故所造成的车辆本身损失;第三者责任保险承保车辆在使用过程中所造成的风险,即对于因车辆使用给他人造成的人身伤害和财产损失依法应由被保险人承担赔偿责任时,由保险人负责赔偿。其中车辆损失险属于财产保险范畴,而第三者责任保险则属于责任保险范畴。

**2.机动车辆损失险**

1)机动车辆损失险的保险责任

机动车辆损失险是我国机动车辆保险中的两个基本险种之一,承保车辆遭受保险责任范围内的自然灾害或意外事故造成保险车辆本身的损失。

机动车辆损失险的保险责任一般采用列明风险的方式,只有列明的自然灾害和意外事故造成的保险车辆的直接损失,保险人方承担赔偿责任。我国机动车辆损失险的保险责任范围较为广泛,通常包括:

(1)意外事故。包括碰撞、倾覆、火灾、爆炸、外界物体倒塌、空中运行物体坠落、保险车辆行驶中平行坠落等。在机动车辆损失险中,碰撞、倾覆是最主要的承保风险。在国外,有的保险人专门设立了碰撞、倾覆险承保这两种风险造成的车辆损失。所谓碰撞是指车辆与外界物体的意外接触,即要符合三个条件:一是保险车辆与外界物体的意外碰撞造成本车的损失;二是当货物装上车以后,车与货即视为一体,所装货物与外界物体的意外撞击造成的本车损失,属于碰撞损失;三是保险车辆与外界物体直接接触。车辆损失险承保的仅是碰撞损失,即因碰撞事故的发生所造成的车辆自身损毁。倾覆是指保险车辆由于遭受自然灾害或意外事故,造成本车翻倒,车体触地,使其失去正常状态和行驶能力,不经施救不能恢复行驶(两轮摩托车在停放过程中翻倒并不是倾覆事故)的一种状态。

(2)自然灾害。包括雷击、暴风、龙卷风、暴雨、洪水、海啸、地陷、崖崩、雪崩、雹灾、泥石流、滑坡;载运保险车辆的渡船遭受自然灾害(只限于有驾驶员随车照料者)造成车辆的损失。由于各地区的自然环境及保险车辆的行驶区域相差很大,其面临的风险也不尽相同,采用这种一揽子责任的承保方式,无疑对于某些被保险人是不公平的。因此有的保险公司将全国分为几个地域,适用不同的费率,以避免被保险人之间的保费补贴现象,达到相对公平的目的。

(3)施救保护费用。车辆发生保险事故时,被保险人或其允许的合格驾驶员对保险车辆采取施救、保护措施所支出的合理费用,由保险人在保险车辆以外的保险金额内负责。施救措施是指发生保险事故时,为减少和避免保险车辆的损失所施行的抢救行为;保护措施是指保险事故发生以后,为防止保险车辆损失扩大和加重的行为。采取施救保护措施所支出的费用必须是合理的,才能得到保险人的赔偿。衡量施救保护费用是否合理,原则上以"为了减少保险车辆损失而直接支出的必要费用"为判断标准,但在实际中必须根据具体情况加以判断。在很多情况下,保险车辆发生保险事故后,保险车辆与其所装货物同时被施救,则保险人只对保险车辆的施救费用负责。

上述风险造成保险车辆的直接损失,保险人能否赔偿取决于:第一,保险车辆的损失是由承保风险直接造成的,承保风险是该损失的主要原因;第二,保险车辆是在被保险人或其允许的合格驾驶员的使用过程中发生损失。两个条件必须同时具备,缺一不可。

2）车辆损失险的除外责任

在很多投保人心目中，存在这样的认识：认为只要自己投保了机动车辆保险，那么一切与机动车辆有关的损失都应该从保险公司那里得到补偿，其理由是自己不能白缴纳保险费。其实这是投保人不了解保险的真正含义所形成的误解。也就是说，被保险人参加了机动车辆保险，并不是把所有的危险与损失、费用都转嫁给了保险人，而是被保险人自己也有责任承担一部分风险和损失、费用，这些不保的风险与费用便构成了除外责任。在车辆损失险中，保险人的除外责任一般包括不保的风险和不保的损失。

（1）不保的风险

①地震、战争、军事冲突、恐怖活动、暴乱、扣押、罚没、政府征用、污染。

②竞赛、测试，在营业性维修场所修理、养护期间。

③利用保险车辆从事违法活动。

④驾驶员饮酒、吸食或注射毒品、被药物麻醉后使用保险车辆。

⑤保险车辆肇事逃逸。

⑥驾驶员无驾驶证。

（2）不保的损失。保险车辆的下列损失和费用，保险人不负责赔偿：

①自然磨损、朽蚀、故障、轮胎单独损坏。

②人工直接供油、高温烘烤造成的损失。

③自燃以及不明原因引起的火灾造成的损失，自燃是指因本车电器、线路、供油系统发生故障或所载货物本身原因起火燃烧。

④遭受保险责任范围内的损失后，未经必要修理继续使用，致使损失扩大的部分。

⑤因市场价格变动造成的贬值、修理后因价格降低引起的损失。

⑥车辆标准配置以外，未投保的新增设备的损失。

⑦在淹及排气管或进气管的水中起动车辆，或被水淹后未经必要处理而起动车辆，致使发动机损坏。

⑧保险车辆所载货物坠落、倒塌、撞击、泄漏造成的损失。

⑨摩托车停放期间因翻倒造成的损失。

⑩被盗窃、抢劫、抢夺，以及因被盗窃、抢劫、抢夺受到损坏或车上零部件、附属设备丢失。

**3. 机动车辆第三者责任险的承保内容**

机动车辆第三者责任保险正是为了维护公众的利益而在许多国家成为法定保险业务，它承保机动车辆所有者或被保险人允许的合格驾驶员在使用车辆过程中发生意外事故造成第三者人身伤害或财产直接损失，且依法应由被保险人承担的损害赔偿责任，由保险人根据《道路交通事故处理办法》和保险合同的有关规定进行赔偿。机动车辆第三者责任保险属于责任保险范畴，但习惯上又与车辆损失保险统一构成机动车辆保险。

1）直接损毁

直接损毁是指道路交通事故中一次直接造成的第三者的人身伤亡及财产损失的赔偿责任，包括受害者的死亡补偿、伤残补偿、医疗补偿及财物损毁补偿。如汽车撞倒路边树木，树木又撞倒电线杆，电线杆再压倒房屋，导致房屋内的财产受损和人员伤亡，在事故现场，树木、电线杆、受损房屋及屋内受损财产、受伤人员等均是直接损失；而因此产生的交通堵塞、停电、停产等损失则为间接损失，保险人对间接损失不负责任。

2）被保险人允许的合格驾驶员

须符合两个条件：一是经被保险人允许，指被保险人本人或经被保险人委派、雇佣或认可的驾驶保险车辆的人员；二是合格的驾驶员，指上述驾驶员须持有效驾驶证，并且所驾车辆与驾驶证规定的准驾车型相符。

3）使用保险车辆过程

指保险车辆作为一种工具被使用的整个过程，包括行驶和停放。如保险吊车固定车轮后进行吊卸作业，可视为使用保险车辆过程。

4）意外事故

车辆使用中发生的意外事故有道路交通事故和非道路交通事故。凡在道路上发生的交通事故，即为道路交通事故，一般由公安交通管理部门依照《道路交通事故处理办法》处理。凡不在供车辆、行人通行的地方使用保险车辆过程中发生的事故，属于非道路事故，由出险当地政府有关部门根据《道路交通事故处理办法》规定的赔偿范围、项目和标准以及保险合同的规定计算保险赔款金额。

5）第三者

在保险合同中，保险人是第一方，被保险人或使用保险车辆的致害人是第二方，除保险人与被保险人以外的，因保险车辆的意外事故致使保险车辆下的人员或财产遭受损害的，在车下的受害人是第三者。

6）被保险人依法应当支付的赔偿金额，保险人依照保险合同的规定进行补偿

我国道路交通事故是由公安交通部门处理的。对保险人而言，公安交通部门的处理结果是保险人承担责任与否的基础性依据，但又不完全按照公安交通部门的处理结论承担赔偿责任，因为制约保险双方的直接法律依据是保险合同。因此，首先是被保险人有对受害方的损害进行赔偿的责任；其次是这种责任是否符合保险合同中应当支付的赔偿中扣除保险合同中规定的不赔部分或可以免除责任的部分。例如，一被保险人酒后驾车，发生车祸，造成一人死亡。公安交通部门认定由这位被保险人承担全部责任，并且向死者家属支付赔偿金。在这个案例中，尽管被保险人依法应当向受害方支付赔款，但酒后驾车是违法行为，属于保险合同中的除外责任，保险人因而可以免除自己的责任。

**4. 机动车交通事故责任强制保险**

机动车交通事故责任强制保险简称交强险，是指由保险公司对被保险机动车发生道路交通事故造成本车人员、被保险人以外的受害人的人身伤亡、财产损失，在责任限额内予以赔偿的强制责任保险。

**5. 机动车辆保险的附加险**

机动车辆保险的附加险是指不能独立投保，须在投保基本险之后方能投保的险种。机动车辆保险的附加险主要有以下几种。

1）全车盗抢险

承保保险车辆全车被盗窃、抢劫或抢夺，经县级以上公安刑侦部门立案证实，满 60 天未查明下落，由保险人按照保险金额与车辆出险时的实际价值的低者并扣除一定的绝对免赔率予

以赔付;保险车辆在被盗窃、抢劫或抢夺期间受到损坏或车上零部件设备丢失需要修复的合理费用,由保险人按实际修复费用计算赔偿,最高不超过全车盗抢险保险金额。

2)玻璃单独破碎险

承保保险车辆风窗玻璃或车窗玻璃的单独破碎,但对于安装、维修车辆过程中造成的玻璃单独破碎不予负责。投保人与保险人可协商选择按进口或国产玻璃投保。保险人根据协商选择的投保方式承担相应的赔偿责任。

3)自燃损失险

承保保险车辆在使用过程中,因本车用电器、线路、供油系统发生故障及运载货物自身原因起火燃烧,造成保险车辆的损失,以及被保险人在发生本保险事故时,为减少保险车辆损失所支出的必要合理的施救费用,保险人在保险单该项目所载明的保险金额内,按保险车辆的实际损失计算赔偿;发生全部损失的,按出险时保险车辆实际价值在保险单该项目所载明的保险金额内计算赔偿。

4)车身划痕损失险

此险种适用于已投保车辆损失保险的家庭自用或非营业用、使用年限在3年以内、9座以下的客车,对于车辆无明显碰撞痕迹的车身划痕损失,保险人负责赔偿。但该损失若是被保险人及其家庭成员、驾驶员及其家庭成员的故意行为造成的,保险人不予赔偿。

5)新增加设备损失险

承保保险车辆在行驶过程中,发生碰撞等意外事故,造成车上新增加设备的直接损失,保险人在保险单该项目所载明的保险金额内,按实际损失计算赔偿。

6)车上人员责任险

承保车辆发生意外事故,造成车辆上人员的人身伤亡,依法应由被保险人承担的经济赔偿责任,由保险人负责赔偿。但是对于违章搭乘人员的人身伤亡、车上人员因疾病、分娩、自残、殴斗、自杀、犯罪行为造成的自身伤亡或在车下时遭受的人身伤亡,保险人可以免除责任。

7)车上货物责任险

当发生意外事故,致使保险车辆所载货物遭受直接损毁,依法应由被保险人承担的经济赔偿责任,保险人负责赔偿。但是对于货物因哄抢、自然损耗、本身缺陷、短少、死亡、腐烂、变质造成的损失;违法、违章载运或因包装不善造成的损失及车上人员携带的私人物品损失,保险人不承担赔偿责任。

8)无过失责任险

被保险人或其允许的合格驾驶员在使用保险车辆过程中,因与非机动车辆、行人发生交通事故,造成对方人员伤亡,保险车辆一方无过失时,除根据《中华人民共和国道路交通事故处理办法》的规定,应由被保险人承担的10%的经济赔偿外,对于10%以上的经济赔偿部分,在事故责任认定前已被保险人垫付的医疗费用、抢救费用及丧葬费用,经公安交通管理部门或人民法院裁定由被保险人承担时,保险人在合同规定的赔偿限额内负责赔偿。

9)车载货物掉落责任险

承保保险车辆在使用过程中,所载货物从车上掉下(车上所载气体或液体泄漏造成的损失除外)致使第三者遭受人身伤亡或财产的直接损失,依法应由被保险人承担的经济赔偿责任,保险人在保单载明的保险赔偿限额内赔偿。

10）不计免赔特约险

办理了本项特约险的机动车辆发生所投保基本险或附加险的保险事故造成损失,对其在符合规定的金额内按基本险或附加险条款规定计算的免赔金额,保险人负责赔偿。

## 三、汽车理赔

### 1.理赔的特点、意义和作用

机动车辆保险理赔工作是保险政策和作用的重要体现,是保险人执行保险合同,履行保险义务,承担保险责任的具体体现。保险的优越性及保险给予被保险人的经济补偿作用在很大程度上,都是通过理赔工作来实现的。

理赔工作一般是由被保险人提供各种必要的单证,由保险公司负责理赔的工作人员经过计算、复核等具体程序,最后使被保险人获得赔偿。随着电子计算机、信息和互联网技术的发展,各大保险公司已广泛采用网上通赔业务,为被保险人的获赔提供了极大的方便。

[资料] 全国首例网上通赔车险案结案,客户获赔7088元。

2003年6月12日,随着江苏镇江平安车险某客户的赔款通知发出,全国首例网上通赔车险赔案顺利结案。2003年6月5日,平安保险一客户在上海出险。南京车险部和镇江业管部协同上海产险,顺利成功实现全国首例网上通赔,该客户成为全国车险通赔的第一位受益人,获得7088元的赔款。2003年6月6日全国网上通赔业务正式上线,各地车险可完成网上委托异地查勘定损案件,委托异地(包括跨省)结案支付案件等理赔业务。

1）理赔的特点

机动车辆保险与其他保险不同,其理赔工作也具有显著的特点。理赔工作人员必须对这些特点有一个清醒和系统的认识,了解和掌握这些特点是做好机动车辆理赔工作的前提和关键。

（1）被保险人的公众性。我国的机动车辆保险的被保险人曾经是以单位、企业为主,但是,随着个人拥有车辆数量的增加,被保险人中单一车主的比例将逐步增加。这些被保险人的特点是他们购买保险具有较大的被动色彩,加上文化、知识和修养的局限,他们对保险、交通事故处理、车辆修理等知之甚少。另一方面,由于利益的驱动,检验和理算人员在理赔过程中与其在交流过程中存在较大的障碍。

（2）损失率高且损失幅度较小。机动车辆保险的另一个特征是保险事故虽然损失金额一般不大,但是,事故发生的频率高。保险公司在经营过程中需要投入的精力和费用较大,有的事故金额不大,但是,仍然涉及对被保险人的服务质量问题,保险公司同样应予以足够的重视。另一方面,从个案的角度看赔偿的金额不大,但是,积少成多也将对保险公司的经营产生重要影响。

（3）标的流动性大。由于机动车辆的功能特点,决定了其具有相当大的流动性。车辆发生事故的地点和时间不确定,要求保险公司必须拥有一个运作良好的服务体系来支持理赔服务,主体是一个全天候的报案受理机制和庞大而高效的检验网络。

（4）受制于修理厂的程度较大。在机动车辆保险的理赔中扮演重要角色的是修理厂,修理厂的修理价格、工期和质量均直接影响机动车辆保险的服务。因为,大多数被保险人在发生事故之后,均认为由于有了保险,保险公司就必须负责将车辆修复,所以,在车辆交给修理厂之后就很少过问。一旦因车辆修理质量或工期,甚至价格等出现问题均将保险公司和修理厂一并指责。而事实上,保险公司在保险合同项下承担的仅仅是经济补偿义务,对于事故车辆的修理以及相关的事宜并没有负责义务。

（5）道德风险普遍。在财产保险业务中机动车辆保险是道德风险的"重灾区"。机动车辆保险具有标的流动性强,户籍管理中存在缺陷,保险信息不对称等特点,以及机动车辆保险条款不完善,相关的法律环境不健全及机动车辆保险经营中的特点和管理中存在的一些问题和漏洞,给了不法之徒可乘之机,机动车辆保险欺诈案件时有发生。

2）理赔工作的意义

机动车辆保险目前乃至今后相当长一段时间内在我国保险市场上仍占有相当地位,在整个保险费收入中占有相当比例,是我国几大保险公司产险业务的拳头支柱险种。

机动车辆自身的机动灵活性和流动性强,活动区域广,以及当前我国道路交通是以混合道路交通为主,绝大多数地区道路条件差,机动车、自行车、行人混行,互相干扰,潜伏着很多不安全因素,加之近年来随着我国经济的迅速发展和繁荣,机动车辆数量急剧增加。鉴于以上诸多因素的影响,决定了机动车辆保险是一个出险率较高的险种。它涉及面广,社会影响大,机动车辆保险理赔工作质量好坏,直接影响到保险公司的信誉,关系到被保险人的切身利益,对机动车辆保险业务的开展甚至其他产险业务的拓展都起着举足轻重的作用,同时也决定了保险公司自身的经济效益。

3）理赔工作的作用

理赔工作是加强车险防灾减损的重要内容和依据。机动车辆理赔工作的主要作用表现在以下几个方面:

（1）经济补偿。在保险标的遭受保险责任范围内的自然灾害和意外事故损失后及时给予被保险人经济补偿。

（2）加强防灾、减少损失。在理赔处理过程中和理赔以后能起到加强防灾、减少损失的作用,在事故发生后,保险标的及第三者往往还有加重损失的可能性,需要采取必要的抢救和保护措施,尽量挽回可以避免的损失。

（3）吸取经验教训、掌握事故规律。理赔工作同时也是综合反映业务经营的一个重要环节。通过赔案的处理,可以从中吸取经验教训,掌握机动车辆发生事故的规律。如对机动车辆按使用性质、车形、车类以及车辆所有权（公有或私有）等进行事故赔案分类,或按事故性质进行分类,通过分类统计,找出机动车辆保险的发展方向。

此外,可以通过赔案分类统计,以及典型案例,配合公安交通部门进行机动车辆安全行车教育,提醒广大驾驶员注意行车安全。

理赔工作是检验业务质量促进业务开展的重要环节。通过理赔可以检查机动车辆承保质量,还可以通过理赔扩大宣传,提高保险公司信誉,促进机动车辆保险业务的拓展。

**2. 理赔工作的模式和基本原则**

1）理赔工作的程序

理赔工作的基本程序包括:报案、查勘定损、签收审核索赔单证、理算复核、审批、赔付结案等步骤,具体的理赔流程如图 6-2 所示。

（1）报案。

①出险后,客户向保险公司理赔部门报案。

```
                          ┌──────────┐
                          │ 发现险情 │
                          └────┬─────┘
          ┌──────────┬─────────┤
     ┌────┴───┐ ┌───┴───┐ ┌───┴───┐
     │积极施救│ │保护现场│ │  报案  │
     └────────┘ └───────┘ └───┬───┘
                      ┌────────┴────────┐
                 ┌────┴────┐       ┌────┴────┐
                 │ 政府机构│       │ 保险公司│
                 └────┬────┘       └────┬────┘
              ┌───────┴──────┐    ┌─────┴─────┐
              │ 取得事故证明 │    │ 现场查勘  │
              └──────────────┘    └─────┬─────┘
                                  ┌─────┴─────┐
                                  │ 修复报价  │
                                  └─────┬─────┘ 核实
                                  ┌─────┴─────┐
                                  │ 灾后恢复  │
                                  └─────┬─────┘
                                  ┌─────┴─────┐
                                  │提交索赔单证│
                                  └─────┬─────┘ 核实
                                  ┌─────┴─────┐
                                  │ 获得赔偿  │
                                  └─────┬─────┘ 涉及第三方责任
                                  ┌─────┴─────┐
                                  │ 协助追偿  │
                                  └───────────┘
```

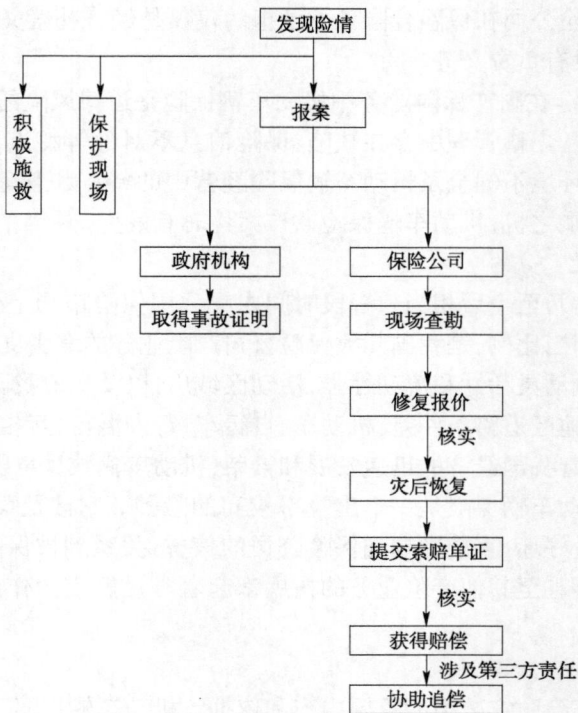

图 6-2　理赔流程

②内勤接报案后，要求客户将出险情况立即填写《业务出险登记表》（电话、传真等报案由内勤代填）。

③内勤根据客户提供的保险凭证或保险单号立即查阅保单副本并抄单以及复印保单、保单副本和附表。查阅保费收费情况并由财务人员在保费收据（业务及统计联）复印件上确认签章（特约付款须附上协议书或约定）。

④确认保险标的在保险有效期限内或出险前特约交费，要求客户填写《出险立案查询表》，予以立案（如电话、传真等报案，由检验人员负责要求客户填写），并按报案顺序编写立案号。

⑤发放索赔单证。经立案后向被保险人发放有关索赔单证，并告知索赔手续和方法（电话、传真等报案，由检验人员负责）。

⑥通知检验人员，报告损失情况及出险地点。

以上工作在半个工作日内完成。

（2）查勘定损。

①检验人员在接保险公司内勤通知后一个工作日内完成现场查勘和检验工作（受损标的在外地的检验，可委托当地保险公司在 3 个工作日内完成）。

②要求客户提供有关单证。

③指导客户填列有关索赔单证。

（3）签收审核索赔单证。

①营业部、各保险支公司内勤人员审核客户交来的赔案索赔单证，对手续不完备的向客户

说明需补交的单证后退回客户,对单证齐全的赔案应在"出险报告(索赔)书"(一式二联)上签收后,将"黄色联"交还被保险人。

②将索赔单证及备存的资料整理后,交产险部核赔科。

(4)理算复核。

①核赔科经办人接到内勤交来的资料后审核,单证手续齐全的在交接本上签收。

②所有赔案必须在 3 个工作日内理算完毕,交核赔科负责人复核。

(5)审批。

①产险部权限内的赔案交主管理赔的经理审批。

②超出产险部权限的逐级上报。

(6)赔付结案。

①核赔科经办人将已完成审批手续的赔案编号,将赔款收据和计算书交财务划款。

②财务对赔付确认后,除赔款收据和计算书"红色联"外,其余取回。

2)理赔工作的基本原则

机动车辆理赔工作涉及面广,情况比较复杂。在赔偿处理过程中,特别是在对机动车辆事故进行查勘工作过程中,必须提出应有的要求和坚持一定的原则,要树立为保户服务的指导思想、坚持实事求是的原则、重合同、守信用、依法办事、坚决贯彻"八字"理赔原则(主动、迅速、准确、合理)。

# 第五节 二手车交易

## 一、二手车概述

### 1.二手车相关含义

二手车一词由英文 Second Hand Vehicle 得来,意为"第二手的汽车"。在我国,二手车也称为"旧机动车"。北美是二手车市场最为发达的地区,平民百姓购买旧车时不一定就能买到"第二"手的,可能是"第三""第四"手的旧车,而且大多是小轿车和家用吉普车。因此,北美二手车称为"用过的汽车"。

### 2.二手车交易相关名词

1)收购价

收购价即为经纪公司买入价。一般情况下,经纪公司得到车源消息后,会迅速和车主取得联系,或是亲自上门或是车主将车开到公司进行收购。收车人员会根据具体车款在市场的交易价格进行一个基本的判定。

2)标价

标价即为经纪公司卖出的价格。在二手车交易市场,每一辆旧车上都会有一个标价,这个标价是经纪公司出让这款车的理想价格,一般都要高于最终的实际成交价格。一般收购上来的旧车,经纪公司都会对其进行简单的翻新,如先对整车进行清洗(包括对发动机、内饰进行清洗),如果划痕严重的还要补漆,另外还要对机械部分进行简单的维修,而损坏严重的易损件,还要进行更换。比如更换轮胎、脚垫等,尽可能使这辆车看上去靓丽如新。

3）交易价格

交易价格即为最终成交价格。一般情况下，一辆旧车从收购到最终交易会在一两个星期之内完成，即使如奔驰、宝马等的高档车，也最多在一个多月的时间内完成交易。如果由于各种原因超过了这个时限，旧车经纪公司的利润就会大大缩水，有些甚至要赔本，这使得这款车型的最终平均交易价格在市场内得以上下浮动。

4）评估价

评估价即为纳税基准价。一般消费者会把评估价误认为是旧车的指导价。但实际上评估价只是交易旧车的缴纳税费的基准价。一辆旧车交易完成后，都要向市场缴纳2.5%的过户费，而缴纳这个费用就需要一个基准价，为防止交易双方谎报交易价格致使税费损失，市场会对每一辆参与交易的汽车进行一个科学估价。这个评估首先要求车主提供交易车辆的品牌年限，原车价格（以原始购车发票为准），然后由市场的专业评估师根据车况对该车进行等级判定（一般分5个等级）。然后输入电脑程序中由电脑估价。电脑估价是一个复杂的过程，一般是根据10年折旧率，结合该车型的原价格和新车价格共同计算。

## 二、二手车交易的评估和定价

二手车市场的繁荣和很多因素有关，诸如油价的高低、二手车的可选择性、二手车的利润率、贬值率、相关的国家政策、国内外的经济环境以及国家的宏观调控政策等，都会影响到二手车市场的繁荣程度。

### 1. 影响二手车价格的因素

影响二手车交易价格的因素，主要有以下几个方面。

1）新车价

二手车评估价格肯定和新车直接挂钩，目前，只要不是属于收藏性质的，任何一款车的二手车评估价格也不可能高于新车的价格。然而，新车价格的出台，会直接导致二手车价格的波动，假如新车降价，那么对应款式车的价格也会相应下降。

2）车型、车况

车型越新，车价也会越高，而车况更是决定着价格的重要因素。同品牌同型号，使用年限也相同的两辆汽车，会因车主维护的好坏而卖出的价格差异很大。汽车的发动机、变速器、制动系统及其他应该具备的功能是否能够正常运作也显得十分重要。

3）年限

二手车的使用年限越长，则该车的价格显得就越低，因为年限越长，车款相对也是比较老，因此对价格的影响会比较大。

4）行驶里程

行驶里程的多少会直接影响发动机等主要部件的性能状况。一般说来，行驶里程越多，发动机等主要部件的损伤程度会越严重，汽车的交易价格就会越低。

5）历史成交价格

某款汽车的历史成交价格对于二手车的最终交易价格也有一定的影响。市场上同一款车的二手车定价一般都是依照历史成交价而确定的，买车的人也会用历史成交价进行对比。

6）供求关系

市面上比较热门的汽车肯定是供不应求,这样的汽车在市场上的保值率也就相对较高,所以进行二手车的价格评估时,其价格一般也要比别的汽车稍微高一些。

**2.常用的二手车定价方法**

1）平均年限法

采用这种方法定价时,其计算公式为:

$$折旧额 = 汽车的原值 \times \frac{已经使用的年限}{预计使用年限}$$

例如:一辆购买价格为 20 万元的汽车,预计使用期限为 10 年,则每年均应计算 2 万元的折旧。也就是说在第一年末,汽车的价值是 18 万元;第二年末,汽车的价值是 16 万元……依此类推。

这种计算方法比较简单,常被用于单位提取设备折旧时使用,但不符合商品在使用初期的阶段快速折旧的规律。

2）工作量法

采用这种方法定价时,是按照汽车的行驶里程来计算折旧,其计算公式为:

$$折旧额 = 汽车的原值 \times \frac{已经行驶的里程}{预计使用里程}$$

例如:一辆购买价格为 100000 元的汽车,预计行驶里程为 100000km。那么,汽车每行驶 1km 提取 1 元的折旧。也就是说在行驶 10000km 后,汽车的价值是 90000 元;在行驶 20000km 后,汽车的价值是 80000 元……依此类推。

3）双倍余额递减法

采用这种方法定价时,其计算公式为:

$$折旧的百分比 = \frac{2}{预计使用年限} \times 100\%$$

$$每年的折旧额计算起点 = 年初时的价值$$

在预计使用年限的最后两年平均分摊剩余的价值。

例如:一辆购价为 10 万元的汽车,预计使用年限为 10 年,折旧的百分比为 20%,则:

第一年末汽车的剩余价值是 8 万元(10 万元 – 10 万元的 20%)。

第二年末汽车的剩余价值是 6.4 万元(8 万元 – 8 万元的 20%)。

第三年末汽车的剩余价值是 5.12 万元(6.4 万元 – 6.4 万元的 20%)。

依此类推……

第八年末汽车的剩余价值是 1.678 万元。

第九年末汽车的剩余价值是 0.839 万元。

第十年末汽车报废。

4）年数总和法

采用这种方法定价时,其计算公式为:

$$折旧额 = 原值 \times \frac{剩余使用年限}{使用年限总和}$$

例如:一辆购买价格为 10 万元的汽车,预计使用年限为 10 年,则使用年限的总和

为：10 + 9 + 8 + 7 + 6 + 5 + 4 + 3 + 2 + 1 = 55

第一年末汽车的剩余价值是 8.182 万元（10 - 10 × 10/55 = 8.182 万元）。

第二年末汽车的剩余价值是 6.546 万元（8.182 - 10 × 9/55 = 6.546 万元）。

第三年末汽车的剩余价值是 5.091 万元（6.546 - 10 × 8/55 = 5.091 万元）。

第四年末汽车的剩余价值是 3.818 万元。

第五年末汽车的剩余价值是 2.727 万元。

第六年末汽车的剩余价值是 1.818 万元。

第七年末汽车的剩余价值是 1.091 万元。

第八年末汽车的剩余价值是 0.546 万元。

第九年末汽车的剩余价值是 0.182 万元。

第十年末汽车报废。

### 3. 二手车交易过程

1）二手车交易时需注意的问题

进行二手车交易时，需要注意以下问题：

（1）检查二手车的有关证件和手续，如来历凭证、牌照、行车证、年检记录、维修记录、保险凭证等是否齐全，是否在有效期内。若车主不慎购买了一辆来历不明的车，不仅会蒙受很大的经济损失，可能还会陷入法律困境。

（2）要查明二手车的使用年限，确认能否办理过户手续，以免因汽车技术落后、排放超标或达到报废年限而陷入无法入户的窘境。

（3）交易前要对二手车的整体状况进行一次全面细致的检查，尤其是关键部件，如发动机等，以免日后落入频繁修理的"黑洞"。

2）二手车交易应准备的相关材料

进行二手车交易时，需要携带相关的材料，如：车辆来历证明、车辆完税证明、机动车登记证书、机动车行驶证、车船使用税证、交强险凭证、身份证（户口簿）等。

# 第七章　汽车使用

随着人民生活水平的提高,越来越多的汽车进入了家庭,大家对于汽车的选购、汽车运行材料、汽车美容、整形、驾驶等方面的知识需要更多地了解,只有这样,才能选好车、用好车。

## 第一节　汽车选购

### 一、汽车选型

面对琳琅满目的车市,如何购买到称心如意的汽车,对多数人而言是一门全新的学问。这里对选购家用乘用车(轿车)的基本原则和方法提供一些看法,供购车者参考。

**1. 购车档次选择**

1)轿车档次

分微型轿车(图 7-1)、普通级轿车、中级轿车、中高级轿车和高级轿车等,其对应的排量和价格见表 7-1。

轿车档次　　　　　　　　　　　　　　　　　　　　　　表 7-1

| 汽车档次 | 发动机排量(L) | 参考价格(万元) | 车辆性能 | 购车目的 | 适用家庭 |
|---|---|---|---|---|---|
| 微型轿车 | ≤1 | ≤5 | 一般 | 代步 | 经济一般 |
| 普通轿车 | 1~1.6 | 5~10 | 较好 | 代步、公务 | 经济中等 |
| 中级轿车 | 1.6~2.5 | 10~15 | 好 | 公务、代步 | 经济较好 |
| 中高级轿车 | 2.5~4 | 15~25 | 豪华 | 公务、代步 | 经济好 |
| 高级轿车 | ≥4 | ≥25 | 超豪华 | 公务、享乐 | 经济很好 |

图7-1　奇瑞 QQ3

2）轿车档次选择

首先应考虑购车目的和家庭经济条件，量力而行。在考虑汽车经费支出时，不仅要考虑汽车售价，还应综合考虑附加费（包括车辆购置税、牌证费、保险费、车船使用税和日常的使用费等）。高档车，各方面收费都较高。

3）进口轿车选择

有些购车者面临着进口车的选择问题。社会上流传"日系车省油、德系车安全、法系车时尚、美系车大气"，有一定历史背景，可以参考。

一般而言，美国车系（通用、福特、克莱斯勒）材质优良、动力强劲、乘坐舒适、驾驶安全，但油耗偏高。近年美国汽车公司也吸收了日本车系的理念和技术，推出了一些针对我国消费特点的经济实用型轿车，例如目前畅销的欧宝系列及福特蒙迪欧等。

欧洲车底盘扎实、悬架系统较好、注重操纵性、追求驾驶乐趣和制造工艺精良。德国车的刚劲沉稳、法国车超凡的操控性、意大利车出色的高性能，一直为世人称道。

日本车轻巧美观、造型新颖、油耗低、使用效率高、注重经济性、装饰做工细腻，灌注了东方人精微细腻的心理特征，在为乘员着想方面做得无微不至，无论是车门缝隙的大小、漆面的光滑平整度还是车厢的焊接工艺，日本车都非常出色。

**2. 汽车款式选择**

现代汽车品种繁多，每年都推出几十款新车，用户可以根据自己喜欢，随意选择。不同车款特点如下。

1）三厢车（图7-2）

三厢车"有头有尾"，是我国人的传统选择。车尾密封的行李舱方便行李与人分开。缺点是扁阔的行李舱放不下较大件的行李，行车时乘客照顾不到放在行李舱的东西。

2）两厢车（图7-3）

两厢车的车尾没有行李舱，所以摆放简单行李的位置是在后座位靠背的后面，使车身的长度缩短了很多，转向更加灵活；此外，在停车时不用估计行李舱的长度，所以容易预算位置。燃油耗比三厢车低。

图7-2　三厢汽车（第八代雅阁）

图7-3　两厢车（大众波罗）

3）MPV 汽车（图7-4）

MPV（Multi-purpose Vehicle）汽车就是"多用途汽车"，它可以作乘用车，也可以用作商务车，还可以用作休闲旅行车，甚至可被当作小货车来使用，它兼具了轿车的舒适性和小型客车的较大空间,一般为单厢式结构,即俗称的"子弹头"。

4)SUV 汽车(图7-5)

SUV(Sports Utility Vehicles)汽车是指造型新颖的多功能越野车,它不仅具有 MPV 的多功能性,而且还有越野车的越野性。

MPV 和 SUV 汽车都具有车身较高,视野较广阔,座位较高,坐在上面,就好像坐在客厅的椅子上一样,身体与腿部成 90°,令长途行车也不易感觉疲倦。

图7-4　MPV(别克 GL8)

5)轿跑车(图7-6)

兼有轿车和跑车特点,一方面强调要善于奔跑、具有运动性,另一方面又不能丢掉轿车载人、实用的功能。给人以潇洒的感觉,车速快,为众多年轻人和汽车运动爱好者所青睐。

图7-5　SUV(大众途观)

图7-6　轿跑车(奥迪 TT)

轿跑车可以在轿车基础上增添跑车元素(像丰田锐志、马6轿跑车,还有推出时极为震撼的奔驰 CLS),也可以是跑车基础上套上轿车的实用性元素(像四门跑车 RX-8、玛莎拉蒂 Quattroporte 等)。

**3. 汽车颜色选择**

1)颜色与心理感觉

银灰色最能反映汽车本质的颜色。看见银灰色就想起了金属材料,给人的整体感很强。美国杜邦的调查结果显示,银色汽车最具人气,也最具运动感。

白色给人以明快、活泼、清洁、朴实大方的感觉,容易与外界环境相吻合而协调。另外,白色是膨胀色,容易使小车显大。日本车在 20 世纪 80 年代,有白色代表高级的说法。白色车的销量曾经占到过总销量的 70%。另外,白色车相对中性,对性别要求不高。

黑色是一种矛盾的颜色,既代表保守和自尊,又代表新潮和性感,给人以庄重、尊贵和严肃的感觉。黑色也容易与外界环境相吻合。黑色一直是公务车最受青睐的颜色,高档车黑色气派十足,但低档车最好不要选用黑色。

红色给人以跳跃、兴奋和欢乐的感觉。红色是放大色,同样可以使小车显大。阳光下感觉如同一团火焰,非常夺目,跑车或运动型车非常适合。

蓝色给人感觉是清爽、舒适、豪华和气派。

黄色给人以欢快、温暖和活泼的感觉。黄色是扩大色,在环境视野中很显眼,跑车选用黄色非常适合,小型车用黄色也非常适合。出租车和工程抢险车的黄色,一是便于管理,二是便于人们早早地发现,可与其他汽车区别。但私用车选用黄色的不多。

绿色有较好的可视性,这是大自然中森林的色彩,也是春天的色彩。小车选绿色很有个性,但豪华型车如果选用绿色,有点不伦不类的感觉。

实际汽车生产企业一般都准备了很多种颜色可供选择,如捷达汽车高达 16 种,有些高档车更为您准备了几十种颜色,可谓色彩斑斓,琳琅满目。你可以向销售商索取该车的色彩样本,选择你所钟爱的颜色,据此向销售商订货。

2)颜色与行车安全

国内外大量科学研究表明,不同汽车外表颜色,发生撞车等交通事故的概率不同。如图 7-7 所示,黑色汽车交通事故率最大,而银灰色最安全。

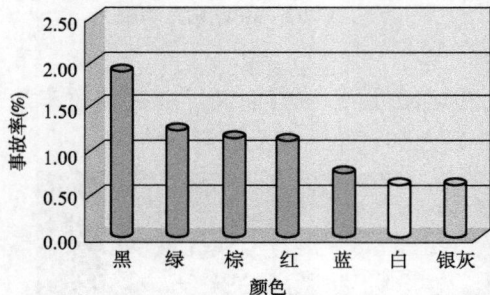

图 7-7  汽车颜色与行车安全

专家解析认为,首先,颜色是有进退性的,即所谓的前进色和后退色。例如,有红色、黄色、蓝色和黑色共四部轿车与你保持相同的距离,你就会觉得红色车和黄色车要离自己近一些,是前进色;而蓝色和黑色的轿车看上去较远,是后退色。前进色的视觉效果要比后退色好,看起来要近一些,车主就会早一点时间察觉到危险情况。

其次,颜色有胀缩性,即膨胀色和收缩色。如将相同车身涂上不同的颜色,会产生体积大小不同的感觉。如黄色看起来感觉大一些,是膨胀色;而同样体积的黑色、蓝色感觉小一些,是收缩色。收缩色看起来比实际要小,尤其是傍晚和下雨天,常不为对方车辆和行人所注意而诱发事故,黄色等为膨胀色,看起来比实际要大,不论远近都很容易引起注意。

**4. 汽车性能比较**

汽车好坏的本质在于性能,应该从厂商提供的说明书,初步了解车辆的性能。

1)发动机

发动机是汽车的"心脏",它的性能决定了整车的动力性能、经济性能和排放性能,应认真比较。一般发动机排量大,额定功率和牵引力就大,车速也会高,但百公里燃油消耗也高,从汽车说明书上都可以直接看出上述指标。应该要求"马儿跑得快,又要马儿少吃草"为佳。

2)底盘

汽车的底盘直接影响到车辆的行驶安全、稳定性、舒适性和操作方便性,也影响到汽车的动力、经济性能。汽车底盘的变速器有手动和自动两种类型可供选择,自动变速器的汽车少了一个离合器,左脚完全解放出来,驾驶起来轻松多了,不用担心换挡,思想集中,行车事故相对少了。对于驾驶经验不足者、女性和老年人等,适合采用自动变速器的汽车。但自动变速器的价格要比手动的高,百公里油耗也稍高,加速要慢一些。所以,熟练的驾驶员较多选用手动变速器。

3)车身

车身款式多样,主要从外观颜色、尺寸以及车内空间等方面选择。车身总体尺寸在汽车说明书上都有标出。相同外形尺寸的车辆,轴距和轮距越大,稳定性越好,车内空间越大。但占地面积大、转弯半径大、质量大、油耗高。女性比较喜欢小巧玲珑的"迷你"型靓车。

车身的设计还与油耗有很大关系,流线型越好的车空气阻力越小,越省油。从汽车说明书上可以查到该车的空气阻力系数,应该越小越好。

### 5.汽车的配置比较

1）汽车的配置的多样性

一个系列的家用汽车,往往包括很多具体型号,它们之间,可能外形没有很大区别,但内容却相差很多,价格也不尽相同。区别在除发动机与变速器之外的其他配置。

主要配置包括空调装置、防抱死制动装置（ABS）、安全气囊（SRS）、CD 音响、卫星定位（GPS）、倒车雷达、铝合金轮毂、金属漆、动力转向、防撞侧杆、电动后视镜、电动门窗、顶窗、防盗设施以及水杯托架、储物箱等。

2）汽车配置选择

汽车配置可以根据自己需要与条件选择。

对安全配置是优先要考虑。ABS、安全气囊（SRS）已经成为乘用车的必须配置,尤其是女性,上下班和接送孩子,安全是放在第一位的。一些性格比较急躁的人,也应该充分考虑汽车的安全配置。真皮座椅气派、美观、凉爽、透气性能好和易于擦洗,适于南方炎热地区使用。但北方寒冷地方就很少有人选用了,因为它又凉又滑,转弯时有一种容易滑出去的感觉。所以,北方人喜欢选用绒面或布面座椅。

### 6.比较汽车的售后服务

车辆的售后服务是购车考虑的一个重要的环节,因为日后车辆的维修要延续几年甚至十几年时间,良好的售后服务会给你带来许多方便。

1）比较维修服务

对比售后服务,一是要看所在的地区有多少您所确定购买的品牌汽车的专业维修点,维修点多,说明厂家重视售后服务,同时也可以有更多选择的余地;二是看这些专业维修点的维修水平、服务态度和价格标准。可以亲自前往专业维修点感受一下他们的服务,看看厂商给予他们何种授权及评价。

2）比较汽车的保修期

汽车在保修期内,厂家负责免费维修,只要不是车主的人为因素,一般连维修配件都是免费的。保修期分保修年数和行驶里程数两种。对于出租车、营运车而言,一年可跑上十多万千米,其着眼点当然是放在保修的年数上。而对私家车来说,一年下来,也就是 2 万 km 左右,应要求保修里程数越长越好。

### 7.比较他人对汽车的评价

1）请教专家

主要是指有经验的汽车修理工、驾驶员、销售人员、专业老师和管理人员等,他们常年与汽车打交道,所以最有发言权。

2）请教身边购车者

可以向他们咨询,如汽车发动机工作稳定吗？驾驶感觉如何？山道上跑得怎么样？买来多久进的修理厂？修理厂的态度好吗？夏天开空调时凉快吗？开空调油耗多少等。

3）查询网上车友论坛

形形色色的有车族（包括无车的网民）,在网站上发布无数的帖子,语言生动、直言不讳。信息量之大,任何媒体无可比拟,可以作为一个参照。当然,对于网上的信息必须注意筛选。

4）留意新闻媒体的报道

近年来,新闻媒体对于汽车的报道越来越多。通常,新闻媒体的报道正面为多,注意将不同媒体、不同来源的消息放在一起分析,得出结论。还有一种方法,就是注意股市和股价的变化。我国主要的汽车制造企业,都是上市公司,他们的业绩会比较准确地反映到年报中,从而影响股价的变化。

## 二、新车选购

选定了品牌、车型后,面临的应是怎样挑选和验收新车了,可参照以下步骤验收。

### 1. 新车的表面检查

1）查看出厂日期

出厂日期是标志该车从生产线上完成装配的日期。它往往被注明在发动机罩下面的一块小铝牌上。如果您看到这个日期与您买车的日期十分接近,说明该车较新。另外,新车的里程表上显示的行驶了 10～20km 是正常的,可以认定"0km"的新车。

2）查看轮胎

零公里新车的轮胎,是完全没有磨损的,包括轮胎制造过程中产生的细小痕迹以及刺状的凸起。

3）观察"跑冒滴漏"

打开发动机罩,观察发动机汽缸体和汽缸盖、油底壳之间有无机油渗漏,散热器周围有无水渍,蓄电池接线柱附近有无污染和锈蚀,空调管路的接口处有无尘土粘连。

观察底盘,转向节附近有无渗油,驱动轴的防尘套是否完好,减振器周围有无尘土粘连,减震的橡胶零件有无变形,变速器和后桥的外壳是否有渗漏的油迹,或观察地面是否有滴油的痕迹。

4）检查车门

试试车门开启是否灵活,听听车门开合时的声音。关门时,如果发出沉闷的"砰砰"声音,说明车门工艺精湛,密封性良好;如果关门时,发出清脆的"啪啪"声,说明车门工艺不好,密封性差。

5）观察车身

应首先注意发动机罩、行李舱盖以及车门装配的几何尺寸是否准确,缝隙是否均匀;边角有无漆溜或鼓包;线条是否清晰明快。从侧面迎着光线观察,这样,可以了解车身的弧线是否圆滑,棱线是否笔直。

6）车内检查

坐进驾驶室,您可以试试门窗升降是否平顺,角落边缘有无锈迹,座位有无污垢。用手晃动转向盘,上下不能有窜动现象,左右转动转向盘,应该有一定自由行程,这个自由行程要符合使用说明书的要求,一般不超过 15°。仪表板及仪表装配是否工整,有没有歪斜现象。试试工具箱、烟灰缸以及车内其他小装置的开合是否顺畅。

7）脚踏板检查

静止状态下,检查一下加速踏板是否反应灵敏;离合器踏板是否过硬过沉;离合器踏板和制动踏板是否有一定的自由行程,这个自由行程是否符合使用说明书要求;踏下制动踏板到极限,有无继续向下的感觉,如果有,说明制动油路有问题。三个踏板均应回位迅速无卡滞的现象。

8)检查汽车电器

检查蓄电池的液面高度和电解液密度是否符合规定。看看蓄电池的正负极插头是否洁净。

打开起动钥匙的第一挡,仪表板上所有的指示灯应该全亮。油量指针应该有上升的变化。检查灯光时,先打开故障报警开关,此时,所有的灯光均应有节奏地闪动;扳动转向灯开关和雾灯开关,检查灯光是否完好;挂倒挡,倒挡灯应该亮起,踩下制动踏板,制动灯应该亮。

检查刮水器,在中、低、高各速度上工作正常,喷水器出水畅通。

按动喇叭,声音应该柔和动听。

打开收录机,听听音响效果。先开到最小声音,听听音响对细小声音的分辨能力;然后,开到最大声音,听听喇叭是否失真。

**2.新车的试车检查**

试车是购车的关键环节,包括察看、驾驶和检验等项目,请个修理技师或有开车经验的人一同挑选最好。

1)发动机动态检查

起动发动机,看看发动机在怠速时是否平稳,有无不规则颤动,转速表的指针是否上下晃动,晃动得厉害,说明怠速不稳。观察转速表指示的转速是否符合说明书要求;增大节气门开度,发动机的声音应该是由小到大的平稳轰鸣。其中如果有极细小的金属敲击声或沉闷的碰撞声,都可能是发动机致命的缺陷。可以多试几辆车,互相区别一下它们发动机的声音,选一辆声音最小、最柔和的。

突然加大节气门开度,看看发动机的反应快慢,汽车是否有"推背感",如果有,说明加速性能良好。

2)底盘动态检查

轻轻转动转向盘,其反映应该及时灵敏。如果感觉很沉,很费力,或者自由行程过大,反应迟缓,说明转向器有问题。向左右转弯后,让它自己转回,看看是否朝正直方向前进,如果不能回到正直方向或者出现跑偏现象,说明转向器或前轮的前束有问题。

检查制动,轻轻踏下制动踏板,看看是否反应灵敏,反应迟缓或过于灵敏都不好。紧急制动后,方向应仍能保持正直。

在颠簸的道路上行驶,打开窗户,倾听底盘、减振器是否出现异响。

# 第二节 汽车运行材料

汽车使用的燃料(汽油、柴油、代石油燃料)、润滑剂(发动机油、齿轮油、自动变速器油、润滑脂)、特种液(制动液、冷却液、空调制冷剂)和轮胎等非金属材料等统称为汽车运行材料。若汽车运行材料使用不当,汽车会出现早期损坏,并且会造成资源浪费、环境污染。汽车运行材料关系到汽车的动力性、经济性、制动安全性、操纵稳定性、舒适性(平顺性)、通过性、环保性(排放性)等。汽车运行材料已成为汽车技术的重要组成部分,也是汽车技术管理的主要内容。

## 一、汽车燃料

汽车燃料为汽车提供动力的可燃性物质。燃料燃烧时产生热能,通过能量转换装置转换成机械能而驱使汽车行驶。由石油炼制的车用汽油或轻柴油,具有热值高,对金属的腐蚀性小,燃烧后生成的灰分小,储运方便等优点,是汽车的主要燃料。在特殊情况下,汽车也可采用代用燃料。常用的代用燃料有:液化石油气、乙醇、甲醇等液体代用燃料;无烟煤、木炭、木材等固体代用燃料;甲醇与汽油或柴油按一定比例掺和的混合代用燃料等。但多数代用燃料较汽油的热值低,多需在汽车上附加代用燃料供给装置。

### 1. 汽油

1）汽油的理化特性

汽油主要是由 $C_4 \sim C_{10}$ 各种烃类组成,为无色到淡黄色液体。馏程为 $30 \sim 205℃$,热值约为 44000kJ/kg。其主要性能有:蒸发性、抗爆性、安全性、安定性、腐蚀性。

2）汽油的牌号与选择

汽油的牌号表示汽油的抗爆性,抗爆性用辛烷值来表示,牌号数越大,辛烷值越高抗爆性越好。目前我国生产的车用汽油按辛烷值通常分为93、95、97 号无铅汽油。

汽油牌号的选用按照车辆的使用说明书规定选用,应与发动机压缩比相适应,压缩比较高的发动机,应选用较高牌号的汽油,一般条件下,压缩比在 $7.0 \sim 8.0$,可选用 90 号或 93 号车用汽油,压缩比在 $8.5 \sim 9.5$ 的中档轿车,一般应使用 93 号汽油;压缩比大于 9.5 的轿车应使用 97 号汽油。

### 2. 柴油

1）柴油的理化特性

柴油是石油提炼后的一种产物,它由不同的碳氢化合物混合组成,主要成分是 $C_9 \sim C_{18}$ 的链烷烃、环烷烃或芳烃。柴油的物理和化学特性位于汽油和重油之间,沸点为 $170 \sim 390℃$,密度为 $0.82 \sim 0.845$kg/L。柴油的主要性能为着火性和流动性。

2）柴油的牌号与选择

柴油的牌号是按其凝点的高低分级的,轻柴油按凝点分为 10 号、5 号、0 号、-10 号、-20 号、-35 号、-50 号七种牌号。例如 -10 号表示其凝固点不高于 -10℃。柴油的选用主要依据当地季节和最低气温,它的凝固点应低于当时最低气温 $4 \sim 6℃$。

## 二、汽车润滑油及润滑脂

汽车润滑油用于汽车各相对运动零件摩擦表面间的润滑介质,具有减小摩擦阻力,保护摩擦表面的功能,并具有密封、冷却以及清洗零件的作用。汽车润滑油主要有发动机润滑油、齿轮油和润滑脂。

### 1. 发动机润滑油

发动机润滑油是由基础油和添加剂两部分组成。基础油为矿物油,添加剂则有金属清净剂、抗氧抗腐剂、除锈剂、无灰分散剂和黏度指数改进剂等。添加剂不仅能降低发动机磨损延长使用寿命,且能使活塞及燃烧室较为清洁,减少润滑油路沉积物,节油及延长润滑油使用里程数。

对发动机润滑油品质提出以下要求:有合适的黏度,且黏度随温度变化要小;凝固点要低;有良好的抗氧化安定性,不易氧化变质;无腐蚀性。

发动机润滑油的牌号是按其黏度来分类的。目前使用的多为多级油,如"SG 10W/30"。多级油其油品的黏温性能好,在温度范围跨度大时黏度变化小,可在一定地区冬夏通用,是一年四季都可使用的油品。多级油具有良好的低温起动性能,气温较低能使发动机顺利起动。防止发动机的磨损,且节约燃料。

### 2.车辆齿轮油

齿轮油是以石油润滑油或合成润滑油为基础油,加入极压抗磨剂和油性剂调制而成的一种润滑油。用于各种齿轮传动装置,以防止齿面磨损、擦伤、烧结等,延长齿轮传动装置使用寿命,提高传递效率。齿轮油应具有良好的抗磨、耐负荷性能和合适的黏度。此外,还应具有良好的热氧化安定性、抗泡沫性、水分离性能和防锈性能。

我国车辆齿轮油采用美国汽车工程师学会(SAE)黏度分类法,分为 70W、75W、80W、85W、90、140、250 七个黏度级,其中"W"代表冬用,SAE70W、75W、80W、85W 为冬用油,无"W"为非冬用油,90、140 均为夏用油。

### 3.液力传动油

液力传动油又称自动变速器油(ATF)或自动传动油,用于有液力变矩器、液力耦合器和机械变速器构成的车辆。液力耦合器和液力变矩器都是依据流体动力学原理实现动力传递的,统称为液力传动装置,其工作介质就是液力传动油。

液力传动油是市场上最复杂的多功能液体之一,性能要求非常全面,在传动过程中除进行动力传递外,还起润滑、冷却、液压控制,传动装置保护以及有助于平滑变速的作用。

液力传动油应具有优良的抗氧化性能、稳定的摩擦耐磨性能、对铜部件无腐蚀、良好的防锈性和抗泡性,且对橡胶材料有很好的相溶性等。要求具有适度的黏度、起泡程度;抗氧化性能;一定的润滑性能。

### 4.润滑脂

润滑脂是稠厚的油脂状半固体。用于机械的摩擦部分,起润滑、密封、填充空隙和防锈作用。主要由矿物油(或合成润滑油)和稠化剂调制而成。

## 三、汽车工作液

汽车工作液是指汽车工作时必需的液料,主要有汽车制动液、汽车防冻液、电解液等。

### 1.汽车制动液

汽车制动液是汽车液压制动系统中传递制动压力的液态介质。对汽车制动液的性能要求是:黏温性好,凝固点低,低温流动性好;沸点高,高温下不产生气阻;使用过程中品质变化小,不引起金属件和橡胶件的腐蚀和变质。

汽车制动液分为醇型、合成油型和矿物油型三种。醇型制动液:低温流动性差,不宜在严寒和炎热地区使用。合成油型制动液:能满足各种大型车辆(大功率、高速、重负荷)的使用要求,可在全国各地区使用。矿物油型制动液:具有良好的润滑性,但对天然橡胶有侵蚀作用,在我国各地区的冬夏均能使用,使用时需将制动系统皮碗、软管更换成耐油橡胶制品,以免受到腐蚀。

## 2.冷却液

冷却液是汽车发动机不可缺少的部分。它在发动机冷却系统中循环流动,将发动机工作中产生的多余热能带走,使发动机能以正常工作温度运转。当冷却液不足时,将会使发动机冷却液温度过高,而导致发动机零部件的损坏。

冷却液的作用有冬季防冻、防腐蚀、防水垢和防开锅的功能。

长效防冻液:它是近年来研制成功的一项新产品,其组成主要也是乙二醇和水并加一组均衡的腐蚀抑制剂,长效防冻液具有防冻、防沸、防锈蚀、防结垢等功能,并有良好的储存安定性,适用于各类汽车。

# 四、汽车轮胎

轮胎是汽车的重要部件之一,它直接与路面接触,和汽车悬架共同缓和汽车行驶所受到的冲击,保证汽车有良好的乘坐舒适性和行驶平顺性及车轮和路面良好的附着性,提高汽车的牵引性、制动性和通过性。世界十大汽车轮胎品牌分别是:

①米其林轮胎(MICHELIN),原产地法国。

②普利斯通轮胎(BRIDGESTONE),原产地日本。

③固异特轮胎(GOODYEAR),原产地美国。

④大陆轮胎(CONTINENTAL),原产地德国。

⑤住友轮胎(SUMITOMO),原产地日本。

⑥倍耐力轮胎(PIRELLI),原产地意大利。

⑦横滨轮胎(YOKOHAMA),原产地日本。

⑧库珀轮胎(COOPER),原产地美国。

⑨锦湖轮胎(KUMHO),原产地韩国。

⑩东洋轮胎(TOYO),原产地日本。

## 1.汽车轮胎标识

汽车轮胎根据用途可以分为载重轮胎、客车用轮胎及矿山用轮胎等。载重轮胎除了在胎壁上标有规格尺寸以外,还必须标明层级数;轻型货车或面包车用的轻型子午线载重轮胎都要在轮胎型号的后面加一个字母"C",以便和轿车用的子午线轮胎加以区分。如金杯面包车用的轮胎185SRl4C;而美国标准则规定:客车用的轮胎,要在轮胎规格前面用字母"P"加以表示。如切诺基用的 P215/75R15 轮胎。

常见的轮胎规格可描述为:

[胎宽 mm]/[胎厚与胎宽的百分比]R[轮毂直径(in)][载重系数][速度标识]。

[胎宽 mm]/[胎厚与胎宽的百分比][速度标识]R[轮毂直径(in)][载重系数]。

例如,轮胎 195/65 R15 88H 或者 195/65H R15 88,可以解释如下:

胎宽——195mm。

扁平率,即胎厚与胎宽的百分比——65% 即胎厚 = 126.75,126.75/195 × 100% = 65(%)。

轮毂直径——15in,1in = 2.54cm。

载重系数——88,轮胎载重系数与最大承重量对应表见表7-2。

速度系数——H,速度标识与最大时速见表7-3。

**2.轮胎的选用**

汽车轮胎的选用除了要考虑轮胎用途以外,还要注意轮胎的高宽比,速度级别,载重系数。

轮胎载重系数与最大承重量对应表 　　　　　　　　　　　　　表7-2

| 载重系数 | 62 | 63 | 64 | 65 | 66 | 67 | 68 | 69 | 70 | 71 |
|---|---|---|---|---|---|---|---|---|---|---|
| 单台最大载重(kg) | 265 | 272 | 280 | 290 | 300 | 307 | 315 | 325 | 335 | 345 |
| 载重系数 | 72 | 73 | 74 | 75 | 76 | 77 | 78 | 79 | 80 | 81 |
| 单台最大载重(kg) | 355 | 365 | 375 | 387 | 400 | 412 | 425 | 437 | 450 | 462 |
| 载重系数 | 82 | 83 | 84 | 85 | 86 | 87 | 88 | 89 | 90 | 91 |
| 单台最大载重(kg) | 475 | 487 | 500 | 515 | 530 | 545 | 560 | 580 | 600 | 615 |
| 载重系数 | 92 | 93 | 94 | 95 | 96 | 97 | 98 | 99 | 100 | 101 |
| 单台最大载重(kg) | 630 | 650 | 670 | 690 | 710 | 730 | 750 | 775 | 800 | 825 |
| 载重系数 | 102 | 103 | 104 | 105 | 106 | 107 | 108 | 109 | 110 | 111 |
| 单台最大载重(kg) | 850 | 875 | 900 | 925 | 950 | 975 | 1000 | 1030 | 1060 | 1090 |
| 载重系数 | 112 | 113 | 114 | 115 | 116 | 117 | 118 | 119 | 120 | 121 |
| 单台最大载重(kg) | 1120 | 1150 | 1180 | 1215 | 1250 | 1285 | 1320 | 1360 | 1400 | 1450 |
| 载重系数 | 122 | 123 | 124 | 125 | 126 | | | | | |
| 单台最大载重(kg) | 1500 | 1550 | 1600 | 1650 | 1700 | | | | | |

速度标识与最大时速表 　　　　　　　　　　　　　表7-3

| 速度标识 | B | C | J | K | L | M | N | P |
|---|---|---|---|---|---|---|---|---|
| 最大时速(km/h) | 50 | 60 | 100 | 110 | 120 | 130 | 140 | 150 |
| 速度标识 | Q | R | S | T | U | H | V | |
| 最大时速(km/h) | 160 | 170 | 180 | 190 | 200 | 210 | 240 | |

高宽比,其含义是轮胎胎壁高度占胎宽的百分比,现代轿车的轮胎高宽比多数为50%~70%,数值越小,轮胎形状越扁平。随着车速的提高,为了降低轿车的重心和轴心,轮胎的直径不断缩小,为了保证有足够的承载能力,改善行驶的稳定性和附着力,轮胎和轮圈的宽度只得不断加大。因此,轮胎的截面形状由原来的近似圆形向扁平化的椭圆形发展。

速度级别,根据车辆速度的最大值进行轮胎的选择,载重系数,指单胎可以承载的最大质量级别,超过此范围轮胎就会出现爆胎等危险状态。

**3.轮胎的使用**

1)限制行车速度

经常处于快速行驶的汽车,其轮胎使用寿命显著降低。因为车辆快速行驶时,轮胎在单位时间内与地面的接触次数越多,摩擦频繁,变形频率增加,加大胎体周向和侧向产生的扭曲变形。当速度达到临界速度时,胎冠表面出现波浪变形,形成静止波。这种静止波能在其产生几分钟后导致轮胎爆破。

2)根据道路情况行车

路面的种类及状况对轮胎使用寿命影响很大。车辆在平整、宽敞且视野良好的道路上行驶,如高速公路、国道线和省道线等,可根据车辆本身的技术条件和轮胎的性能适当提高车速;

在不平整的碎石路和矿区路上行驶，应选择路面并在较低车速下行车，以防止轮胎爆破损坏；在冰雪路面上行驶，要注意防滑；在转弯频繁的路面上或陡坡上行驶，应当在较低车速下行驶，以减少轮胎磨耗，确保行车安全。

3）掌握轮胎的温度变化

炎热天气行车，由于外界气温较高，轮胎积热散发困难，如果行车速度快、运距长、道路条件恶劣会导致胎温急剧上升，胎内气压也随之增加，从而加速橡胶老化，降低帘线与橡胶的黏合力，致使帘布层脱空或爆破损坏，故炎热天气行车应注意控制轮胎的使用温度。在气温低的季节，车辆长时间停放后重新行驶时，为了提高轮胎温度，在起步初期的几千米以低速驾驶为宜。

# 第三节　汽车美容与涂装

## 一、汽车美容

"汽车美容"主要包括车表美容（汽车清洗、除去油性污渍、新车开蜡、旧车开蜡、镀件翻新和轮胎翻新）、车饰美容（车室美容护理、发动机美容护理和行李舱清洁）、漆面美容（漆面失光处理、漆面划痕处理和喷漆）、汽车防护（粘贴防爆太阳膜、安装防盗器、安装语音报警系统和安装静电放电器）和汽车精品（汽车香水、车室净化、装饰贴和各种垫套）等5个方面。

汽车美容装饰是通过增加一些附属的物品，以提高汽车表面和内室的美观性，这种行为称为汽车装潢，所增加的附属物品，称为装饰品或者装饰件。根据汽车装饰的部位分类，可分为汽车外部装饰和汽车内室装饰。此外，更为专业的汽车美容是通过先进的设备和数百种用品，经过几十道工序，从车身、车室（地毯、皮革、丝绒、仪表、音响、顶篷、冷热风口、排挡区等进行高压洗尘吸尘上光）、发动机（免拆清洗）、钢圈轮胎、底盘、保险杠、油电路等作整车处理，使旧车变成新车并保持长久，且对较深划痕可进行特殊快速修复。

### 1. 汽车的护理品

汽车护理品分为美容品、清洗品、润滑油添加剂、维护品等四类。例如：夏季潮湿，电路受潮后有时难以起动，电路干燥剂不仅可使这一难题迎刃而解，还可直接保护发动机电路系统；冬季温度低，汽车难以起动，有了起动液，发动机即可快速起动；冬季风窗玻璃上凝结的冰、霜、雪，也无须再费时费力地慢慢清除，只需用除冰剂一喷即可。其他如制动系统清洁剂、汽油净化剂、动力增强剂、尾气排放降低剂等均以其高效、实用而备受车主青睐。

### 2. 外部装饰

汽车外部装饰因车主个性不同而有所差异。一般人会要求突出美观、实用、与众不同的特色，包括加装保险杠、轮架、轮眉防撞条、车顶排灯、挡泥板、高位制动灯等，这些物品既实用又能点缀汽车，形成独特个性。

加装保险防撞装置（如前后防撞杆、轮眉防撞条等），可减轻外界物体所造成的冲撞力，起防护作用，同时也可增强汽车的强悍感。加装挡泥板，可防止盐碱物及碎石、泥土等附着在车身上，有效保持汽车清洁。加装高位制动灯，可利用其位置醒目且发光面积大的优势，既起到美观作用，又预防汽车追尾。

**3.外部美容**

汽车外部美容不仅限于洗车、打蜡等日常工作,还包括保洁、表面漆抛光、保护、翻新等。高质量的外部美容需要由专业美容店利用专业技术及设备、专用美容品完成。一部整车的全套美容从几百元到几千元不等。

1)洗车

经常洗车不仅可使车身光洁,也会冲走车体表面的腐蚀性灰尘、污物,起到保护漆面的作用。

2)抛光

抛光前应检查漆面,如手感粗糙,说明漆已被氧化,应选用抛光剂抛光。也可使用抛光打蜡二合一的产品涂在毛巾或海绵上用力擦磨车身,当擦拭布上沾有车漆时,表明氧化层已被磨下,就可进行打蜡了。

3)打蜡

汽车外漆由基漆外覆清漆构成。打蜡既对车漆起到维护作用,又可保持漆面靓丽。车蜡分液体蜡、膏状蜡、保护蜡、光亮蜡等,可根据需要选择。一般应考虑车蜡特点、车辆新旧程度、车漆颜色及行驶环境等因素。对一般汽车,选用普通珍珠色或金属系列车蜡即可满足要求;新车最好用彩涂上光蜡以保护车体光泽和颜色;夏天宜用防紫外线车蜡;行驶环境较差时则以能起保护作用的树脂蜡为宜。同时,所选车蜡还应与车体颜色相适应,一般车身颜色较深时宜选黑色、红色、绿色系列车蜡;浅色车体宜选银色、白色、珍珠色系列车蜡。

打蜡的周期,每年以 3 ~ 5 次为宜,可根据车辆使用环境及漆面状况适当增减。

4)清洗车身镀铬件

汽车保险杠、后架多为镀铬件,应保持清洁。平时可用粘有汽油的布擦拭,并涂少许透明漆,以防生锈。

5)修补划痕

汽车因意外碰撞、摩擦造成漆面划伤,视程度选择合适方法修补。如较轻,用快干漆修补;如划痕较深伤及金属,就应进行打磨、钣金、刮腻、涂层等全方位处理(最好到专业维修厂进行)。

**4.内部装饰与美容**

汽车内饰已形成系列,包括车窗装饰、内饰、座椅装饰、附加设备等。

1)车窗装饰

最常见的方式是贴膜。车窗覆膜色彩斑斓,既能体现车主个性,又具有隔热、防止玻璃爆裂及隐蔽的功能。

汽车用膜自面市以来,经历过三个阶段,先后有"茶纸""防爆膜""防晒隔热膜"三种。选膜时,主要应该考虑膜的清晰度、透明度、隔热率、防刮伤性等。一种极其简便的判断膜的优劣的方法是:剪下一小块膜,在地下摩擦或者拿化油器清洗剂试验,容易掉色、易刮痕的就是劣质膜,而擦不掉颜色的、不易刮伤的就是好膜。

2)汽车内饰

内饰包括地胶、脚垫、地套、座套、靠垫、杂物箱、香水瓶等。

3)汽车座椅装饰

最常见的是将普通面料座套换上真皮座套,或其他材料的座套、坐垫、靠垫等可供选择的装饰品。夏天天气热、湿度大，车内容易受潮而产生很多霉菌，尤其是座椅内的海绵减振材料最易吸收潮气而被污染。所以为了保持座椅干净，应该及时更换、清洗座套，如果有条件的话，最好准备两套座套轮流使用。

4）附加设备

它包括高档视听设备（音响、CD机、电视机等）、纯毛地毯、桃木转向盘、桃木饰板、冰箱、热水器等。一些小摆设和小挂件也是汽车美容的组成部分。

5）内饰的维护

车内卫生包括清洁烟灰缸、擦拭车窗、整理脚垫、脚踏等。仪表板、车门饰板等大部分采用塑料材质，时间长了会老化、脆化、龟裂，平时注意清洁或在仪表板、车门饰板上涂一层清洁保护水蜡，以减少损伤。

6）汽车内部美容

主要方式是汽车桑拿。驾驶员和乘客会在驾驶室抽烟、喝酒或吃一些食物所留下的残渣及汗渍都会引起车室内螨虫、细菌的滋长，引起霉菌，使驾乘人员的患病概率提高，一系列不适的现象影响驾驶员的安全驾驶和身体健康。桑拿这项新技术，有着传统洗车方法无可比拟的消毒、杀菌功效。因它与流行已久的桑拿浴有着异曲同工之效，故而被形象且亲切地称为"汽车桑拿"。汽车桑拿的过程先是按普通的清洗美容的方式，两位熟练的美容工，对车体内外进行了一番仔细的清理。接着工人用蒸汽机对车内的各个部位进行蒸汽喷洗，特别对车内的一些缝隙，大约20min后，车内像干蒸过一样，布满了水珠。工人用干净的清洁布再对着车内各个部位进行了擦拭，接着对着车的座椅、仪表板、车门内侧等进行等部位进行保养护理。

## 二、汽车整形

汽车在行驶的过程中，由于各种原因而发生汽车与汽车、汽车与其他物体的碰撞，对于汽车的车身造成了变形和损坏，这就需要对汽车进行整形，以便恢复到汽车原来的尺寸、形状和外表。汽车整形指汽车发生碰撞后要对车身进行修复，也即除对车身进行防腐和装饰的喷涂工作外其余的所有工作。如汽车车身损伤的分析，汽车车身的测量，汽车车身钣金的整形、拉伸矫正、去应力焊接，以及汽车车身附件装配、调整等工作。

汽车整形维修人员不但要了解车身的技术参数和外形尺寸，更要掌握车身材料特性，受力的特性的传递车身变形趋势和受力点以及车身的生产工艺如焊接工艺等，还要借助先进的测量工具，通过精准的车身三维测量，以判断车身直接的间接受损变形的情况，以及因车身变形存在的隐患，制订出完整的车身修复方案，然后配合正确的维修工艺与准确的车身各关键点的三维尺寸数据，将车身各关键点，恢复到原有的位置将受损车身恢复到出厂时的状态。

由于汽车是一个高精度的整体。并且电器配件，机械配件都要以高精度低误差依附于车体的相应位置。甚至于车漆的直、曲线性（极大影响车身美观）也要高度依赖车体钣金的误差值，所以，汽车整形成为了汽车维修行业一个比较独特的工种。

汽车整形工作流程详解（例如，一辆撞击并导致翻车事故的轿车）：

（1）将有可能涉及汽车整形的总成或部件、需要修理的总成和部件拆下。

（2）将所有破损的汽车底盘和车架进行修复。

（3）对汽车车身可进行更换部件和采用拉伸、焊接等技术恢复原有尺寸和形状。

（4）对从汽车上拆下并修复好的汽车车身部件和其他总成(如发动机罩)进行安装。

（5）安装汽车车身部件(如发动机罩、车门、翼子板等)时要注意调整间隙等。

（6）汽车车身及部件涂装。

（7）检验及出厂。

### 三、汽车涂装

涂装是指将涂料涂覆于经过处理的物面(基底表面)上,经干燥成膜的工艺。有时也将涂料在被涂物表面扩散开的操作也称为涂装,俗称涂漆或油漆。已经固化了的涂料膜称为涂膜(俗称漆膜),由两层以上的涂膜组成的复合层称为涂层。汽车表面涂装就是典型的多涂层涂装。

#### 1.汽车涂装的功能

汽车经过涂装后,除使汽车具有优良的外观外,还使汽车车身耐腐蚀,从而提高汽车的商品价值和使用价值。汽车涂装的主要功能有:保护作用、装饰作用、特殊标识作用、达到某种特定的目的。

#### 2.汽车涂装的分类

由于涂装的对象不同,涂装的目的和要求千差万别,所以采用的涂料和涂装工艺也相差甚远。汽车涂装按照涂装对象分为新车制造涂装和旧车修补涂装。汽车制造涂装根据汽车类型和结构分为车身外表涂装、车厢内部涂装、车身骨架的涂装、底盘部件涂装、发动机部件涂装、电气设备的涂装。

### 四、汽车改装

汽车改装(Car Modification)是指根据汽车车主需要,将汽车制造厂家生产的原形车进行外部造型、内部造型以及力学性能的改动,主要包括车身改装和动力改装两种。

#### 1.系统改装

就是整体对汽车的某一系统进行全面的改装。

1)制动系统改装

制动系统的改装除了换加大的制动盘和多活塞的制动卡钳以及高性能、耐高温的制动摩擦片外,还可以换上等级更高的制动液,或者换装金属材质的高压制动油管,还有另一种方法就是换上规格更大的制动主缸,以提高制动踏板的辅助推力。以制动摩擦片来说,基本上可分两类,一是普通驾驶用,操作温度为 $50 \sim 450℃$ ;另一种是赛车专用,操作温度为 $250 \sim 850℃$ ,高温的制动片是不适合在普通路上使用的,因为它在未达到操作温度之前,不能发挥理想的制动效果,容易造成危险。

2)悬架系统改装

现在市场上大部分的家用车制造商都会使用偏软的减振器,以获得一般驾驶状态下比较舒适的路感。此种悬架应付一般驾驶应该是足够了,但若要用来应付剧烈驾驶就显得有些力不从心了,所以有些车辆需要改装悬架系统。

悬架系统的改装大致可分为换装减振器、强化悬架结构杆、加装平衡杆等。其中影响最大也是最多人改装的项目就是减振器。减振器的改装实际就是换上阻尼较硬、品质较好并且能和弹簧充分配合的减振器。选择一组合适的减振器是十分重要的,要在舒适性和操控性之间取得折中尤其困难,不过在纯竞技用的赛车上,一切均以操控为核心,这时一组硬邦邦的减振器对于改装车来说无疑就更加实用了。家庭汽车改装应从实际需求出发,明确用途后按需改进,不要只是单一的模仿。无论是为了满足豪华性或舒适性,还是为了提高车辆性能、弥补功能的不足,始终都要注意确保车辆的安全性、通过性和环保性。盲目改装不仅没有乐趣可言,相反还会带来危险。

3）发动机改装

发动机对于车就如同心脏对于人,全车最重要的部位就在于此。虽然一台发动机的动力输出有很多方法可以升级,如改变空燃比、扩大锻造活塞、强化连杆、改换曲轴、换高性能火花塞等,但是其改装的过程基本分为改进、排气、改点火系统等。

4）进气系统改装

发动机上的空气滤清器是为了过滤发动机运转所需要的空气,在汽油发动机上都有此装置,在玩车人看来,原车所安装的空气滤清器似有进气量不足之嫌。所以玩车人有改装进气系统的惯例。改装用的产品是由特殊的化学纤维制成,它最大的优点是在滤净空气的同时,使进入燃烧室的空气流量、流速提高,从而令燃油燃烧更充分,单位效率更高,发动机表现自然不同,原车使用的空气滤清器是一次性产品,而改装用高流量的空气滤清器采用较优质材料,可清洗,反复使用,较环保。

5）排气系统改装

发动机做功后会排出废气,排气效能的好坏直接关系到发动机效能的优劣。原车设计偏向于较小发动机声音,而影响排气的速度,降低了发动机效率。在进气增加、燃烧完好的同时,排气效率亦需加强。现多改为直排,即改变排气系统的中、前段,去除消声器等净化装置,将排气全过程缩短,废气经过简单处理即排出,改良后汽车加速会更迅捷。改装后的直排在加速时会有震耳的声浪释放,但共振不应过大,否则长时间驾驶车辆时会加剧驾驶员的疲劳和烦躁感。

6）供油系统改装

发动机的最佳空燃比为14.7:1,但若在高转速、高负荷时若想要求得较高的发动机功率,通常要将空燃比提高到12:1～13:1。供油系统的改装就是要在适当的时候适量的提高供油量,让空燃比适度变大,适时与适量也是判断供油系统的优劣的依据。燃油喷射系统的改装可分为改硬件和改软件两大类,改硬件的目的是要提高单位时间的供油量,例如采用高压燃油泵、采用更大的喷射量的喷油器等;改软件主要是改变它的供油程序,由于原车的供油程序是考虑了废气控制、油耗经济性、运转稳定性、发动机材料耐用性所得的设定,所以在动力的输出表现上,往往无法达到注重性能的使用者的需求,例如大家最殷切需求的高转速、高负荷时的表现,往往呈现供油量不足的窘况,这时就有赖于改变程序来达成。

**2. 部件改装**

(1)加大节气门:以显著提高进气流量,但不加节制会使发动机因油气混合比过低而爆震。

(2)高压缩比的轻活塞:降低发动机曲轴、连杆负荷,发动机反应迅捷,爆发力更强。

(3)高角度凸轮轴:气门升程和开启角度更大,保证更多可燃混合气进入汽缸且排气更加顺畅。

（4）主减速比和各挡齿轮：主减速比加大、1～4挡齿轮齿比加密，可以提升整车的加速性，但以降低最高时速为代价。故可采用加大最终减速比齿轮、2～4挡齿比加密、5挡变疏来弥补丢失的最高时速。

（5）高压线：将原车通常为5kΩ左右的高阻值火线更换为低阻值火线，使点火线圈所释放的能量最大程度传到火花塞上，但须谨防跳火、干扰等症状。

（6）平衡杆：连接车辆避震塔以达到增强车身刚性、防止因激烈操控而使减振器乃至车身变形的目的。

（7）火花塞：将成本低廉、寿命短至2万km、耐高温性差、点火能量小的普通镍铜火花塞更改为寿命长可至10万km、耐2000℃以上高温、点火能力极强、但相应造价较高的铱金属火花塞是一种入门手法。需注意耐热值的选择，过低则发动机加速无力，过高又会产生积炭。自然吸气的车辆用日系5～7度即可达到强化目的，涡轮增压车则以7度以上为佳。

**注**：一般日系火花塞随标称5度、6度、7度……递增而正向递增，但欧系如博世火花塞却正好相反。

（8）各种仪表：因为数据传递不精确，原车指针式仪表往往不能满足重度改装车需精细监控工况的要求，故需更换。

（9）燃油调节阀：原厂回油阀回油压力一般为2.5～4kPa，车型不同压力值也不同，且不可调节。加装燃油增压可以使回油压力变大、泄油变慢、喷油压力提升，在喷油量加大的同时使喷油雾化更趋完美。

（10）搭铁线：通过加强搭铁线，可以减小各种电气设备的干扰，保证发电、用电设备的稳定工作。

（11）空力套件：即空气动力套件，通常由前进气坝、双前翼板、侧裙、尾边、尾翼组成，在使车身视觉感变得强烈的同时依需求调整划过车身的空气走向以辅助动力。有较重的铝合金、较轻但较脆的冷碳纤和轻且坚韧的热碳纤三种材质可选，但热碳纤因极昂贵故多见于赛车。

（12）电脑调校：修改ECU程序以加大供油量、延后断油时间，调整动力输出线性。

（13）轻飞轮：担负着平衡作用的飞轮如果过重会影响再加速性，更换轻飞轮可获得良好加速反应，加速踏板和离合器踏板配合则须更加准确。

（14）轮胎及轮圈：高扁平比的性能轮胎可以在车辆转向过程中响应更加灵敏且变形量更少，从而增加附着力。和质量较轻、硬度高、散热好的铸造铝合金轮圈相比，锻造合金圈质量更轻、强度更高，同时造价也更高。

（15）进、排气道抛光：减少进排气阻力，提高发动机动力。

（16）大流量空滤：加大发动机进气量，减少进气阻力，过滤和隔热的效果也非常不错，乃初级改装必备之品。

（17）改装涡轮增压：通过对自然吸气车辆加装涡轮增压装置或为涡轮增压车更换中冷和更大尺码的涡轮以获得大幅动力提升。

（18）排气系统：若更换为整段直排可获得顺畅的高速表现，但回压不足造成低速转矩亏损。

（19）各种强化橡胶：别看它们不起眼，在整车中也占有一席之地，强化橡胶部件可以防止车辆在激烈的驾驶过程中，各零部件出现拉伤、共振等。

(20)减振器:通常配合弹簧的改装。减振器的好坏直接影响车辆的操控性,一般用车的减振为单阻尼,油气混合型。它的优点是舒适,缺点是热衰减快,不可调节,车辆侧倾控制差等。改装用的减振器分为绞牙减振器和大阻尼减振器,前者可以根据不同的路面来调节高低和软硬,而后者可以调节软硬,但不能调节高低。改装用的减振器优点在于大大减小了车身侧倾,热衰减得到很大的缓解,行程短,质量轻,缺点是造价高,舒适性相对较差。

(21)防倾杆:它对车辆的操控性也起着至关重要的作用,加粗的防倾杆可以有效地减少车辆在弯道中的侧倾。

(22)NOS的玩法:NOS默认为氮氧增压系统,就是用 $N_2O$ 在缸内可以促进燃烧,呼唤出惊人爆发力。当然,对于发动机来说是一个挑战。干式NOS一般用于自然吸气车辆;湿式在干式的基础上增加了额外的喷油嘴,适合涡轮增压车使用。北美对氮气加速系统(NOS)这种瞬间激增 50~300 马力(1 马力 =0.735kW)的家伙情有独钟,但车身刚性、制动能力将同时受到最严酷考验。

# 第四节　汽　车　维　护

## 一、汽车的磨合

### 1.汽车磨合及意义

汽车磨合是指新购的汽车或大修后的汽车在投入满负荷工作前,按一定的规程所进行的适应性运转。汽车磨合的意义如下:

(1)减轻汽车磨损、延长汽车寿命,提高汽车功率、降低汽车油耗和减少汽车排污。

(2)新出厂或大修的汽车,虽然主要配件都是新的,运动件表面也很光滑(如缸套与活塞、曲轴与轴瓦),但从显微镜上看,却是凹凸不平的。研究发现,它们摩擦表面的接触面积总和仅为全部面积的 0.1%~1%,如果汽车一开始就大负荷工作或高速行车,势必使这些接触面承受压力过大,造成拉伤甚至熔化,出现拉缸、抱轴等严重事故,汽车寿命几倍甚至几十倍地缩短。鉴于上述原因,新车一定要经过磨合,使各摩擦表面全面接触。

(3)在汽车出厂前,发动机和底盘传动系统等都经过一定时间的磨合,限于时间和条件,工厂不便进行长时间的使用磨合,用户购车后必须进行使用磨合。

### 2.汽车磨合的方法

总的磨合原则是发动机转速及车速由低到高,负荷由小到大,变速器各挡位应进行适当时间磨合,及时更换润滑油,注意发现和排除异常现象。磨合期时间根据车型的不同,按使用说明书要求进行。例如轿车一般在 1000~1500km。

汽车磨合期使用应该注意以下问题。

1)正确驾驶操作

(1)汽车在起动后,应利用低速在原地升温,待冷却液温度达到起步要求后再行起步。

(2)起步时要慢松离合器,做到平稳、无冲动。

(3)加速时,要缓踩加速踏板,不可急加速。

(4)不可越级减挡,以减少对传动装置的冲击。

（5）在行驶中尽量避免紧急制动。例如,上海通用别克汽车规定,在第一个350km内,不要紧急制动。

（6）新车不宜用来做"教练车"。

2）减轻负荷

（1）新车开始使用的1000km内,不能超过汽车额定载质量的80%。

（2）当行驶阻力增大时,应及时换入低速挡,不能勉强用高速挡行驶,以免发动机负荷过大。

3）限制车速

（1）一般车辆各挡行驶速度,不得超过发动机最高转速的80%。如,上海通用别克汽车在新车开始使用的1000km内,车速不得超过120km/h。

（2）不允许把加速踏板踩到底,不要使发动机急剧增速。

（3）新车不能用来跑长途。

4）选择道路

车辆在磨合期间,应尽量选择平坦良好的道路行驶,避免在崎岖、陡坡和泥泞等路况不良的道路上行驶,以减少行驶阻力,从而减轻发动机的负荷。

5）注意及时发现和排除故障

行驶中应注意聆听发动机声音,观察各仪表的工作状态,如有异常,应停车检查。注意紧固松动的螺钉,及时排除故障。

6）更换润滑油

新车在磨合期内,各摩擦副之间配合粗糙,磨损较大,润滑油中金属屑粒较多,因此在新车磨合期内(1000km左右,各车型不完全一致),应及时更换发动机机油和变速器齿轮油,更换滤清器。

## 二、汽车维护

汽车在使用中,必然造成零件磨损、调整参数变化或螺钉松动等问题,如果不及时维护,可能造成不应有的经济损失和安全事故,定期维护,可以使汽车的维修费用降到最低,"三分修、七分养",说明了汽车平时维护的重要性。

汽车维护的时间与内容,随不同车型而不同,应按照使用说明书进行定期维护。依据国家标准,我国汽车维护分日常维护、一级维护和二级维护三个等级。

### 1. 汽车日常维护

汽车日常维护在每天出车前、行车中和收车后进行。日常维护以清洁、补给和安全检视为作业中心内容,由驾驶员负责执行。

日常维护的具体内容有：

（1）对汽车外观、发动机外表进行清洁,保持车容整洁。

（2）对汽车各处润滑油(图7-8)、燃油、冷却液(图7-9)、制动液(图7-10)、各种工作介质、轮胎(图7-11)及其气压(图7-12)进行检视补给,正常使用的轮胎气压的标准值一般在驾驶员侧的B柱上,备胎的气压一般比正常使用的高10%左右。

（3）对汽车制动、转向、传动、悬架、灯光和信号等安全部位和位置以及发动机运转状态进行检视、校准,确保行车安全。

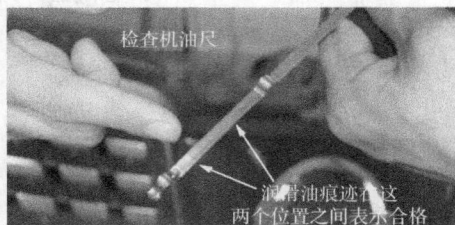

图 7-8　润滑油检查

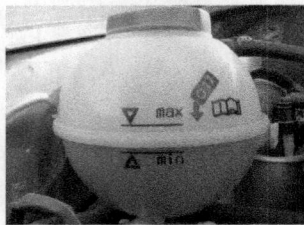

图 7-9　冷却液检查

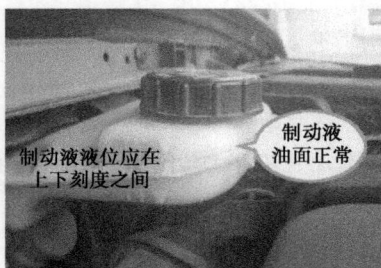

图 7-10　制动液检查

图 7-11　清除轮胎杂物

a)气压表测量检查　　　　　　b)外观检查

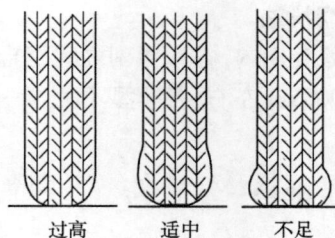

图 7-12　轮胎气压检查

**2.汽车一级维护**

汽车一级维护时间应以汽车行驶里程为基本依据,可按使用说明书要求进行,如轿车一般在行驶 5000 ~ 7500km 后进行,同时还应该根据汽车使用条件的不同有所区别,如汽车经常在较差路面行驶,或经常大负荷工作,则应提前进行维护。

汽车一级维护除日常维护作业外,以清洁、润滑、紧固为作业中心内容,并检查有关制动、操纵等安全部件,由维修企业负责执行。汽车一级维护具体内容有:

(1)点火系检查调整:要求点火系工作正常。

(2)滤清器的清洁或更换:包括发动机空气滤清器、空压机空气滤清器、曲轴箱通风系空气滤清器、机油滤清器和燃油滤清器的清洁或更换,要求各滤芯应清洁无破损,上下衬垫无残缺,密封良好;滤清器应清洁,安装牢固。

(3)油面、液面检查:包括曲轴箱油面、冷却液液面以及制动液液面高度检查,应符合规定要求。

（4）曲轴箱通风装置、三效催化转化装置外观检查：要求各装置齐全、无损坏。

（5）散热器、油底壳、发动机前后支垫、水泵、空气压缩机、进排气歧管以及燃油喷射系统各部件连接螺栓的检查校紧：要求各连接部位螺栓、螺母应紧固，锁销、垫圈及胶垫应完好有效。

（6）空气压缩机、发电机、空调机传动带检查：检查传动带磨损、老化程度，调整传动带松紧度至符合规定要求。

（7）转向器检查：检查转向器液面及密封状况，润滑万向节十字轴、横直拉杆、球头销和转向节等部位。

（8）离合器检查调整：离合器操纵机构应灵敏可靠；踏板自由行程应符合规定要求。

（9）变速器、差速器检查：变速器、差速器液面及密封状况正常，润滑传动轴万向节十字轴、中间轴承，校紧各部连接螺栓，清洁各通气塞。

（10）制动系检查：检查紧固各制动管路、检查调整制动踏板自由行程，要求制动管路接头应不漏气，支架螺栓紧固可靠。制动联动机构应灵敏可靠，储气筒无积水、制动踏板自由行程符合规定。

（11）车架、车身及各附件检查紧固：各部螺栓及拖钩、挂钩应紧固可靠，无裂损，无窜动，齐全有效。

（12）轮胎检查：检查轮辋及压条挡圈应无裂损、变形；检查轮胎气压（包括备胎）应符合规定，气门芯帽齐全；检查轮毂轴承间隙无明显松旷。

（13）悬架机构检查：要求无损坏、连接可靠。

（14）蓄电池检查：电解液液面高度应符合规定，通气孔畅通，电桩夹头清洁、牢固。

（15）灯光、仪表和信号装置检查：要求齐全有效，安装牢固。

（16）全车润滑点：要求润滑各润滑点，检查润滑嘴是否安装正确，齐全有效。

（17）全车检查：全车不漏油、不漏水、不漏气、不漏电以及不漏尘，各种防尘罩齐全有效。

**3．汽车二级维护**

汽车二级维护时间也是以汽车行驶里程为基本依据，可按使用说明书要求进行，如轿车一般在行驶 10000～15000km 后进行。同时还应该根据汽车使用条件的不同有所区别。例如，汽车经常在较差路面行驶，或经常大负荷工作，则应提前进行维护。

二级维护除一级维护作业外，以检查、调整转向节、转向摇臂、制动蹄片以及悬架等安全部件为主，并拆检轮胎，进行轮胎换位，检查调整发动机工作状况和排气污染控制装置等，由维修企业负责执行。

汽车二级维护具体内容较多，应采用专用检测仪器进行检查，主要维护检测项目见表 7-4。根据检测结果及车辆实际技术状况进行故障诊断，确定附加作业内容。

**汽车二级维护检测项目**　　　　　　　　　　　　　　表 7-4

| 序号 | 检 测 项 目 | 序号 | 检 测 项 目 |
|---|---|---|---|
| 1 | 发动机功率，汽缸压力 | 4 | 柴油车检查供油提前角、供油间隔角和喷油泵供油压力 |
| 2 | 汽车排气污染物，三元催化转化装置的作用 | 5 | 制动性能，检查制动力 |
| 3 | 电控燃油喷射系统 | 6 | 转向轮定位，主要检查前轮定位角和转向盘自由转动量 |

| 序号 | 检 测 项 目 | 序号 | 检 测 项 目 |
|---|---|---|---|
| 7 | 车轮动平衡 | 11 | 离合器,有无打滑和发抖现象,分离是否彻底,接合是否平稳 |
| 8 | 前照灯 | 12 | 传动轴,有无泄漏、异响、松脱和裂纹等现象 |
| 9 | 操纵稳定性,有无跑偏、发抖和摆头 | 13 | 后桥,主减速器有无泄漏、异响、松动和过热等现象 |
| 10 | 变速器,有无泄漏、异响、松脱和裂纹等现象,换挡是否轻便灵活 | | |

# 第五节　汽车故障应急处理

## 一、制动失灵

当制动失灵时,驾驶员首先要保持冷静,根据路况和车速控制好方向的同时迅速减挡,利用发动机的牵引阻力来控制车速。减挡时,把高速挡迅速换入中低速挡,这时发动机会有很大的牵引阻力使车速迅速降低,同时也可以用驻车制动配合换入低速挡,然后用驻车制动控制车辆停住。如果驻车制动器效果不好,可以快速观察判断利用周围障碍物使车辆停下,或低速控制车辆至平坦路段逐渐停下。有的公路在路边设置有紧急停车带,那里是一个上坡,坡道上有很多沙石,以便降低车速。

当上坡制动失灵时,应适时挂入中低挡,保持足够的动力驶上坡顶停车。如果需要半坡停车,应保持前进低挡位,拉紧驻车制动操纵杆,随车人员要及时用石块、垫木等物卡住车轮,假如出现后滑现象,车尾应朝山坡或安全一面,并打开前照灯和紧急信号灯,这样可以引起前后车辆的注意和避让。汽车不减速,直接向周围物体上靠的方法是极危险的,高速剧烈地乱撞会直接损坏车辆,同时容易被物体反弹造成碰撞和翻车。

此外,还应注意的是车辆在下长坡、陡坡时,不论有无情况都应该踩一下制动踏板。它的好处在于一旦发现制动失灵,可以赢得控制事故的时间,减少惊慌情绪,做到冷静控制车辆。

## 二、转向失控

### 1.现象

当转向机构中有零件破裂、脱落、卡滞时,会使转向机构突然失控。

### 2.对策

遇到转向失控,要沉着冷静判明险情程度,尽快制动停车,同时对其他汽车的驾驶员和行人信号示警,如打开紧急闪烁灯和前照灯,鸣喇叭并打手势。对于装有助力转向和助力制动的汽车,若突然发现转向困难,或制动不灵,说明助力部件出了故障,要谨慎驾驶,低速前进,在适当地点将车修好。

## 三、轮胎爆胎

爆胎之前,往往不易被发现,在听到爆炸声,并随之出现强烈跑偏、摇摆等现象时才意识到。前轮爆胎危险较大,往往导致急剧跑偏,容易造成撞车、冲出路面乃至翻车等严重事故。

一般说来,驾驶员听到爆胎声的第一反应是踩制动踏板,而这是最危险的动作。正确做法是:不要惊慌,双手紧握转向盘,保持车辆直线行驶,同时缓抬加速踏板,让车辆自然减速,待车速降低后,再轻踩制动踏板,并打开右转向灯,让车辆向路边安全地带缓缓停靠。

#### 1. 前轮爆胎的处置

前轮爆胎后,汽车会立即向爆胎侧偏驶,危险较大。此时驾驶员一定要极力控制转向盘,及时矫正汽车大幅度的偏驶倾向,轻踩制动踏板,千万不要紧急制动,以免车头部分承受太大的力。爆胎的前轮会不平稳地滚动,甚至可能脱离轮辋。此时,也可以迅速换低速挡,用发动机牵阻作用把车速将下来,并停到较为安全的地方。

#### 2. 后轮爆胎的处置

后轮爆胎,汽车尾部会摇摆不定、颠簸不止,但汽车不会失控,相对安全。正确做法是:保持镇定,双手控制住转向盘,让车保持直线行驶,最好使用反复"点制动"的方式,把汽车重心前移,使完好的前轮受力,以减轻后轮胎所受负荷,同时注意不要过分踩制动踏板。

### 四、车轮脱落

行驶中车轮脱落非常危险,会导致汽车失控,甚至翻车;脱落的车轮甩出去,还会伤及路人和其他车辆。轮胎脱落多因轮轴固定螺母脱落或轮胎固定螺母断裂所致。遇到这种情况,整车会失去平衡,车轮脱落就会露出制动盘(鼓)或轮轴,这些机件戳入地面,就会形成回转中心,使车辆绕其转动。发生车轮脱落时,驾驶员应立即松开加速踏板,采取紧急制动,并用双手将转向盘向汽车回转相反方向打,尽快将车停下,以防止危险程度进一步发展。

### 五、离合器分离不开

发动机起动后,完全踩下离合器踏板仍难以挂上挡;或变速杆在一挡上,踩下离合器踏板起动发动机时,汽车就立即前行或起动不了,这是手动挡车离合器分离不开的典型表现。这种故障,轻则换挡困难,并发出打齿声;重则挂不上挡,无法正常起步。

途中应急处理时,应首先检查储油罐内油液是否缺失。如果油液为普通的缺失,可进行补充;如果补充后无效,应请修理厂进行救援。

如果离合器分离不开,无法正常起步,应急情况下可以不用离合器起步,方法有以下三种:

(1)首先起动发动机,在怠速运转下,用人力或其他外力推动汽车前进后,再挂入一挡行驶。

(2)当无人可助时,可先挂一挡带挡起动发动机,当车辆起步后再加速至二挡换挡。

(3)如果无法带挡起动,只能先起动发动机,在猛踩加速踏板的同时迅速换入低速挡强行起步。此法操纵较难,也易损坏变速器,尽量不用。

### 六、润滑油压力降为零

汽车在运行中,润滑油表针突然指在零位,这可能是个非常严重的问题,处理不好会出大事故,造成很大的损失;也可能只是个普通的小毛病,因为润滑油压力表指针指向零不一定等于润滑油压力为零。但遇到这种情况,必须引起重视。

处理方法如下：

（1）要立即停车察明原因。先检查外部有没有润滑油泄漏的痕迹,5min 后检查油尺的刻度,如果有泄漏,说明润滑油管路、滤清器盖等某处破裂或油底壳放污螺塞松脱而漏油,应及时给予修复,然后加速,之后再起动发动机。

（2）若润滑油数量足够,且外部没有泄漏痕迹,在检查润滑油压力表到感应塞的连线是否完好。如果松脱,接好后起动发动机观察润滑油压力是否正常。

（3）如果润滑油压力表到感应塞的连线完好,不能盲目起动发动机,则需要查看供油情况,若没有问题,可继续行驶,到维修点详细检查。

# 第八章　汽车驾驶及安全

📖 学习目标

1. 理解汽车基本驾驶操作动作,知道一些特定路况的驾驶方法;
2. 理解汽车驾驶安全需要注意的事项。

🍎 学习时间

4 学时

截至 2017 年年底,全国机动车保有量达 3.10 亿辆,其中汽车保有量达 2.17 亿辆;从分布情况看,全国有 53 个城市的汽车保有量超过百万辆,24 个城市超过 200 万辆,北京、成都、重庆、上海、苏州、深圳、郑州 7 个城市超过 300 万辆;2017 年,全国机动车驾驶员数量达 3.85 亿人,汽车驾驶员超过 3.42 亿人,占驾驶员总量的 89.06%。从驾驶员性别看,男性驾驶员 2.74 亿人,占 71.21%;女性驾驶员 1.11 亿人,占 28.79%,比 2016 年提高了 1.56%。从驾驶员驾龄看,驾龄不满 1 年(新领证)的驾驶员 3054 万人,占驾驶员总数的 7.94%。

## 第一节　汽 车 驾 驶

### 一、汽车驾驶基本操作

汽车驾驶是指汽车在驾驶员的操纵下,利用汽车的功能,适应各种道路和交通条件的操作。具体包括:汽车的起步、停车、换挡、制动、转向和掉头等。

汽车分为手动变速器汽车和自动变动器汽车两大类,由于两类汽车变速器的变速原理不同,驾驶室内的操纵件有所不同,其操纵方法差别也很大。操纵件主要有转向盘、离合器踏板、制动踏板、加速踏板、变速器操纵杆(简称换挡杆)、驻车制动器操纵杆(简称驻车制动杆)及各种开关等。普通变速器汽车驾驶室内的操纵件如图 8-1 所示,自动变速器汽车驾驶室内的操纵件如图 8-2 所示。

#### 1. 汽车的起动和起步

汽车由静止(发动机停转或怠速)状态逐渐起步到一定速度的状态称为起步驾驶。该操作主要包括发动机的起动和汽车的起步。

1) 发动机的起动

现代汽车均采用起动机起动。由于起动机工作电流大、发热量大,为了防止蓄电池大量放电而损坏蓄电池和起动机,起动时每次不得超过 5s,再次使用间隔不得少于 15s。对于手动变速器汽车,起动发动机时,应将换挡杆置于空挡位置;对于自动变速器汽车,起动发动机时,应将换挡杆置于 P 位(驻车)或 N 位(空挡)。

图 8-1　手动变速器汽车的驾驶室

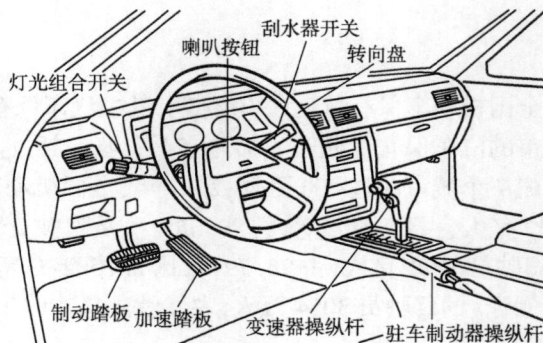

图 8-2　自动变速器汽车的驾驶室

对于电控汽油喷射式发动机的汽车,电控单元可根据发动机的状态(冷却液温度、环境温度等)自动调整可燃混合气的浓度,一般只需控制点火开关,按常规操作即可方便起动发动机。

2)汽车的起步

手动变速器汽车起步的步骤为:

(1)踩下离合器踏板,将换挡杆推入一挡或二挡。

(2)按喇叭,放松驻车制动(将驻车制动杆压下)。

(3)慢慢松离合器踏板,同时平稳地踩下加速踏板。当离合器主动盘与从动盘开始接触时,离合器踏板应在这个位置稍停一下,待汽车缓慢而平稳地运动时,离合器踏板即可完全放松。

自动变速器汽车起步的步骤为:

将换挡杆置于 P 位(驻车)或 N 位(空挡),并拉紧驻车制动操纵杆(将驻车制动操纵杆向上拉紧)或踩下制动踏板。汽车起步时应先踩下制动踏板,将换挡杆置于选定的挡位,松开驻车制动操纵杆,然后平稳地抬起制动踏板,待汽车缓慢起步后再逐渐踩下加速踏板。

**2. 停车**

对于手动变速器汽车,踩下离合器踏板,同时平稳地踩下制动踏板,使汽车停得平稳而正直。车停稳后拉紧驻车制动操纵杆,挂上空挡位,然后放松离合器踏板和制动踏板,并关闭点火开关。夜间临时停车应开放小灯,防止来车和行人撞上。

对于自动变速器汽车,若停车时间很短,可在 D 位(前进挡)下踩住制动踏板停车,这样松开制动踏板可立即起步;若停车时间稍长,可在 D 位下踩住制动踏板的同时,拉紧驻车制动操纵杆;若停车时间较长,最好将换挡杆置于 N 位,并拉紧驻车制动操纵杆后松开制动踏板,以免造成自动变速器油温过高和因制动时间过长而使制动灯消耗过多的蓄电池电能。

**3.换挡**

改变汽车行驶的速度和牵引力主要靠节气门和变换挡位,换挡的操作是加速踏板、离合器踏板(自动变速器汽车无此踏板)和换挡杆三个操纵件密切配合的过程。

1)手动变速器汽车

(1)加挡。

汽车起步后,逐渐加快车速;当汽车速度适合高一级挡位时,立即放松加速踏板,同时踏下离合器踏板,然后迅速将换挡杆推入高一级挡位;最后在放松离合器踏板的同时踩下加速踏板加油。

(2)减挡。

在汽车速度降低时,在放松加速踏板的同时踩下离合器踏板,将换挡杆推入低一级的挡位;最后,在放松离合器踏板的同时踩下加速踏板加油。

2)自动变速器汽车

自动变速器的换挡杆位于 D 位时,加大或减小加速踏板,变速器会在一挡至四挡(或五挡、六挡等)之间自动换挡(若换挡杆位于 2 位时,变速器会在一挡和二挡中自动换挡),以满足发动机工作在最佳转速范围的要求。在行驶中,根据道路情况,需要改变变速器的自动换挡范围时,可通过换挡杆选挡。选挡时应当注意,在汽车高速行驶的情况下不应将换挡杆从 D 位换入 2 位(二挡)或 L 位(一挡)。这会引起发动机强烈的制动作用,使低挡换挡执行元件受到较剧烈的摩擦而损坏。应当在车速下降以后再从高挡位换入低挡位。另外,在换入低挡位后,不要猛踩加速踏板,否则容易使发动机的转速过高,造成自动变速器中的摩擦片磨损加剧和自动变速器油温过高。

**4.转向**

汽车转弯时,应根据道路和交通情况在离路口前 50~100m 处发出转弯信号,并降低车速,靠右行驶,徐徐转动转向盘,沿规定的路线行驶;待汽车行驶到车头接近新方向时,把转向盘回正。

**5.掉头**

汽车掉头时,可能要进行几次前进、后退,才能把车头掉过180°。

1)前进方式掉头

用低速靠边行,当车头接近掉头地点时,向另一边迅速把转向盘转到底,将汽车驶向路的另一边,待前轮接近路边时,迅速回转转向盘并停车。

2)倒车方式掉头

从车门或窗观察后倒路线情况,起步后迅速转动转向盘(需要车尾往哪边去,就往那一边转动),待后轮接近路边时,迅速回转转向盘并停车。

手动变速器汽车倒车时应挂入倒挡，挂入倒挡时汽车可以处于缓慢倒车或停止状态。自动变速器汽车需要倒车时，应在汽车完全停稳后再将换挡杆移至 R 位（倒挡），否则会损坏自动变速器中的换挡执行元件或停车锁止机构。

## 二、特殊路段驾驶

### 1. 坡道驾驶

坡道驾驶令许多新驾驶员发怵，尤其是在一些城市里的路口信号灯处的坡道，新手操作起来更是手忙脚乱，或者发动机熄火，或者向后溜车。其实，只要掌握了坡道驾驶的要领，再通过坡道就是一种享受了。

1）坡道起步

汽车坡道起步操作失败主要有两种情况：一是发动机熄火，二是起步溜车。原因主要有三个：一是加速踏板没有及时配合；二是松驻车制动操纵杆的时机掌握不准确；三是加速踏板和离合器配合不好。只要掌握了离合器踏板、加速踏板和驻车制动操纵杆的密切配合，就能做到坡道起步迅速、平稳和准确。

上坡起步操作要领：左手握稳转向盘，视坡度情况，轻踏离合器踏板，提高发动机转速；右手握紧驻车制动操纵杆，右手拇指按住驻车制动操纵杆的按钮，使保险锁打开，适度踩下加速踏板，离合器踏板的操作要快一些，当离合器处于半联动状态时（可感觉左脚掌有轻微颤动或发动机的声音变得沉闷），将驻车制动操纵杆松下，缓慢踩下加速踏板的同时，继续松抬离合器踏板即可平稳起步。动作要协调迅速，时机把握要准，若过早放松驻车制动操纵杆，车辆会因未能获得足够的牵引力而后溜，过迟则会因制动力过大不能起步，造成发动机熄火。

下坡起步可按平路起步要领操作，但加挡前的加速时间可适当缩短，起步时的挡位可根据坡度选择。下坡起步应先松开驻车制动操纵杆使车辆开始溜动时，再缓抬离合器踏板，一经联动可视情况挂入中速挡行驶。

2）坡道驾驶

上坡时的关键是提前选择好合理速度和挡位，尽量避免中途换挡，所以应该在上坡前根据坡度大小选好挡位。坡度平缓，可在平路加速，利用惯性冲破；上陡坡时需比平地更大动力，上坡之前需降低挡位；接近坡顶时视线会受影响，看不清对面情况，要慢速行驶，随时准备制动。下坡时的关键是控制车速。下坡时，车速越来越快，一定不能空挡滑行或长时间使用行车制动器，要注意使用发动机牵阻制动，选择较低挡位行驶。

3）坡道停车

上坡停车时，应先选好停车地点，并逐渐将车驶向右侧，降速，再踩下离合器踏板。待车辆即将停住时，踩下制动踏板将车停稳。发动机熄火后，拉紧驻车制动杆，将变速器挂入一挡，必要时在车轮后垫三角木或石块。下坡停车时，先选好停车地点，平顺地踩制动踏板减速。待车即将停住时，踩下离合器踏板并进一步踩下制动踏板使车辆停住，拉紧驻车制动操纵杆，发动机熄火后，挂入倒挡，必要时在车轮前垫三角木或石块。

### 2. 通过桥梁

桥梁前一般有交通标志（如限速、限轴重、限载质量等），通过桥梁前应注意观察此类标志，并严格遵守。桥梁因结构和材料不尽相同，承载能力和交通流量也各不一样。

1）水泥桥、铁桥

需注意限制载质量或限制轴重标志所限定的数值。遇桥面狭窄、道路不平时，应事先换入低速挡，以缓慢的速度通过，并注意不要为了避绕凹坑而过于靠边行驶。在窄桥上跟车行驶时，应保持足够的安全距离，尽量避免在桥上制动或停车。

2）拱形桥

拱形桥梁多用石料筑砌或用水泥浇筑，桥面宽窄不一、拱度较大、视线受阻，不便于观察对面情况（图8-3）。通过拱形桥时，由于桥对面盲区较大，视距受到影响，看不清对方车辆和道路情况，应减速、鸣喇叭、靠右行驶，随时注意对面来车和行人及非机动车的状态，行至桥顶更应减速，并随时做好让行和停车准备。切忌冒险高速冲过拱桥，以免发生碰撞，切不可盲目高速冲过拱桥。夜间应用变换远、近灯光示意。

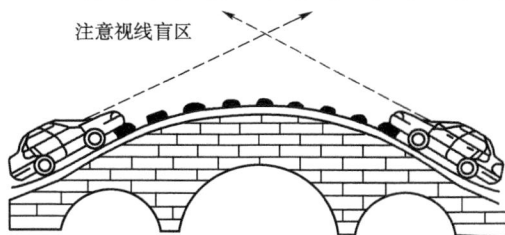

注意视线盲区

图8-3　拱形桥视线盲区

3）通过木桥

木桥材料牢固性差且易腐烂，承载能力小。通过木桥时，应降低车速，缓慢行驶。遇有年久失修的木桥，过桥前应检查桥梁坚固情况，必要时让乘车人员下车步行过桥或卸下车上的部分货物，再用低速挡通过，并随时注意桥梁受压后的情况，若已驶入桥中听到响声，应继续加速行驶，不宜中途停车。发现桥面板松动，要预防外露铁钉刺破轮胎。

4）立交桥（图8-4）

通过前应注意观察立交桥的形式，并注意指路标志和指示标志所指引的方向。通过立交桥时，按规定或限速标志限定的速度行驶，确保行车安全。

5）漫水桥或漫水路（图8-5）

通过时应停车察明水情，确认安全后，低速通过。行驶中视线尽量避开水流，否则，容易造成错觉。避免在中途变速、急转向和停车。

图8-4　立交桥图

图8-5　漫水路

**3. 通过铁路道口**

铁路道口往往是事故多发地点。通过时应按交通信号或者管理人员的指挥通行；没有交通信号或者管理人员的，应减速或者停车，在确认安全后通过。

（1）通过无交通信号灯控制的铁路道口（图8-6）时，应提前减速慢行。驶进道口前，需停车观察,确认无火车驶来时低速通过,做到"一慢、二看、三通过"。道口两侧有障碍物阻挡视线或夜间以及雨雾视线不清时,应仔细观望,必要时下车观察;严禁冒险通过。

　　(2)通过有交通信号灯控制的铁路道口(图8-7)时,应按信号通过或听从铁路道口管理人员的管理和指挥。当遇道口栏杆(栏门)关闭、音响器发出报警、红灯亮或管理人员示意停车时,必须依次将车停在停车线以外等待放行,切不可冒险强行通过。

图8-6　无交通信号灯控制的铁路道口　　　　图8-7　有交通信号灯控制的铁路道口

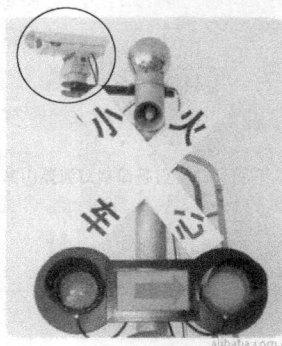

### 4.通过隧道

　　隧道分为单行隧道和双行隧道。隧道内一般都比较狭窄和黑暗,有时路面湿滑。有的隧道在入口处设有信号灯,只有当绿色信号灯亮时,车辆方可驶入。行车中发现有隧道标志时,应提前降速。驶入隧道前注意观察指示标志和限制标志,开启车灯。短隧道开启示宽灯,较长隧道开启近光灯。进入隧道后,由于光线骤然变暗,视力难以瞬间适应,所以要减速慢行。

　　1)单向行驶隧道(图8-8)

　　通过单行隧道时应提前降低车速,观察对面有无来车,确认安全后方可通过。如发现对面有来车时,应及时在隧道口外靠右停车避让,待来车通过或见放行信号后再驶入。进入隧道前打开示宽灯或近光灯,适当鸣喇叭,缓行通过。

　　2)双向行驶隧道(图8-9)

　　汽车驶入前应开启示宽灯或近光灯,靠右侧行驶,注意与对面来车安全交会。在双行隧道内行驶,应注意交会车辆,并加大车辆的侧向间距,会车时禁用远光灯。隧道内回声大,尽量避免使用喇叭。

图8-8　单向行驶隧道　　　　图8-9　双向行驶隧道

**5.夜间道路驾驶**

夜间驾驶、视野窄、视觉差、会车炫目等都对行车安全极为不利,尤其在照明不佳时,更难判断,给驾车带来一些困难。

1)夜间道路识别与判断

白天能见度高,道路情况比较容易观察。而夜间的道路情况,大部分需要凭经验去判断。通过交叉路口时,若路口有光线直射出来,说明有车辆从路口驶出。这时,应减速、鸣笛,交替使用远、近灯光提醒对方。若灯光中有影子闪烁,说明其汽车前还有行人或骑车人,且距路口较近,一定要提前减速,以免造成事故。

夜间行车还可通过对方来车的灯光情况判断前方路面情况。若对方的车灯稳定不变,说明前方道路平坦;若其灯光突然不见,则前方有可能有路口或弯道;若其灯光左右大幅摆动,则前方是弯曲道路;若其灯光上下浮动,则前方是坡路或有坑洼。

2)夜间灯光的使用

夜间驾驶灯光的正确使用,是夜间安全行车的关键。

车辆起步时,应打开近光灯和尾灯;途中停车时,应打开近光灯、尾灯及危险报警闪光灯。进入市区,应关闭远光灯,使用近光灯。车辆交会应关闭近光灯,只开示宽灯。转弯、车道变换时,应提前打开转向灯,并连续切换光灯示意来往车辆及行人注意。

**6.冰雪路驾驶**

冰雪路面突出的特点是"滑"。汽车轮胎在坚实的冰雪路面上的附着系数只有沥青路面的1/5,使汽车行驶困难。

1)起步

起步时应选择高一级挡位。在没有安装防滑链的情况下起步,可使用离合器半联动状态下稍加停留,加速踏板位置要适中,以免起步时汽车猛烈前冲或牵引力过大而使车轮空转,甚至侧滑。若起步时打滑、空转可以倒一下车重新起步,不要总是在一个地方反复起步。有后桥差速器锁的,可将后桥差速器锁定,以便动力均匀分配给两个驱动车轮。

2)加减挡

冰雪路面要保持中速或低速行驶。加减挡时,应缓抬离合器踏板,同时缓踏加速踏板,使汽车平稳换挡,防止侧滑。

3)制动

冰雪路面禁止采取紧急制动,否则会很危险。因此,冰雪路面尽量采取预见性制动。如遇紧急情况,可强行减挡,左手握稳转向盘,右脚间歇踩制动踏板,右手握紧驻车制动操纵杆,并一拉一回减速停车,避免使用紧急制动,防止车辆侧滑或翻车。若因制动引起侧滑,应立即放松制动,使车轮保持滚动,稳住或稍抬加速踏板,缓慢、适当向后轮侧滑的方向转动转向盘,可连续数次回转转向盘,以便调整车身。待车尾回复直线后,再把转向盘回正,并控制好车速,正常行驶。装有 ABS 的汽车,不会因为紧急制动出现侧滑现象,但是在冰雪路面就应加大车距,因为制动距离会大大增加。

4)停车

行车途中尽量少停车,以防撞车、溜滑和冻结。如需停车,应提前换入低速挡,选择好安全地点,减速、靠边、慢拉驻车制动操纵杆。若在冰雪路面停车时间较长,应在轮胎下面铺上沙土或清除车轮下的积雪,以免轮胎与地面冻结在一起。

**7. 高速公路驾驶**

1)驶入收费口的操作

驶入高速公路前,密切注视指示牌和情报板上的道路及天气情况,确定能否进入高速公路。确定可进入后,选择通道上方亮绿色信号灯且车辆相对较少的收费口排队通过。如果接近收费口前面没有其他车辆时,应提前控制车速,不要太快,以免在收费口前造成急制动或因收费口路面湿滑,汽车失控撞向收费亭或冲过收费窗口。

进入收费口,尽量将车身靠近收费亭,停车时使驾驶室门窗对准收费口,便于与收费人员交接现金及通行卡。在入口处领到通行卡或票据后,要妥善放置,以备出口时交卡或验票。

在汽车准备进入匝道口前,一定要注意方向、地点、标志牌,以免出错。

2)由匝道驶入行车干道的操作

汽车在匝道行驶时,应注意防止高速转弯。有些连续转弯的匝道,越转离心力越大,如果速度过高会产生侧滑,撞向护栏,特别是在湿滑及冰雪路上,更要格外小心(一般情况下匝道内车速不得超过40km/h)。匝道上严禁超车、停车、掉头、倒车。当汽车通过匝道驶入行车干道右侧的加速车道时,要尽量在短时间内提高车速,以接近正常行驶车辆的速度并入干道,以免影响其他车辆行驶。驶入干道前,应打开左转向灯,示意行车干道上的后续车辆注意避让,并注意观察后视镜,如图8-10所示。

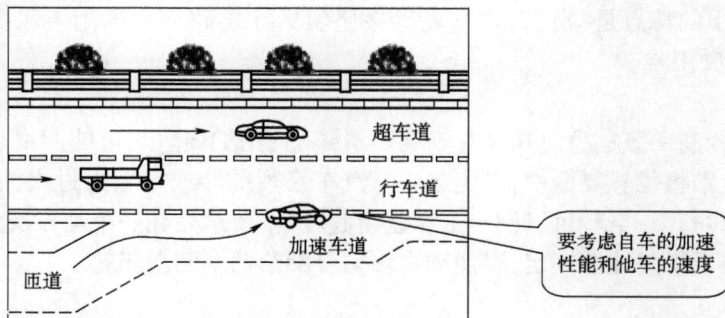

图 8-10 车辆驶入高速公路示意图

3)速度选择

车辆进入高速公路后,无论是正常行驶,还是超车或让车,都应严格遵守最高车速和最低车速规定。行驶时注意限速标志,按照要求行驶。

4)分道行驶

高速公路上紧靠中央隔离带的第一条车道为超车道,超车后应迅速返回行车道。道路最右边的是路肩和紧急停车带,紧急停车带主要用于车辆发生事故或堵车时供交警、消防、救护、工程抢险等车辆之用,其他车辆不得随意占用。隔离带和紧急停车带中间的为行车道,行车道有的为一条,有的为两条或更多。每条行车道都规定有不同的行驶速度。

5)高速公路跟车,应注意保持足够的车距

一般正常情况下汽车以100km/h的速度行驶时,应与前车保持100m以上的车距;遇有风、雨、雪、雾天气,道路湿滑时,应将此距离拉大2~3倍。高速公路上设有车距确认标志,可根据该标志检验与前车的行车间距,驾驶员可根据需要适时调整车速。跟车行驶时,眼睛不要只盯着前车,以免形成静态视觉,难以观察车距变化,导致追尾。

6)高速公路超车

(1)超车前首先观察室内后视镜,再观察左侧后视镜,最后将头转向左侧直接观察盲区内的道路情况。

(2)确认安全后,打开左转向灯并逐渐向超车道变线,与前车"错位行驶"以便观察前车之前的道路情况,同时注意前车有无向左侧车道变线的倾向。黄昏或阴雨天光线较暗时,可利用前照灯照射反光标志牌或远近光闪烁来提示前车。

(3)当超车条件具备后,加速超越前车,不得长时间与被超车辆并行。

(4)超车后,应在驶离被超车辆50m以后,打开右转向灯,然后加速逐渐返回行车道。

(5)严禁在道路右侧、加速车道、减速车道和路肩超车,不得在前车已开左转向灯准备超车时超车。

7)停车

高速公路不准随意停车。若车辆发生故障必须停车时,应将车靠向路右侧,在紧急停车带临时停放。进入紧急停车带停放的车辆,车身要正,不准斜向停放。临时停车时车内乘客必须由右侧车门下车,在右侧路肩停留,不得在行车道随意走动。停车时需打开应急灯,并在车后100m处设置故障标志牌。在行车道因故障停驶的车辆,必须设法尽快将车移动至紧急停车带,不准占用行车道停车。

# 第二节　汽车驾驶安全

2017年我国交通事故造成死亡人数约6.3万人,其中不系安全带、开车打手机、乱用远光灯等都是影响安全的行为。因此,在汽车驾驶过程中,要注意以下情况。

## 一、驾驶技巧

车祸猛于虎,和平时期对人类安全威胁最大的莫过于车祸了。因此保证行车安全,预防各种行车事故的发生显得十分重要。

(1)即使路再窄,也要走自己这边的路,不要占道行驶,这是保证行车安全的基本前提。"走自己这边的路",具体地说,就是要按照交通规则的要求,走自己应该走的路!

(2)安全并不意味着在所有情况下都要谦让,而是应该在该谦让的时候就谦让,在不该谦让的时候就要抢道,在某些情况下,抢道也是为了安全。例如,当你的位置正好处在一辆车(尤其是大车)后面时,你后面有一辆车要超你的车,如果让他超上来,你将处于三辆车构成的三角形中最危险的一角上,如处理不当将极有可能对你自己和他人造成危险。这时如果经判断有足够的处理时间不至于和后车碰撞的话,应该果断地打左转向灯迅速占住超车道不让后车超上来并先行超越前方车辆,超越后迅速打右转弯灯回到行车道让后车超越。如果后车来得太快,自己左转会有危险,此时应该迅速减速以便加大和前车的安全距离,待后车超过去后确实判明安全时再打左转向灯超越前车。技术不熟练者尤其是新驾驶员要特别注意这一点!

(3)遇前方绿灯时间估计所剩无几,到你的车过十字路口时可能会变成红灯,应提前瞄一下后视镜,看后面有无跟得比较紧的车,防止你遇红灯制动时后车追尾。作为预防性措施,在离路口尚有一段距离时,可以轻踩一下制动踏板(以制动灯亮为限,并不是真的要制动,主要是提醒后方跟车者不要跟得太近),提醒后车注意。

(4)事故往往发生在超车时(尤其是重大恶性事故),所以在没有把握时绝对不要超车。在高速路超车至少在100m以外就要变好道,做好超车准备。而一旦决定超车,动作一定要坚决,不要犹犹豫豫拖泥带水,尽快完成超车动作并驶回正常行车道。在弯道视野受限和上大坡快到坡顶看不到坡后路面的情况下,绝对不要抱侥幸心理超车,因为那是用生命在开玩笑!

(5)行车途中对生命威胁最大的就是轮胎出问题(尤其是在高速公路上),所以平时应该注意检查轮胎,该换就换,决不要吝啬,要知道轮胎再贵也贵不过人的生命!补过的胎只能临时救急用一下,用后要换掉,最好不要用补过的胎上高速路跑长途(尤其是盛夏和严冬)。

(6)夜间行车会车时千万注意关闭远光灯。有的没有道德的驾驶员觉得自己的车好,灯亮过对方就得意洋洋,任凭对方怎样提示也不换成近光灯,他并不知道他的强光在把对方晃得看不清前面路况的情况下,实际上已经埋下了对方因看不清而在会车时撞向自己的隐患!另外过窄路对面有摩托车或者是自行车驶来时的情况道理也是一样的。

(7)夹在一条车龙中上坡时,一定要注意前车,遇临时制动停车时要尽量离前车远一点儿(坡度越大越要远),以防起步时前车半坡技术太差倒溜回来撞上你的爱车。横过铁路时一定要等到前车完全过去并在铁路对面空出一个半以上的车身位置时你才能通过。在场地停车时一定要给比你先停的其他车让出足够的通道。

(8)驶过颜色不一致(尤其是见路上补有一块块光滑的深色补丁)的路面而且只有一边轮子能压到的时候尽量不要制动尤其切忌急制动,因这时两个轮子对路面的摩擦力和抓地力是有很大差别的,制动不当将极易导致汽车侧滑倾翻。同样道理,雨中或雨后行车尽量不要让汽车走一边有积水一边无积水的路线,因为这时两轮的摩擦力和抓地力也是有很大不同的,制动不当容易发生事故。

## 二、驾驶习惯

### 1. 行车要文明
遇到下雨天或者是遇到前方有积水可能会溅起水花时,尽量要减速,以防积水溅到行人,造成行人惊慌失措发生危险(如被旁边的车撞上)。

### 2. 女性驾车
女性穿高跟鞋、松糕鞋驾车出行,车内放置或悬挂太多的玩具,都会影响正常驾驶操作。夏天在驾驶室放置化妆品,容易引起火灾。飞扬的长发影响驾驶员观察左右来车情况,遇到紧急情况猛回头时,长发还可能遮挡视线。带小孩外出,一定要使用安全座椅,让孩子坐在后排;不能让孩子单独坐在前排座椅上,一旦发生险情,会对小孩造成伤害。

女性驾车时应注意细节,确保行车安全。不要穿高跟鞋、松糕鞋驾驶,调整座椅时不要距离转向盘太近,前后车窗不要放置太多玩具,如图8-11所示。

### 3. 远光灯千万不要乱开
跟车不开远光,市区不开远光,对面来车关闭远光,两车交会时远光会晃到对方眼睛,引发事故。

要从点滴做起，注意安全。

图8-11 小孩坐在后排儿童座椅上

#### 4.千万不要占用应急车道

堵车不能占用，想休息不能占用。唯一能占用的原因是车坏了。但也要注意在150m后立好反光标志。不要放得太近，150m的距离足够给后车留出反应时间。

#### 5.人行横道前礼让行人

驾车行至行人道前，车辆要礼让行人，行人享有优先通行权。驾驶车辆在道路上行驶，要时刻留意人行横道标志，遇有行人正在通过人行横道时，要停车让行人先行。特别要注意行动不便的行人或交通信号变化后仍滞留在人行横道的行人。通过没有交通信号灯控制的人行横道时，要减速慢行，防止行人或非机动车突然横穿公路，如图8-12所示。

人行横道上行人享有优先通行权，车辆要让行人！

图8-12 人行横道上行人享有优先通行权

#### 6.千万不要乱用应急灯

应急灯只能在能见度极低以及车辆是静止的时候，或者行车中出现了紧急情况时使用。一般的大雨或者阴天不要开应急灯，打开前后雾灯就可以了。在大雨情况下，如果大家都开着应急灯行驶，万一其中真的有一辆是坏车停在了路中间，后车根本无法分辨，安全隐患太大。

高速公路上突然急制动，如果不需要变道，踩下制动踏板的同时，顺手按下应急灯。提醒后方车辆你出现了紧急状况。

# 参 考 文 献

[1] 细川武志.汽车构造图册[M].北京:人民交通出版社,2009.

[2] 朱军.汽车维修基础[M].北京:人民交通出版社,2011.

[3] 成伟华.汽车概论[M].重庆:重庆大学出版社,2008.

[4] 蔡兴旺.汽车概论[M].2版.北京:机械工业出版社,2011.

[5] 李育锡.汽车概论[M].北京:机械工业出版社,2010.

[6] 张翠平,王铁.汽车工程概论[M].北京:国防工业出版社,2011.

[7] 吴基安,吴洋.新能源汽车知识读本[M].北京:人民邮电出版社,2009.

[8] 中国汽车技术研究中心,北京国能赢创能源信息技术有限公司,《节能与新能源汽车年鉴》编制办公室.节能与新能源汽车年鉴2011[M].北京:中国经济出版社,2011.

[9] 张爱民.汽车性能检测与评价[M].北京:人民邮电出版社,2009.

[10] 郭彬.汽车使用性能与检测技术[M].2版.北京:人民邮电出版社,2009.

[11] 张翠平.汽车工程概论[M].北京:国防工业出版社,2011.

[12] 李景芝.汽车概论[M].北京:人民交通出版社,2011.

[13] 秦兴顺.汽车使用与维修[M].北京:人民交通出版社,2009.

[14] 郭应时.汽车试验学[M].北京:人民交通出版社,2011.

[15] 张金焕.汽车碰撞安全性设计[M].北京:清华大学出版社,2010.

[16] 韩英淳.汽车制造工艺学[M].北京:人民交通出版社,2007.

[17] 张福昌.汽车设计[M].北京:清华大学出版社,2010.

[18] 陈纪民.汽车涂装技术[M].北京:人民交通出版社,2009.

[19] 韩星.汽车车身修复技术[M].北京:人民交通出版社,2009.

[20] 荆叶平.汽车保险与公估[M].北京:人民交通出版社,2009.

[21] 梁军.汽车保险与理赔[M].3版.北京:人民交通出版社,2010.

[22] 戚叔林.汽车维修服务[M].北京:人民交通出版社,2010.

[23] 屠卫星.旧机动车鉴定与评估[M].北京:人民交通出版社,2011.